티티새의

100
million
a year

1년1억
짠테크

티티새의

1년 1억
짠테크

초판 발행 2021년 1월 15일
2쇄 발행 2021년 9월 10일

지은이 티티새
펴낸이 유해룡
펴낸곳 (주)스마트북스
출판등록 2010년 3월 5일 | 제2011-000044호
주소 서울시 영등포구 영등포로5길 19 동아프라임밸리 611호
편집전화 02)337-7800 | **영업전화** 02)337-7810 | **팩스** 02)337-7811
기획 김선 | 편집진행 박혜영 | 표지·본문 디자인 김민주 | 전산편집 김경주
원고투고 www.smartbooks21.com/about/publication
홈페이지 www.smartbooks21.com

ISBN 979-11-90238-35-9 13320

티티새의

1년1억
짠테크

티티새 지음

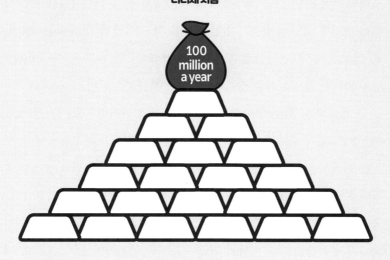

스마트북스

고통을 희망으로 바꾸는 놀라운 삶의 기술

제가 티티새님을 처음 알게 된 것은 2년 전입니다. 그때 티티새님은 갑자기 떠안게 된 1억이라는 큰 빚의 무게에 눌려 몹시 힘들어 했습니다. 제게 힘든 심정을 토로하는 메일을 보내왔고, 저는 살다 보면 있을 수 있는 일이니 힘내시라고 답장했습니다.

티티새님으로부터 그 1억의 빚을 갚고 그러면서 생긴 손실을 메우기 위해 1억을 모았다고 다시 연락이 온 것은 그로부터 1년 뒤였습니다. '응? 1년에 1억을 모았다고?' 저는 의아했습니다. 어떻게 그게 가능했을까? 그가 보내준 메일을 다 읽고 나서야 알 수 있었습니다. 그 1년의 시간 동안 티티새님이 어떤 결단을 내리고 어떤 행동을 하고 어떤 삶을 살았는지를 말이죠. 어떻게 해서 1년이란 짧은 시간에 1억이라는 큰 돈을 모으고 희망과 열정이 가득한 새로운 삶을 맞이하게 되었는지를 말입니다.

그는 제일 먼저 살던 집을 처분하고 시골 단칸방으로 이사를 했습니다. 사교육비를 줄이기 위해 두 부부가 직접 아이들을 가르쳤습니다. 생전 처음 가계부를 쓰면서 생활비를 아끼고 또 아꼈습니다. 중고 물건을 내다 팔며 부수입을 올렸습니다. 월급의 85퍼센트를 모으며 할 수 있는 모든 것을 다 했습니다. 어느 날 치킨을 먹고 싶다고 조르는 딸에게 치킨 한 마리 사주지 못하는 초라한 아빠가 되었다고 가슴으로 울며 쓴 그의 글이 생각납니다. 이렇게 그의 1년은 뜨겁고 치열하면서도 때로는 아픈 시간이기도 했습니다.

그가 1년 만에 1억을 모은 것도 대단했지만 더욱 대단한 것은 그 시간을 대하는 태도였습니다. 그는 어쩔 수 없는 상태에서 비통한 심정으로 돈을 모은 것이 아닙니다. 오히려 절약을 하는 과정에서 버릇처럼 소비를 일삼던 지난날의 라이프스타일을 반성하고 걷기, 독서 등 돈을 쓰지 않고도 행복할 수 있는 라이프스타일을 만들어나갔습니다. 홈스쿨링으로 자녀를 직접 가르침으로써 가족 간의 유대감도 더욱 깊어졌습니다. 그 과정을 블로그에 올리면서 글을 쓰는 삶의 보람과 성취감도 느끼게 되었습니다. 사람들은 열렬히 응원했고 그의 모습을 통해 희망을 얻는 사람도 생겨났습니다. 그 과정에서 그는 이전과는 완전히 다른 사람으로 거듭났습니다. 그야말로 인간 승리가 아닐 수 없습니다.

누구라도 살다 보면 인생의 크고 작은 벽을 만납니다. 갑자기 나타난 인생의 큰 벽 앞에서 티티새님은 비겁하게 돌아서지 않았습니다. 현실을 직시하고 정면승부를 택했습니다. 온 힘을 다해 그 벽을 넘었습니다. 그 과정에서 누구도 불행하게 만들지 않았습니다. 오히려 고통을 희망으로 바꾸는 놀라운 삶의 기술을 보여줬습니다. 행복하게 돈을 모으면서 돈을 쓸 때보다 더 나은 삶을 살 수 있다는 사실도 보여줬습니다. 지금 이 순간 삶의 고통과 역경 앞에서 어찌할 바를 몰라 방황하는 사람들이 많을 것입니다. 그런 분들에게 티티새님의 이야기가 작은 희망의 노래로 가 닿기를 바랍니다.

– 청울림(유대열), 다꿈스쿨 대표, 『나는 오늘도 경제적 자유를 꿈꾼다』 저자

어느 날,
당신의 가족이 1억 빚이 있다고
고백한다면?

여느 때와 같은 평온한 날이었다. 아내의 그 말을 듣기 전까지는.

"여보… 나 당신 몰래 3년 전에 진 빚이 있어… 근데 액수가 너무 커… 미안해… 정말 미안해….”

막역한 지인이 정말 급히 돈이 필요하다고 하여 아내가 돈을 빌려주었다 받지 못한 것이다. 지인은 바로 갚을 테니 자신을 믿고 빌려달라고, 남편에게 말하면 이야기가 길어지니 비밀로 해달라 했다고 한다. 아내는 물론 갚지 않을 것이라고는 상상도 하지 않았고 돈을 받지 못해 3년 동안 끙끙 앓다가 결국 고백한 것이다.

마른하늘의 날벼락 같은 말이었다. 그럴 리가 없는데, 누구보다도 믿고 함께 10년 이상 산 부부인데, 내게 이런 일을 그렇게 오랜 시간 숨길 리가 없는 사람인데.

나 몰래 억 단위의 빚을 지고 울고 있는 아내의 모습이 비현실적으로 느껴졌다. 괴로운 마음에 집을 나와 밤거리를 배회했다. 가슴이 타는 듯이 아팠다.

'이미 벌어진 일, 방법이 없다. 일단은 이 문제를 빨리 해결해야 한다. 괴로운 마음은 나중 일이다.'

직장이 이전해 기존에 살던 집에 세를 주고 이제 막 이사를 한 참이었다. 1년 뒤 세입자에게 전세금을 빼주어야 하는데, 공교롭게도 세를 놓은 지역에 역전세난이 발생했다. 머지않아 큰 현금이 필요한 상황에서 설상가상으로 아내의 빚을 알게 된 것이다.

1년 안에 갚아야 하는 1억 빚의 무게

만약 어느 날 갑자기 당신의 배우자가 1억이라는 숨겨온 빚이 있다고 고백한다면 어떻게 해야 할까. 더구나 1년 뒤에 반드시 그 빚을 갚아야만 하는 상황이라면 말이다.

하늘이 무너지는 것 같은 괴로움, 믿었던 사람에 대한 배신, 경제적인 추락, 인생이 무너진다는 느낌이란 그런 것이었다.

하지만 이 사건을 계기로 나태했던 그간의 삶에 경종을 울리고, 오히려 새롭게 인생을 개척할 수 있는 계기가 될지 모른다는 생각을 하게 되었다.

나의 1년 1억 모으기 프로젝트는 이렇게 시작되었다.

결혼 후 13년의 인생을 소비적인 라이프스타일로 허비해버렸다. 온라인 게임, 외제차, 해외여행, 비싼 외식 등 손에서 모래가 빠져나가 듯 시간과 돈이 모두 새어나갔다. 사건을 알게 된 2018년도는 마침 서울 부동산이 급등하던 시기였다. 한 푼이라도 허튼 곳에 쓰지 않고 알뜰하게 목돈을 모아 투자를 통해 경제적 자유를 앞당기지는 못할망정 없던 빚까지 져서 1억이라는 큰 손실을 본 우리 가족이 더욱 초라하게 느껴졌다.

하지만 나는 한번 해보기로 결심했다. 갑자기 닥친 시련에 넘어지지 않고 목표를 세워 이겨나가기로 했다. 나는 이를 악물고 매일 내가

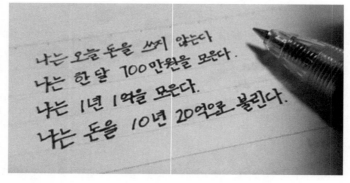

나는 매일 공책에 내가 세운 목표를 썼다.

세운 목표를 쓰기 시작했다.

날마다 내가 쓴 문장을 읽으며 마음을 다잡고 빚으로 생긴 손실을 메우기 위한 돈 모으기를 시작했다. 맞벌이 부부의 85%의 수입을 저축하고, 태어나서 한 번도 써보지 않은 가계부를 쓰고, 대출금을 줄이기 위해 시골로 이사를 가고, 추가 수입을 얻기 위해 중고 물건을 팔았다.

때로는 극심한 스트레스로 병원 신세를 지기도 했다. 돈을 잃은 것도 괴로웠지만 무엇보다도 마음이 아팠다. 그럴 때는 블로그에 글을 썼다.

삶이 힘들 때 글을 쓰면 마음이 눈 녹듯이 풀리곤 했다. 40대 남자가 돈을 아끼고 모으는 이야기가 신기한지 조금씩 글에 관심을 보이는 이웃이 늘어나기 시작했다. 당신의 글을 읽으니 나도 희망이 생긴다는 댓글이 달리기 시작했다.

이 블로그가 인연이 되어 회원 수가 24만 명인 〈짠돌이 부자되기〉 칼럼니스트로 활동하게 되었다. 솔직히 내가 칼럼니스트가 되리라고는 상상도 하지 못했다. 글을 쓰는 것을 싫어하지는 않았으나 칼럼니스트가 될 만큼 인생에서 어떤 분야를 깊게 파고든 적이 없었던 것이 사실이다.

정말로 1년에 1억을 모으다

2019년 3월부터 시작된 1년 1억 짠테크 프로젝트는 2020년 2월 성공적으로 마무리되었다. 모은 금액은 정확히 1억 12만 원이었다. 정말로 1년에 1억을 모은 것이다. 물론 그 과정이 쉽지는 않았다. 예상치 못한 수많은 일들이 발생했다. 그렇지만 가족과 힘을 합해 어떻게든 해결해나갔다. 하나둘씩 고비를 넘길 때마다 가족 간의 유대감이 깊어지고 나 스스로도 성장해간다는 느낌이 들었다.

어느 순간 사고로 빚이 생겼고 그로 인한 손실을 메우기 위해 아끼며 살게 되었다. 그리고 그 삶을 기록으로 남기며 사람들과 소통하기 시작했다. 그런데 그 기록이 나를 칼럼니스트로 만들어주고 지금 이렇게 책까지 출판하게 되었다. 처음에는 그냥 돈을 어떻게든 아끼고 모아 원치 않은 빚으로 생긴 손실이나 메우고 싶다는 마음뿐이었다. 하지만 점차 발전하는 인생을 기록하고 사람들과 나누다 보니 이런 삶을 살게 되었다.

인생의 어느 순간에서 어떤 일이 일어날지는 알 수가 없다. 매순간이 나비효과로 인한 우연적인 사건과 기적의 연속이다. 재미있는 것은 좋은 나비효과를 일으키기 위한 결정적 행동이 있다는 것이다. 내 경우 그것은 블로그에 글쓰기였다.

결국 성공했다는 이야기를 담고 싶었다. 그래서 갑자기 어떤 일로 인해 억대 빚이 생겼어도 충분히 이겨낼 수 있다고, 그것은 오히려 삶을 바꿀 좋은 기회라고 사람들에게 말해주고 싶었다.

1년에 1억을 모으려면 어떤 일을 해야 하고 그 과정에서 어떤 일이 일어나는지 지금부터 이야기하려 한다. 고난으로 인해 실의에 빠진 많은 사람들이 이 글을 통해서 힘을 얻고 다시 일어설 수 있기를 진심으로 기원한다.

2021년 1월

티티새

2장 📖 마흔, 목돈 모으기로 인생 역전을 꿈꿔라

3장 ₩ 1억 모으기를 위한 빅 스텝

4장 💎 1억 모으기를 위한 스몰 스텝

5장 ▦ 단계별 목돈 만들기 가이드라인

6장 목돈 모으기 상담 사례

1장 어느 40대 맞벌이 부부의
짠테크 이야기

1년 1억 모으기를 실행하는 과정에서 발생한 중요한 사건들을 담은 장이
다. 1억 빚을 해결해나가는 과정에 관한 이야기를 실었다. 불행이라는 이
름을 달고 나타난 많은 사건들이 문제를 극복하는 태도에 따라 인생을 바
꿀 중요한 기회가 될 수 있다. 재정적인 위기 앞에서 가족과 나의 삶을 진정
사랑한다면 어떤 선택을 해야 할 것인가. 어떤 형태로든 누구나 인생에서
한번쯤 큰 위기를 겪는다. 이 장이 고난을 극복할 수 있도록 도와주는 작은
실마리가 되기를 바란다.

억대의 빚을 지고
집을 팔다

2018년 11월의 어느 날, 숨겨온 빚이 있다는 청천벽력 같은 아내의 고백에 나는 망연자실할 수밖에 없었다.

13년이 넘는 세월을 함께 살아오면서 아내가 재정적인 문제로 사고를 친 적은 없었다. 가계부를 꼼꼼하게 정리해 정기적으로 브리핑을 해줄 만큼 성실한 아내였다. 아내를 믿었기에 집안의 재정을 모두 일임하고 있었다. 그런데 이게 무슨 날벼락인가.

그날 밤거리를 배회하며 많은 생각을 했다. 대체 어디서부터 잘못된 것일까, 왜 내게 이런 일이 일어난 것일까. 그렇게 믿었던 아내가 오랜 시간 동안 내게 이 사실을 털어놓지 못한 이유는 대체 무엇일까.

이미 벌어진 일, 수습해야만 했다. 아내가 진 빚은 정확히 1억이었다. 몇천 단위만 되었어도 어떻게든 감당할 수 있었을 텐데, 억 단위로 빚이 생기니 마음이 착잡하기만 했다.

일단 예정했던 모든 여행 계획을 취소했다. 수년간 모은 항공 마일리지를 사용해 해외여행을 가기로 한 해였다. 유럽 여행을 갔으면 4식구가 최소 1천만 원은 썼을 것이다. 퍼뜩 어떤 생각이 스쳐 지나갔다.

'만약 이 사건으로 인해서 원래라면 하지 않았을 행동을 한다면… 결과적으로 없던 돈이 생긴 것이라고 생각할 수 있지 않을까?'

해외여행을 취소했을 때 기분이 나아진 이유를 곰곰이 생각해보았다. 그리고 결론을 내렸다.

'위기가 계기가 되어 삶을 발전시킬 수 있는 행동을 한다면, 불운조차 행운으로 바꿀 수 있을지 모른다.'

위기가 아니었으면 하지 않았을 일, 지금의 고통을 먼 미래에서 보았을 때 기회라고 생각하게 만들 수 있는 행동, 이 고통스러운 일을 계기로 인생에서 처음 시도할 수 있는 일이 무엇이 있을까? 여러 가지 생각이 꼬리에 꼬리를 물고 떠오르기 시작했다.

- 아내의 월급과 내 월급을 한 푼도 빠짐없이 모아보기
- 지금 살고 있는 집을 팔고 저렴한 집으로 이사 가기
- 대출금을 일시에 상환하기, 그렇게 해서 온전히 돈을 모으기
- 아예 소비를 하지 않기. 아무리 힘들어도 일단 해보고 나중에 평가하기

다소 극단적이고 과격한 생각이 떠올랐다. 빚을 지지 않았으면 절대 하지 않았을 행동들이었다.

아내와는 한 달 가까이 대화다운 대화를 할 수 없었다. 많이 믿고 사랑한 아내였던 만큼 서운함이 너무 컸다.

'평생 살면서 너는 사고 한 번 치지 않을 자신이 있는가?'

마음속 거친 감정이 잔잔하게 가라앉은 어느 날, 내가 아내에게 큰 소리칠 만큼 잘난 사람이 아니라는 생각이 들었다. 그리고 **이런 힘든 시기에 아내를 품어주고 함께 위기를 이겨나갈 수 있다면, 평생 동안 굳건할 부부 간의 신뢰가 싹틀 수도 있다는 생각을 하게 되었다.**

살던 집을 매도하기 위해 열심히 청소하고 구석구석을 정리했다. 값이 오를 가능성이 거의 없는 집이라 우리는 매도하여 금리가 비싼 빚부터 갚기로 결정했다. **고생 끝에 집을 매도한 1월 어느 날, 아내와 부둥켜안고 진심으로 기뻐했던 것이 기억난다.** 만약 그때 그 집을 팔까 고민만 하다가 행동으로 옮기지 않았다면, 나는 아직도 그 자리에 계속 머물러 있었을 것이다. 누군가에게 위로 받기를 바라며 신세 한탄만 하고 있었을지도 모른다.

빚을 지지 않았으면 하지 않았을 단 하나의 행동. 그 집을 매도하고 빚을 일시에 상환해버린 그 순간이 내 인생을 송두리째 바꾸어버린 모든 것의 시작이었다.

집은 팔았는데
이제 어디로 가지?

호기롭게 집을 팔고 금리가 비싼 빚을 일시에 상환했지만 문제가 남았다.

이제 네 식구가 어디에 가서 살아야 한단 말인가.

처음에는 직장 근처 원룸을 구하려고 했다. 직장이 경기도 쪽이라 월세도 저렴했다. 하지만 원룸에서 네 가족이 생활하기에는 현실적으로 문제가 많았다. 어머니 생각이 났다. 15년 전 중증 류마티스 관절염을 얻고 강원도에서 살고 계신 어머니는 아버지와의 불화로 졸혼을 하고 심한 스트레스를 겪고 있었다.

"지금 저희가 집이 없어진 상황이라서… 저희랑 같이 살아요, 어머니."

절대 그럴 수 없다고, 며느리도 불편하겠지만 나도 불편하다고 안된다고 손사래를 치던 어머니는 차마 거절하기 어려우셨는지 3년만 살아보고 결정하는 조건으로 합가를 허락하셨다. 아픈 어머니를 안전하게 모실 수 있고, 아이들과 아내가 거처할 장소도 마련되어 다행이었다. 다만 나는 홀로 직장과 가까운 직장 사택에서 거주하며 출퇴근할 때 드는 주유비를 아끼기로 했다. 어머니 댁에서 직장까지는 왕복 120km나 되었기 때문이다.

오랜 상의 끝에 이렇게 살기로 아내와 결정했다. 집안 사정에 대해 아이들에게도 조심스럽게 이야기를 했다. 그런데 예상하지 못한 일이 생겼다. 이야기를 곰곰이 듣던 둘째아이가 아빠가 혼자 떨어져 사는 게 너무 불쌍하다고 같이 살겠다는 것이 아닌가.

어린 마음에 아빠가 걱정되어 그렇게 말하는 둘째가 고마웠지만, 엄마와 언니랑 지내는 게 낫겠다고 설득했다. 둘째는 그래도 한사코 따라오겠다고 했다. 난감했다. 어머니는 둘째를 데리고 살아보고 힘들어하면 전학을 시켜도 늦지 않을 거라고 했고, 일단 같이 살아보기로 했다.

아직도 시골 사택에서의 첫날밤이 생각난다. 주변의 모든 것이 가라앉은 듯한 고요한 밤, 막막한 기분으로 잠을 이루지 못하고 있을 때, 세상 편한 모습으로 새근새근 자고 있는 둘째아이의 모습을 보고 많은 위안을 받았다.

낡은 시골집에 대왕거미가 나와서 함께 비명을 지르고, 누가 책을 오래 읽나 밤마다 책 읽기 시합을 하고, 시골학교 아이들과 피구놀이를 하다가 눈탱이가 밤탱이가 된 아이를 둘러업고 병원을 찾아다닌 일까지, 마음이 힘들고 외로운 1년 동안 항상 둘째가 옆에 있었다.

'아빠랑 함께 있어 주어 정말 고맙구나. 이 고마움은 평생 잊지 않을게.'

이렇게 둘째아이와 함께하는 기러기 아빠 생활이 시작되었다.

지금 돌이켜보면 1년에 1억을 모으는 것도 중요한 일이었지만, 아들 내외의 재정적 문제를 도와주기 위해 집을 내어준 어머니, 시어머니와 함께 살기로 결정하기 쉽지 않았을 텐데 용기를 내준 아내, 아빠 없이도 의젓하게 생활하며 학교생활에 잘 적응해준 첫째아이, 가장 힘든 순간 같이 있어 주며 가족의 소중함을 깨닫게 해준 둘째아이와 깊은 유대감을 쌓을 수 있었던 것이 1년에 1억을 모은 것보다 훨씬 값진 일이었다는 생각이 든다.

모든 가족이 힘을 합해 위기를 이겨내는 시간보다 인생에서 더 의미 있는 순간이 있을까. **불행이라는 이름을 달고 나타난 많은 것들이 실제로는 예전보다 더 나은 삶을 살게 해주는 계기가 될지 모른다.** 고통을 통해서만 알게 되는 것들이 있다. 그때는 알지 못했지만 지금에서야 알게 되는 많은 것들이 있다.

아빠 나
치킨 먹고 싶어요

1년에 1억 모으기라는 원대한 꿈을 달성하는 과정은 녹록하지 않았다. 예상치 못한 수많은 문제가 터져 나왔다. 돈을 쓰지 않는 데서 오는 답답함은 참을 수 있었다. 그러나 극도의 절약을 실천하는 과정에서 아이들에게 해줄 것을 못 해준다는 기분이 들 때는 정말 힘들었다.

　내게는 돌아가고 싶지 않은 순간이 있다. 초등학교 시절 부모님과 살던 단칸방의 기억이다. 1층 좁은 집에 세 식구가 살았는데 천장에서 바퀴벌레가 수시로 떨어질 정도로 환경이 열악했다. 그때는 우리 집이 그렇게 가난하다는 사실을 알지 못했다. 어머니는 내 집 마련을 위해 정말 악착같이 돈을 모았다. 철이 없던 나는 그런 어머니에게 종종 치킨을 사달라고 졸랐다. 당연히 혼이 났다. 치킨이 정말 먹고 싶었는지 지금도 그때의 서운함이 생각나고는 한다. 하지만 사주지 못했던 어머니의 마음은 어땠을까? 얄궂게도 어머니의 마음을 그대로 느낄 수 있는 일이 생겼다.

아내와 아이를 데리고 마트에 장을 보러 갔다. 꼭 필요한 생필품만 사려고 했는데 첫째 딸이 식료품 코너에서 반값 세일을 하는 치킨을 사달라고 했다. 첫째 딸은 나를 닮아서 그런지 치킨을 좋아한다. 하지만 나는 이렇게 말하고 말았다.

"돈이 모자라서 안돼. 다음에 사줄게."

첫째는 나이에 비해 철이 들어서 아쉬움을 애써 감추며 알겠다고 했다. 아내 또한 말을 하지 않았지만 마음속으로 괴로워하고 있는 게 느껴졌다.

아이가 그렇게 좋아하는 치킨 한 마리를 못 사주다니. 그것도 반값 세일하는 한 마리를. 내가 그러고도 가장인가? 이렇게까지 해서 돈을 모아야 하나? 정말 이 방법 외에는 없는 것일까? 어머니도 지금 나와 같은 마음이셨을까? 세상에서 가장 못난 아빠, 가장 비참한 사람이 된 기분이었다.

1년에 목표한 돈을 모으는 과정에서는 이보다 더한 자괴감도 많이 든다. 다시는 이런 경험을 하지 않기 위해서라도 반드시 '목돈 모으기'에 성공해야만 했다. 그래야 이런 이야기들조차 추억이 되고 함께 고생해준 가족에 대한 고마움으로 남을 것이었다.

맞벌이 가정에서 돈을 모으기 가장 힘든 이유 중 하나가 필연적으로 발생하는 자녀 관련 지출이다. 아이들에게 해줘야 할 것을 못해주는 입장이 되어보니, 왜 아이들이 태어나기 전에 돈을 모아야 한다고 하는지 절실하게 깨달을 수 있었다.

미안한 감정을 담아 아이들에게 솔직하게 이야기했다.

우리는 지금 가난하지만 힘을 아끼고 돈을 모았으면 좋겠다고, 치킨 한 마리 사주지 못해 미안하다고.

하지만 너희가 도와준 덕분에 우리 가족은 내년에 지금보다 훨씬 나아져 있을 것이라고, 아빠 엄마가 많이 미안하고 많이 사랑한다고….

요즘도 치킨을 맛있게 먹는 첫째아이를 볼 때면, 문득문득 그때의 감정이 밀려온다. 조금 느슨해졌던 마음이 추슬러지고, 다시 모아보자는 간절함이 밀려온다. 슬픔을 슬픔 그대로 남겨두어서는 안 된다. 슬픔은 희망을 위한 과정이어야만 한다. 당신이 돈을 모으고자 한다면 그래야만 한다.

빚 갚는 게
전매특허입니다

본격적으로 짠테크 이야기를 쓰는 계기가 된 블로그 포스팅이 있다. 2019년 3월부터 매월 모은 금액을 블로그에 인증하기 시작했는데, 그 첫 번째 글이다. 내성적인 성격으로 사람들과 소통하는 것을 어려워하는 내가 무슨 용기로 그런 글을 쓸 수 있었는지 모르겠다.

급한 빚을 갚기 위해 그나마 있던 1억 얼마짜리 작은 집도 팔고, 심지어는 아이를 위한 치킨 값까지 아꼈으니 원하는 결과를 내야만 한다고 생각해서였을까. 첫 짠테크 인증 금액은 무려 750만 원이었다. 10년이 넘는 결혼생활 동안 구입한 불필요한 물건들을 팔아 보태기도 했는데 이런 일은 그 후로도 계속되었다.

우리 부부는 맞벌이를 10년 이상 했지만 그동안 300만 원 이상 저축한 적이 없었다. 그런데 한 달에 750만 원을 모으다니 스스로도 감개가 무량했다. 모은 금액을 블로그에 올릴까 말까 고민하다가, 앞으로 스스로를 채찍질하는 데 도움이 될 거라는 생각에 과감히 '발송' 버튼을

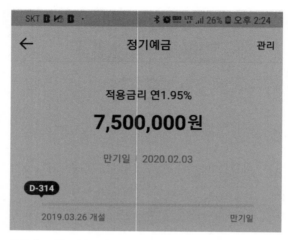

 부분에 보이는 내용:

SKT · ✳ LTE .ıl 26% 오후 2:24

←   정기예금   관리

적용금리 연1.95%

7,500,000원

만기일   2020.02.03

D-314

2019.03.26 개설   만기일

첫 짠테크 인증. 정말로 한 달에 750만 원을 모으다니 감개무량했다.

눌렀다.

그때 진심을 담아 응원해주셨던 많은 사람들의 댓글을 잊을 수가 없다. "너는 맞벌이라 돈 많이 벌어서 좋겠다"는 악플이나 달리지 않을까 걱정했지만 댓글 하나하나에 모두 진심이 담겨 있었다. 생각지도 못한 격려와 응원에 크게 고무되어 다음달도, 그다음 달도 반드시 목표 금액을 달성해야겠다는 생각이 들었다. 단지 기록을 위해서 시작했던 〈짠테크 월별 결산〉이 누군가에게는 자극과 희망이 되는 포스팅으로 자리 매김했다.

빚쟁이의 정신 상태는 경험해본 사람만이 안다. 겉으로는 웃고 있어도 속은 만신창이다. 생활에 집중하기 어렵고, 잃어버린 돈 때문에 잠을 제대로 자지 못한다. 그러다가 병원 신세를 지기도 한다.

목돈 모으기를 인증하면서 블로그에 마음의 짐을 조금씩 덜어놓기 시작했다. 빚쟁이의 정신 상태가 조금씩 정상으로 돌아오기 시작했다.

사람들은 어떻게 그렇게 긍정적으로 고난을 이겨낼 수 있었냐고 물어보곤 한다. 그럴 때 이야기한다.

"내 아픈 마음을 당신 같은 분들이 들어주기 때문입니다."

혼자가 아니라는 느낌, 나 말고도 빚을 지고 힘든 삶을 살아가는 사람들이 많다는 사실을 알게 되자 돈을 모아가며 삶을 이겨내는 과정에 의미가 생기기 시작했다. 처음에는 돈을 빨리 모아야 한다는 생각 그 이상도 이하도 아니었다. 그러나 어느 순간부터 이 삶을 오롯이 견뎌내고 이겨내는 모습을, 나처럼 괴로워하고 있을 누군가에게 보여주고 싶다는 생각이 들었다.

지금도 블로그에 글을 쓸 때 **가장 많은 조회수를 기록하는 주제가 월별 결산**이다. 빚으로 생긴 손실을 메우기 위한 과정으로 매월 모은 금액의 결산 포스팅을 올렸다. 지금은 미래를 위한 희망을 담아 결산 글을 올린다. 돈을 모으고 빚을 갚는 게 전매특허가 되어 최근에는 아파트 대출금을 갚는 프로젝트도 시작했다.

월별 결산을 시작할 때 항상 사용하는 문구가 있다.

여러 가지 이유로 돈을 잘 모으지 못하는 분들에게 절약과 저축을 통해 목돈을 모으는 과정을 보여드리고, 종잣돈을 이용해 파이프라인을 만들고 가치투자를 통해 경제적 자유에 대한 비전을 제시하고자 하는 티티새입니다.

빚이라는 것은 우울하다. 하지만 빚이 사라져가는 과정에는 희망이 있다.

절제된 소비가 더 큰
행복을 가져다준다

어느 날 아내가 내게 이렇게 말했다.

> **아내** : 우리 결혼할 때 예물로 한 다이아몬드반지 있잖아. 그거 팔면 안 될까?
>
> **티티새** : 왜 갑자기?
>
> **아내** : 그거 팔아서 주말마다 아이들이 원하는 거 해줬으면 좋겠어. 아이들을 행복하게 해주고 싶어.
>
> **티티새** : 그래도 괜찮겠어?
>
> **아내** : 아이들의 행복을 위해 쓰는 쪽이 이걸 장식으로 끼고 다니는 것보다 훨씬 가치 있을 것 같아.
>
> **티티새** : … 그러네. 당신 말이 맞아.

목돈 모으기를 최우선 순위로 살아가다 보니, 아이들에게 응당 해주어야 할 것을 해주지 못하는 것 같아 마음이 아플 때가 종종 있었다.

결혼 예물을 팔아서 자금을 마련해놓고, 아이들의 행복을 위해 사용할
수 있다면 망설일 이유가 없었다.

쥬얼리를 매입하는 업체에 전화를 걸어보았다. 다이아몬드는 얼
마, 고금 처리로 금값 얼마 해서 대충 얼마를 받을 수 있는지 견적을 받
았고 200만 원 정도를 마련할 수 있었다. 주말에 5만 원 정도씩만 쓴다
면 거의 1년 동안 아이들을 행복하게 만들어줄 수 있는 금액이었다.

결혼 예물이란 것이 오래도록 변치 말자는 상징성 있는 물건인데,
그것으로 마련한 돈이 가족과 아이들의 행복을 위해 쓰일 수 있다면?
그 의미가 남다르게 느껴지는 순간이었다.

> **티티새** : 예물 팔면 바로 돈을 쓸 거야?
>
> **엄마새** : 그럼 좋지. 어제 산책하다가 본 롤러장에 아이들 데려가면 엄청 좋아할
> 거 같아.
>
> **티티새** : 아파트 근처 상가 롤러장? 그것도 좋겠다. 만화방은 어때? 아이들이 오
> 래 못 갔는데….
>
> **엄마새** : 만화방도 좋지. 시간 되면 에버랜드 같은 곳도 데려가고 싶어.

20만 원은 함께 사는 어머니에게 깜짝 선물로 드렸다. 원래 결혼반
지가 갖는 의미가 있으니 가격이 저렴한 것으로 새 반지를 맞추려고 했
다. 그러나 어머니에게 선물로 드리는 게 더 의미가 있을 것 같다는 아
내의 이야기에 그렇게 하자고 했다.

예상하지 못한 선물을 받은 어머니는 기분이 좋아 보였다. 늘 많은
것들을 베풀어주시는데 용돈 한번 제대로 드리지 못해 죄송한 마음이

었다. 돈을 모으면서 마음에 담아야 할 사실이 있다.

'돈보다 가족의 행복이 먼저다. 가족이 행복해야 돈도 더 잘 모을 수 있다.'

아이들에게 들어가는 돈이 많아 모으기 어렵다고 하지만 간절하면 길이 보인다. 금요일 퇴근길이면 어김없이 아이에게 전화가 온다. 오늘 아빠가 오면 짬뽕을 꼭 먹고 싶단다. 5만 원으로 충분히 누릴 수 있는 행복이다.

이렇게 살면서 깨닫게 된 사실도 있다. **돈을 제한적으로 사용할 때 소비가 주는 행복의 밀도가 커진다**는 것이다. 아무 생각 없이 소비했던 시절이 있었다. 자유롭기는 했지만 행복감을 강하게 느끼면서 소비하지는 않았던 것 같다. 소비하고 싶은 마음을 절제해도 의외로 행복할 수 있는 것이 바로 이런 이유 때문이다. 당연한 게 당연하게 되지 않는 순간 인생의 많은 것이 변한다.

영어 공부보다
더 중요한 것

시골집에서 둘째아이와 지낸 지 3개월 정도 되었을까? 아내에게 곤혹스러운 전화를 받았다.

"여보, 첫째가 영어학원에 다니고 싶다고 하는데 어떻게 하지?"

목돈 모으기를 시작하면서 아이들 사교육 문제와 맞닥뜨리게 되었다. 첫째는 학원을 보내지 않았고 혼자 문제집으로 자기주도학습을 시키고 있었다.

'올 것이 왔구나'

나름 공부습관이 잡혀 있다고 판단한 첫째가 갑자기 학원을 가고 싶다고 한 이유를 들어보기로 했다.

"친구들이 영어를 잘해서 주눅이 드는지 보내달라고 하네."

어머님 댁에 얹혀살고 있는 아내와 첫째 딸이 있는 곳은 인천 송도 국제도시다. 인천 내에서 송도는 학군이 좋은 지역이다. 학교가 끝나면 약속이라도 한 듯 노란 셔틀버스가 아이들을 학원으로 실어 나른다. 이런 곳에서 학원 하나 다니지 않으며 스스로 열심히 하고 있는 첫째가 대견했다. 첫째와 이야기를 해보았다.

티티새 : 영어학원 가고 싶어? 진짜야? 갑자기 왜?

아기새 : 영어 동아리를 하는데 친구들은 단어를 많이 알아서 이해하는데 나는 모르는 단어가 많아서 답답해요.

티티새 : 그래? 그랬구나. 단어 모르는 것 말고는?

아기새 : 그거 말곤 없어요.

티티새 : 근데 아기새야. 단어는 단어장을 사서 외우면 되잖아. 굳이 30~40만 원을 내가며 학원에서 외울 필요가 있을까?

아기새 : …

티티새 : 작년에 아빠랑 영어회화 책도 하나 끝냈잖아. 충분히 잘할 수 있을 것 같은데.

아기새 : 그때는 아빠가 있었지. 지금은 내 옆에 없잖아요.

티티새 : 그러면 아기새가 원하는 영어 단어장을 사주고 밤마다 외웠는지 아빠가 확인할게.

아기새 : 어떻게 확인해요? 옆에 없는데!

티티새 : 아빠가 전화로 영어 단어를 불러주면 아기새가 받아쓰기를 할 수도 있고, 한글을 불러주면 영어로 쓸 수도 있지.

아기새 : …

첫째는 학원을 보내주지 않는다고 하자 토라졌다. 작년에는 함께 영어 공부를 해서 자신감이 있었는데, 요즘은 친구들에 비해 실력이 부족한 느낌이 들어 가고 싶었던 모양이다.

진지한 이야기가 필요한 것 같아 아내와도 오랜 시간 대화를 했다. 아내도 고충이 있었다. 얼마 전 송도에서 친구를 만났는데 자식 교육에 올인하고 있다는 이야기, 영어학원을 보내고 있다는 이야기 등 '남들은 이것저것 다 보내는데 영어학원 하나 정도는…' 하는 마음을 느낄 수 있었다.

영어학원이 정말 필요하면 보낼 것이다, 다만 지금은 아이가 간절하지 않은 것 같다, 단어를 몰라 주눅이 들어서 그런 것이다, 나와 함께 단어를 외워보고, 그다음에도 아이가 간절히 원하면 그때 다시 이야기해보자고 대화를 마무리지었다.

내친 김에 그날 밤 첫째와 긴 이야기를 나누었다.

티티새 : 아기새야. 아직도 학원가고 싶어?

아기새 : 음? 아니요. 아빠랑 단어 외우기로 했잖아요?

아빠의 마음을 잘 이해해준 아기새가 고맙고 대견했다. 공부에 대해 다시 한 번 생각해볼 좋은 기회라는 생각에 진지한 이야기를 꺼냈다.

티티새 : 아기새야, 공부를 왜 하니?

아기새 : 음… 좋은 대학교에 가서 돈을 벌려고?

평소에 들은 이야기가 있어서 그런지 돈과 연관을 시킨다.

티티새 : 그래. 근데 왜 이렇게 공부를 열심히 해? 힘든 단어 외우기까지 하면서… 공부를 아주 잘하지 않아도 대학에는 갈 수 있어.

아기새 : …

티티새 : 근데 좋은 대학교에 가면 뭐가 좋을까? 아무나 갈 수 없는 대학교에 합격했다는 건 그만큼 네가 능력을 인정받았다는 것이겠지? 회사에서도 이왕이면 좋은 대학교를 나온 사람을 채용하려고 할 거고. 한마디로 좋은 대학교에 가면 취업하기가 쉬워. 공부를 잘하면 돈 번다는 이야기는 그런 뜻이야.

아기새 : …

티티새 : 근데 네가 공부를 못할 수도 있잖아? 열심히 했지만 못할 수도 있고, 게을러서 그럴 수도 있고. 어느 경우든 네가 공부에 소질이 없다면 아빠는 입시공부는 일찍 그만두는 게 좋다고 생각한다.

아기새 : …?

티티새 : 공부를 잘하지 못해도 성공하는 세상이야. 단, 다른 능력을 열심히 개발해야 해. 컴퓨터 프로그래밍, 웹디자이너 등 세상이 필요로 하는 능력은 셀 수 없이 많아. 그런 것에 집중하는 것도 좋은 방법이야. 단, 네가 공부를 잘하면 거기 집중하는 게 좋고. 노력에 비해 성과가 좋기 때문이야.

아기새 : (끄덕끄덕)

티티새 : 독서, 말하기, 듣기, 쓰기, 영어는 모든 것의 기본이 되니 정말 열심히 해야 해. 그리고 공부를 잘해서 좋은 대학교에 가든, 대학교에는 못 갔지만 열심히 일해서 돈을 많이 벌든 중요한 것은 인간성이야. 따뜻한 마음을 가져야 해. 다른 사람들에게 호의적이지 못하면 네 마음도 인생도 불행해진다.

아기새 : 알겠어요.

첫째는 둘째보다 조숙해서 둘째와 이야기할 때와는 사뭇 다른 대화를 하게 된다. 엄마 말은 잔소리라고 생각해서인지 잘 듣지 않는데 이런 아빠의 조언은 잘 들어준다.

이렇게 해서 전화로 첫째가 단어를 잘 외우는지 매일 밤 점검해주기 시작했는데 생각보다 쉽지는 않았다. 그래도 떨어져 있는 아이와 대화하며 이야기를 나누는 것만으로도 의미 있는 시간이 되었다. 함께 공부했던 순간이 아이에게 추억으로 남았기를 소망한다.

누가 투자를
불로소득이라 했는가?

2018년에 지방의 아파트 몇 채를 매수해 지금까지 월세를 놓고 있다. 몇 채라고 하니 대단한 부자인 것 같지만, **다 합해 1억이 조금 넘는** 원룸형 구축 아파트다. 부동산 공부를 좀 하고 매수했으면 좋았으련만, 아무것도 모르던 시절 월세 수익률에 혹해서 산 아파트다. 쉽게 수익을 얻으려 한 대가는 컸다. 가격이 떨어질 리 없다고 생각했던 아파트는 매수한 후 얼마 되지 않아 채당 무려 2천만 원이나 가격이 하락했다.

　설상가상으로 공실이 발생하기 시작했다. 세입자가 나간 후 새로운 세입자가 구해지지 않았다. 집이 문제인가 싶어 3시간이 넘는 길을 달려 상태를 점검하러 갔다. 문을 열고 들어선 순간 한숨이 절로 나왔다. 공실 이후 방치되어 관리가 안 된 티가 역력했다. 베란다는 결로로 페인트가 군데군데 벗겨져 바닥에 지저분하게 떨어져 있고 무엇보다 화장실이 너무나 낡고 더러웠다. 이대로는 세를 놓을 수 없다는 판단 아래 집을 손보기로 결심했다.

더러운 화장실 세면기와 양변기, 20년도 더 돼 보이는 콘센트와 스위치, 어두운 조명을 LED로 전부 교체하고, 촌스러운 민트색 몰딩을 모두 흰색으로 칠하고 벽지 역시 모두 화이트로 교체하기로 했다.

그렇게 인테리어 공사를 시작하고 5일 정도 지나니 부동산 중개소에서 전화가 왔다. 수리 중인 집을 본 세입자가 바로 계약하기를 원한다고 해서 한달음에 달려가 계약서를 작성했다. 청소비를 아끼기 위해 아내와 직접 청소를 했다. 몸은 고되었지만 마음은 홀가분했다. 세입자는 20대 젊은이였다.

"불편한 일이 생기면 언제든지 연락주세요. 사시는 동안 편안하고 행복하셨으면 합니다"

진심이 전달되어서였을까? 이때 들어온 세입자는 지금까지 단 한번도 월세를 밀린 적이 없다. 며칠 밀리는 게 뭐 대수냐고, 안 떼먹는다고 되레 화를 내는 세입자도 만나봤다. 그런 사람을 겪어보면 정해진 날짜를 어기지 않고 월세를 입금해주는 상식이 있는 사람이 고마울 수밖에 없다.

공실의 아픔도 겪고, 인테리어의 번거로움도 감수하고, 세입자를 구하기 위해 애도 태우는 과정 속에서 월세는 매월 꾸준히 들어왔다. 솔직히 인테리어 수리비를 감안하면 월세 수익률은 참 보잘것없었다.

하지만 이때의 경험은 나중에 1억 모으기에 성공하고 불리는 과정에서 큰 도움이 되었다. 공실이 일상화된 지역에서도 월세를 놓아봤는데, 이보다 환경이 나은 곳에서 세입자를 구하는 것은 일도 아니라는 생각이 들었다.

그 위에 비록 적은 금액이었지만, 파이프라인에서 나오는 소득이 현금흐름을 개선해주었다.

누가 투자를 불로소득이라 했던가. 공실을 세 번 정도 경험하고 집 수리도 몇 번 해보면 그런 말이 쏙 들어갈 것이다. 이런 작은 기쁨을 주는 월세 투자 아파트들을 조금씩 모아가고 싶다. 노력을 통해서 나아지는 삶, 그런 삶을 살고 싶다.

1억 빚이 생기지 않았다면
3억을 잃었을 것이다?

2007년 아내와 결혼하면서 대출금 없는 내 집 마련이라는 목표를 가지고 인천 외곽에 있는 아파트를 매수하여 결혼생활 12년 동안 대출 원리금을 갚으며 살았다. 그렇게 아끼고 모은 금액은 4억 원이었다. 1년에 대략 3천300만 원 정도를 모았다고 할 수 있다.

지금 상황에서 돌이켜 생각해보면 이것은 돈을 불리는 좋은 방법이 아니었다. 대출금을 갚지 않고 종잣돈을 모아 부동산 투자를 했다면 자산이 몇 배로 불어나 있었을 것이다. 하지만 그 당시에는 열심히 돈을 모아서 빚을 갚는 것이 최선이라고 생각했다. 2018년 직장 이전으로 이사를 가게 되었다. 모은 돈으로 지방의 소형 아파트에 투자해 월세도 받았다. 그해 가을 아내의 숨겨진 빚을 알게 되었다.

2018년 우리집의 재정 상황은 다음과 같았다.
2018년 자산 : 아파트A(1억 8천) / 아파트B(3억 2천) / 소형 월세 투자 아파트 3채(1억 6천) / 아내 빚(-1억) / 보증금(-2억 8천) / 예금(2천) → **총 3억 원**

마이너스 통장에서 고금리의 이자를 지불하고 있는 아내의 빚 1억을 시급히 처리해야 했기에 거주하던 아파트를 팔고 아내의 빚을 갚았다.

그런데 만약 아내가 빚을 지지 않았다면 어땠을까? 아마도 아파트를 매도하는 결정 없이 평소 모으던 대로 매년 3천300만 원의 돈을 모아 1년 뒤 2019년 4억 3천300만 원, 2020년에는 4억 6천600만 원 정도의 자산이 생겼을 것이다. 그 당시 거주하고 있던 아파트는 입지가 매우 좋지 않았기 때문에 지금까지도 아파트 가격이 오르지 않았다.

2020년 현재 우리 가정의 재정 상태는 어떨까?

2020년 자산 : 아파트C(5억 5천), 아파트D(5억 5천), 소형 월세 투자 아파트 2채(1억), 현금자산(3천), 대출금(-4억) 세입자 보증금(-8천) → **총 7억 5천만 원**

아내가 빚을 지지 않았다는 시나리오를 감안하더라도 3억 원 넘게 차이가 난다. 어떻게 이런 일이 발생했을까?

아내의 빚을 갚고 남은 여유 돈으로 부동산 투자를 했고 손실을 메우기 위해 모은 1억이라는 금액 또한 재투자하여 자산을 불렸기 때문이다.

결과적으로는 아내가 빚을 졌기 때문에 돈도 모으려 하고 부동산 투자도 하게 되었다고 할 수 있다. 세상에는 나쁜 일로 보이지만 결과적으로는 나쁜 일이 아니게 되는 일들이 있는데 바로 이런 상황을 두고 하는 이야기가 아닌가 싶다.

그렇다면 돈을 모으기 위해서는 집안에 재정적인 우환이 생겨야만 한다는 이야기일까? 물론 그렇지는 않다. 이런 돌발적인 사고 없이도 현명한 선택을 할 수 있다면 더 좋을 것이다.

나는 현명하지 못했기에 사고를 겪고 나서야 비로소 정신을 차리고 간절한 마음으로 절약과 저축 및 재테크를 시작할 수 있었다. 이 책을 읽고 있는 당신은 나의 경험담을 발판삼아 돈을 모으겠다는 의욕을 불태우기 바란다.

부부 사이에 갈등이 있으면 돈이 모이지 않는다

예기치 못한 재정적 사고로 1억 모으기를 시작했다.

당장의 빚을 갚느라 생긴 손실을 만회하기 위해 돈을 모으기 시작한 것은 좋았지만, 문제가 남아 있었다. 바로 아내와의 관계였다. 아내는 본인의 실수로 빚을 지게 되어 자존감이 바닥으로 떨어진 상태였고, 나는 나대로 아내에 대한 배신감으로 괴로운 나날을 보내고 있었다. 1억 모으기는 혼자 힘으로 달성하기 힘든 목표였다. 가족이 똘똘 뭉쳐도 모으기 어려운 금액을 이런 갈등 상태에서 마련하기는 무리였다.

아내와의 갈등을 어떤 식으로든 해결해야 했다. **갈등을 극복하고 아내와 힘을 합쳐 목돈을 모을 수 있었던 방법은 무엇일까?**

서로 다른 사람이 만나 하는 결혼생활에는 많은 인내와 노력이 요구된다. 서로 다른 성격으로 인해 감정의 갈등을 많이 겪기 때문이다. 그래서일까. '결혼한 여자는 비구니가 아닌 격이 높은 보살이라는 칭호를 붙인다'는 법륜스님의 말씀이 기억난다.

돈을 모으려 할 때 가족이 걸림돌이 되는 경우로는 2가지가 있다. 하나는 돈을 모으는 '가치관'이 배우자와 다른 경우, 또 다른 하나는 배우자와 '관계'가 좋지 않은 경우다. 관계가 좋으면 서로의 가치관을 이해하기 위해 노력을 할 가능성도 높아진다. 그래서 부부 사이는 매우 중요하다. 목돈 모으기에 배우자를 참여시키는 방법은 다음과 같다.

1. 부부 사이에 갈등이 있다면 반드시 봉합한다

부부간에 갈등이 생겼을 때는 꼭 해결해야 한다. 갈등 상태에서는 부정적인 감정 때문에 돈을 모을 힘이 생기지 않을 뿐더러 삶의 의미를 찾기도 어렵기 때문이다. 왜 돈을 모으는가? 행복하기 위해서다.

부부싸움을 하고 출근해본 적이 있는가? 하루종일 마음이 불편하고 괴롭다. 부부 사이가 좋아야 만사가 형통하다는 말은 진리다.

또한 서로에 대한 신뢰, 사랑 없이 돈을 모으는 것이 무슨 의미가 있을까? 돈을 모아 경제적 자유를 이루었다 한들 그 과정에서 가족이 희생되면 그게 과연 행복일까? 당신 때문에 빚을 져서 내가 이렇게 악착같이 돈을 모았다고 큰소리치는 것은 자랑스러운 모습인가? 부부 사이에 신뢰가 없는 모습을 보고 자라는 아이들의 불안감과 괴로움은 누가 책임질 것인가. 잘못한 일을 용서하는 것은 물론 어려운 일이다. 결코 쉽지 않지만 자신을 위해서라도 용서해야 한다.

남아공의 넬슨 만델라 대통령이 미국 대통령 취임식에 참석해 연설을 했다. 만델라는 각국의 주요 인사들이 참석한 그 자리에 자신이 27년간 수

감되어 있었던 감옥의 간수 세 명을 초대했다. "어떻게 그들을 용서할 수 있었는가?"라는 질문에 만델라 대통령은 이렇게 대답했다. "감옥 문을 나가는 순간 내가 사람들을 계속 미워한다면 여전히 감옥에 갇혀 있게 된다는 사실을 깨달았다."

— 문용린 외 2명(2013), 『행복교과서』, 주니어김영사, 155쪽.

나 역시 잘난 사람이 아니다. 남은 인생 살다가 실수 한번 안 하기가 더 힘들 것이다. 한탕 심리로 함부로 주식 투자, 부동산 투자를 했다가 큰돈을 날릴 수도 있다. 아내보다 건강하지 못하기에 치료비로 큰돈이 나갈지도 모른다. 건강한 와이프가 병약한 남편을 만나 이 무슨 고생인가. 실수 한번 했다고 계속 몰아붙여서 화풀이하고 싶은 마음은 이해하지만, 그렇게 하다가 언젠가 자신이 실수했을 때 벌어질 일을 감당할 수 있을까?

큰마음으로 너그럽게 용서하고 사랑으로 품는 것이 답이다. 마음이 괴로울 때는 글로 마음을 풀어보는 게 어떨지? 가정에 닥친 재정적인 사고를 블로그에 기록하자 많은 분들이 응원해주었다. 그때 깨달았다. 사람에게 타인의 아픔을 공감하고 위로해주고 잘되기를 바라는 선한 면이 있다는 것을 말이다. 덕분에 지금까지 돈을 모으면서 잘 살아왔다. 세상에 이겨내지 못할 시련 따위는 없다. **남 탓으로 해결되는 일도 없다.**

아내에 대한 마음이 힘들 때는 함께 로맨스 영화를 보았다. 애인을 마음 깊이 사랑하는 남자 주인공들의 모습에 내 모습을 대입해보았다. **온 세상을 다 줄 것처럼 행동하는 남자 주인공과 비교하면 아내의 실수조차 감싸주지 못하는 나 같은 남자는 얼마나 찌질하고 속물 같은가.** 돈이 없어도 서로를 신뢰하고 행복하게 살아가는 가정이 많다. 아내의 실수는 오히려 아내의 상처를 품어줄 수 있는 멋진 남자가 될 수 있는 기회일지도 모른다.

아내는 지난 봄까지 의기 소침해있었다. 혼자 많이 울었다고 한다. 얼마나 마음이 힘들었을까? 힘든 일이 있을 때면 늘 나에게 상담하며 위로를 받았지만 이 일은 그럴 수도 없었으니 괴로움을 온전히 혼자서 감당해야 했을 것이다.

만약 상대가 아니라 자신이 어떤 잘못을 저질러 배우자의 신뢰에 금이 갔다면, 지금부터 하는 이야기에 귀 기울이기 바란다. 아내에 대한 감정이 풀어진 계기는 내가 마음 수련을 했기 때문이기도 하지만, 아내의 변화에 힘입은 바가 컸다. 어느 날부터 아내가 아침에 일찍 일어나고 운동을 하며 자기계발을 하기 시작했다.

하루에 2만보를 걸어 다이어트에 성공하자 자신감을 되찾았고, 『실행이 답이다』, 『성과를 지배하는 바인더의 힘』과 같은 책을 읽으며 삶을 계획적으로 살기 시작했다.

무엇인가 이전과 달라지지 않는다면 신뢰 회복이 어렵다. 실수한 사람은 잘못했기 때문에 그에 대해 책임지려는 태도를 보여주어야 한다. 책임이라는 것은 부부관계에서 신뢰 회복의 다른 말이다. 내가 잘못을 통감하고 있고 그것을 계기로 이전보다 열심히 살고자 노력한다는 것을 행동으로 보여주어야 한다.

우리는 모두 다 똑같은 인간이다. 인간이기 때문에 실수도 눈감아줄 수 있고 아픈 상황에 공감해줄 수도 있다. 변하려고 노력하는 게 쉽지 않다는 것은 나도 안다. 하지만 그게 얼마나 힘든 일인지 알기에 노력하는 배우자의 모습을 보면 마음이 풀어진다.

만약에 가정에 어떤 우환이 닥쳐 배우자와 사이가 좋지 않다면 상대가 책임감 있는 태도를 보이지 않아서일 확률이 크다. 너는 뭘 그렇게 잘했냐고 하면서 싸우려 들면 안 된다. 그건 책임을 지는 태도가 아니라 알량한 자존심을 지키려는 구차한 모습이다.

요컨대 부부간의 갈등을 해결하기 위해서는 함께 노력해야 한다. 상대를 품어주려는 노력, 잘못을 인정하고 책임을 지고 변화하려는 태도가 갈등을 해결하는 키포인트다. 혼자만의 노력으로는 어렵다.

2. 왜 돈을 모아야 하는지 끊임없이 함께 이야기한다

부부 사이에 비전을 공유하는 것은 매우 중요하다. 나는 돈을 모으고 싶은데 상대가 별로 그럴 마음이 없으면 맥이 빠진다. 그래서 신뢰가 회복되고 내 말이 상대에게 영향을 줄 수 있는 상태를 만들어야 한다. 신뢰 관계를 만든 후 끊임없이 목표에 대해 이야기해야 한다, 함께 산책을 하거나 밥을 먹으면서, 또는 차를 타고 이동하면서 목표를 공유한다.

- 목돈을 모으면 뭘 하고 싶어?
- 돈을 모으면 인생이 행복해질 수 있다고 생각해?
- 비교하지 않고 살기는 쉽지 않은데, 주위에서 친구들이나 직장 동료를 보면 비교돼서 힘들 때는 없어?
- 정말 아끼면 후회할 만한 일들은 뭐가 있을까? 교육비? 문화 체험비?

아내와 다양한 이야기를 했다. 아내의 경우 목돈을 모으는 것 자체에는 동의했다. 다만 기한을 계속 물었다.

"언제까지 이렇게 살아야 해? 기한이 있으면 버틸 수 있을 것 같아."

바로 이것이 아내와 내가 다른 점인데… 나는 아끼고 모으는 삶을 버틴다고 생각하지 않지만, 아내는 목돈을 모으는 일에 경제적인 압박감과 속박당한 듯한 기분을 느낀다는 것을 알 수 있다. **하지만 내 생각을 상대방에게 강요할 수는 없다.** 어떤 지점에서는 타협하고 수정도 해야 한다.

오랜 시간 함께 이야기를 나눈 결과 아이들의 교육을 위해 사용하는 돈은 매년 늘리기로 했다. 아내는 아이들의 나은 삶을 위해 다양한 교육을 해주고 싶어 했다. 나도 그런 아내의 생각에 동의한다. 아니 동의하지 않더라도 반드시 들어주어야 하는 부분이다.

대화하고 소통하다 보면 배우자가 목돈 모으기에 나름의 의미를 가지고 동참하게 된다. 중요한 것은 절대 강요하면 안 된다는 것이다. 소비하고 싶은 심리가 있다면 그것도 존중해주어야 한다. 내가 진정으로 원하는 것은 가족의 행복과 안전이라는 대전제를 가지고 이야기해야 서로 감정이 상하지 않을 수 있다. 어설픈 토론은 안 하느니만 못하다. 결국 **최종 목적지는 가족과 함께 만드는 '행복'**이기 때문이다.

3. 돈을 모아야 하는 이유를 절실하게 깨닫게 해주는 책을 권한다

아내의 변화를 옆에서 지켜본 결과 아껴야 한다고 열 번 말하는 것보다 절약에 관한 책 한 권을 읽도록 하는 게 훨씬 효과가 컸다. 아내에게 가장 큰 영향을 주었던 것은 '세이노의 가르침'이라는 인터넷 카페에 실린 글들을 모아 엮은 책, 『세이노의 가르침 SAY NO』다.

인간은 쉽게 바뀌지 않는다. 오직 생각의 변화, 관점의 전환을 통해서 살아가는 양식을 바꿀 수가 있는데, 그걸 가능하게 하는 것이 책이다. 책은 신뢰와 권위를 담보하기 때문이다.

책을 아예 읽지 않는 배우자는 어떻게 해야 할까. 미래에 투자한다는 마음으로 '이 책을 읽으면 10만 원을 줄 테니 읽어라' 하고 당근 전략을 사용할 수도 있고, 무엇을 잘못했을 때 '이 책을 읽으면 기분을 풀겠다' 하고 압박 전략(?)을 사용해볼 수도 있다(특히 남자는 여자가 토라지는 게 제일 무섭다).

부부간의 사이가 좋아야 돈을 모을 수 있다. 목돈 모으기에 배우자를 참여시키고 싶다면 다음의 단계를 참고해보라.

1단계: 부부관계에 대한 신뢰를 쌓아서 소통할 수 있는 분위기를 만든다.
2단계: 목돈 만들기를 주제로 끊임없이 이야기하며 의견을 나눈다.
3단계: 수단과 방법을 가리지 말고 책을 읽게 만든다.

부부 사이가 좋으면 돈도 잘 모이지만 무엇보다 중요한 것은 행복이다. 비전을 공유하는 친구 같은 배우자만큼 인생을 풍요롭게 만드는 존재도 없다. 상대가 잘못했을 때 너그럽게 감싸주고 내가 잘못했을 때 책임지는 모습을 보인다면 못 헤쳐나갈 일이 없다. 함께 많은 대화 나누며 인생의 목표를 함께 달성해나가기 바란다.

목돈을 모으면
인생이 바뀔까?

책을 몇 천 권 읽으면 인생이 바뀔까? 그렇게 많이 책을 읽지는 않았지만 독서를 습관화하면 왠지 인생이 나아질 것 같은 기분이 든다. 하지만 애석한 것은 그것은 단지 가능성의 영역일 뿐이라는 것이다. 책을 1만 권 읽으면 인생이 바뀔 수도 있지만 그렇지 않을 수도 있다. 독서를 통해 얻은 내면의 힘이라는 것을 측정할 방법이 없기 때문이다. 1년에 1억을 모으고 깨달은 사실이 있다. 1년에 1억을 모으면 내면적으로나 실질적으로나 인생이 바뀐다는 것이다.

독서를 폄하할 생각은 전혀 없다. 돈을 모으려는 의지도 내면적인 힘이 없으면 불가능하다고 생각하기 때문이다. 하지만 독서에만 올인하는 삶의 자세는 문제가 있다. 실질적인 인생의 변화를 이루어내지 못한다면 자기만족에 그칠 우려가 있기 때문이다. 1억을 모으면 인생을 내면적으로 그리고 실질적으로 바꿀 수 있다. 왜 그럴까?

1. 돈을 모으는 과정에서 문제가 발생한다

1년에 1억이라는 도전적인 목표를 설정하고 인생을 살다 보면 수많은 문제가 발생한다. 생활비 이외의 돈을 통제하는 삶이 행복하기만 할 리는 없다. 나는 돈을 모으는 데 있어 가족과 함께 노력하는 것을 인생의 중요한 가치로 생각하기에 때때로 돈을 모을 때 가족이 힘들어하면 마음이 아팠다.

'지금은 우리가 이렇게 힘이 들지만 함께 열심히 모으다 보면 빚도 갚고 부자가 될 거야!'

아이들에게 이런 이야기를 하기는 쉽지 않았지만 함께 노력하고 스스로 무엇인가 기여한다는 생각 때문인지 아이들은 절약에 열심히 동참해주었다.

하지만 아이들 문제집 살 돈 앞에서 주춤거리는 내 모습이나 꿈도 희망도 없는 아내의 망연자실한 표정이 떠오를 때면 그 과정이 결코 순탄치는 않았다는 생각이 든다.

아내에게 물어본다.

"지난 1년 동안 돈을 모으는 과정에서 어떤 점이 제일 힘들었어?"

아내는 친구들을 만났을 때 돈을 쓰지 못하는 상황이 많이 힘들었다고 한다. 그리고 매일 같은 옷을 입고 다니는 것도 다른 사람들의 시선이 많이 의식되었다고 한다. 아내에게 재차 물어본다.

"돈을 모으려면 그런 불편함을 참고 견뎌야 한다고 생각해?"

아내는 그때 당시에는 그런 생각이 들지 않았는데 지금은 그래야 한다고 생각한단다. 인생이 나아지는 과정을 오롯이 경험해보니 과거의 고생이 가치가 있었다는 생각이 드는 모양이다.

하지만 어디까지나 지금에 와서 할 수 있는 얘기다. 절약의 과정은 결코 만만한 과정이 아니다. 처음에는 만만할 수 있다. 하지만 수많은 변수가 발생하기 때문에 1년 동안 절약과 저축 패턴을 유지하는 데 성공하기가 쉽지 않다는 사실을 알았다.

목돈 모으기를 시작하면서 많은 변수가 생기고 그 변수는 스트레스로 작용하기 쉽다.

2. 문제를 해결하는 과정에서 내면적인 힘이 생긴다

1년 동안 지출 내역을 점검해보니 다음과 같이 다양한 돌발 상황이 있었음을 알 수 있었다.

    1) 자동차 타이어 교체

    2) 월세 투자 아파트 공실 수리비 발생

    3) 둘째아이 병원 입원비 등

예정된 한 달 예산에서 벗어나는 경우가 많이 있었다. 이런 경우에는 돈이 추가로 지출된 만큼 긴축재정을 펼칠 수밖에 없다. 하지만 그런 상황에서조차도 한 달을 50만 원 내에서 살아냈을 때 큰 성취감을 느꼈다.

이런 성공 경험이 몇 달 동안 반복되면 돈을 아끼고 모으는 것이 큰 일이 아니라는 것을 스스로 믿기 시작한다. 돌발지출이 생겨도 '긴축해서 처리할 수 있다'는 자신감이 생긴다. '저축력'이 생기는 것이다.

돌발 상황을 해결해가는 가운데 절약과 저축에 자신감이 붙고 점점 쌓여가는 목돈을 바라보며 힘을 낼 수 있다. '변수'는 반드시 생길 수밖에 없다. 도저히 감당할 수 없는 큰 지출이 생길지도 모를 일이다. 그때는 목표치를 수정해야 한다. 하지만 대부분의 돌발지출은 모두 예산 내에서 감당할 수 있는 수준이었다.

인생에서 스스로를 옭아매는 선택을 하기는 쉽지 않다. 대부분의 사람들은 적당히 편하고 적당히 아끼며 살고 싶어 한다. 하지만 그러면 어중간한 금액만을 모을 수 있을 뿐이다. 또한 목표라는 것이 너무 멀리 있으면 도달하기까지의 과정이 지루해진다.

피부에 와닿는 절박함과 간절함으로 100원짜리 하나도 아끼며 1년 동안 도전적으로 돈을 모아보기 바란다. 한번 시작하면 그 과정에서 많은 문제가 생기겠지만 그런 문제를 해결하는 과정에서 성장하는 것도 제법 값진 일이라는 것을 깨달을 것이다.

3. 문제를 해결하는 과정에서 실질적인 수익이 생긴다

절약과 저축을 통한 목돈 모으기가 보람 있는 가장 큰 이유다. 책을 읽고 내면의 힘이 생기는 것은 측정할 수 없지만 절약과 저축을 통해서 모이는 금액은 숫자로 정확히 기록된다. 측정할 수 없는 것은 관리될 수 없다는 말을 상기해볼 필요가 있다.

돈을 모으기로 결심한 후 노력한 만큼 돈이 쌓이는 것을 눈으로 확인했을 때 비로소 내 자신의 노력이 헛되지 않았음을 실감할 수 있다. 은행 이율이 얼마나 된다고 저축에 힘을 쓰느냐는 사람들도 있다. 은행 이자에 초점을 맞추면 안 된다. 아끼고 모은 돈에 초점을 맞춰야 한다. 은행 이자는 거들 뿐이다.

돈을 모으지 않을 이유가 있을까? 절약과 저축은 인간의 본능에 가깝다고 한다. 미래를 대비하고 삶을 나아지게 만드는 행위가 자연스럽지 않을 리가 없다. 목돈 모으기를 통해 인생이 바뀐다는 것을 실감한 사람으로서 짠테크와 함께 하는 삶을 적극적으로 추천하고 싶다. 나아지는 인생을 위해 모두 파이팅이다.

2장

마흔, 목돈 모으기로
인생 역전을 꿈꿔라

돈을 모으고자 하는 의지를 고양하기 위한 장이다. 특히 목돈 모으기의 필
요성을 너무 늦게 깨달아 후회하고 있는 30, 40대의 마음을 생각하며 썼
다. 자녀 교육비, 남들만큼은 써야 한다는 생각, 재정적으로 불안한 미래로
인해 복잡한 마음으로 하루하루를 살아가고 있는 사람들…. 생각과 관점을
바꾸면 돈을 모으고자 하는 강력한 감정 에너지를 일으킬 수 있다. 감정은
행동의 원천이 된다는 사실을 기억하며 이 장을 읽어주기 바란다.

지켜야 할 것이 있는
마흔은 강하다

만약 시간을 되돌린다면 어느 시기로 돌아가고 싶은가? 풋풋한 대학생 시절인가, 한창 깨소금 볶는 신혼인가, 아니면 커리어가 제법 쌓여가는 30대인가? 이에 대한 부자들의 생각이 흥미롭다. 허영만의 『부자사전』에 따르면 부자들은 '40대로 돌아가고 싶다'고 응답한 비율이 높았다고 한다.

왜 다른 시기도 아니고 40대일까? 젊고 혈기가 넘치는 시기일수록 더 좋은 게 아닐까? 젊을수록 건강한 것은 사실이다. 하지만 간과한 사실이 있다. 20대가 신체적으로는 건강할지 몰라도 정신적으로는 '미숙' 할 수 있다는 것이다.

나이가 지긋한 어르신들이 과거를 돌이켜볼 때, 20대는 정신적으로 안정되지 못해서 감정적 부침이 심했고, 30대는 재정적으로 안정되지 못해서 먹고살기 힘들었지만, 40대는 다른 인생의 시기와 비교해볼 때 모든 면에서 균형을 이루는 시기라는 것이다.

나 역시 그렇게 생각한다. 마흔이 지나고 그동안 내가 무엇을 이루며 살아왔는지 마음이 헛헛할 때도 있지만, 40대에서만 가능한 일들이 있다는 사실을 실감하고 있다. 특히 돈 모으기가 그렇다.

마흔은 돈을 가장 잘 모을 수 있는 시기다.

3가지 이유 때문이다.

1. 지켜야 할 가족이 있는 사람은 강하다

다음 중 어느 경우에 돈을 간절히 모으고 싶을까?

> 1. 갖고 싶은 명품백이 생겼을 때
> 2. 나와 비슷했던 친구들이 하나둘씩 부자가 되어갈 때
> 3. 가난해서 내 아이들에게 외식 한번 제대로 시켜주지 못할 때

몇 번을 골랐는가. 아마도 3번이 많을 것이다. 40대가 아닌 연령대도 그렇게 답했을 확률이 높다. 왜 그럴까? 나는 이렇게 생각한다.

지켜야 할 것이 있는 사람은 강하다. 아주 많이.

40대는 가정을 이룬 경우가 많다. 마흔은 지켜야 할 가족이 있는 사람들이다. 자녀는 학교에 다닐 것이고 연로한 부모님과 함께 사는 사람도 있을 것이다. **지키고 싶은 사람들을 품고 사는 사람들은 강한 힘을 발휘한다.** 진화심리학적 표현을 빌리자면 둥지 수호자의 역할을 하는 것이다. 나를 위해 돈을 모으기보다 내가 사랑하는 사람들을 지키기 위해 돈을 모을 때 더 간절한 힘이 생긴다.

돈 많이 벌어서 자식에게 무엇이든 넉넉하게 해주고 싶은 마음, 부

모라면 인지상정이다.

젊은 시절에는 갖고 싶은 물건을 사기 위해, 배낭여행, 해외여행을 가기 위해 돈을 모았다. 하지만 **40대는 지키기 위해 돈을 모은다. 가족을 지키는 에너지는 숭고한 에너지이고 그만큼 강력하다.** 40대 가장이 제대로 마음만 먹는다면, 아내와 딸아이의 미소를 지켜주기 위해 그 누구보다 장렬하게 돈을 모을 수 있다.

2. 사회 초년생에 비해 연봉이 꽤 높다

40대는 직장에서 어느 정도의 위치에 있을 확률이 높다. 20대 중반에는 200만 원이 채 안 되는 월급을 받았다. 40대가 넘는 지금은 300만 원 이상을 받고 있다. 단순한 계산으로도 1년 동안 월급을 한 푼도 쓰지 않고 그대로 모을 경우, 200만 원은 2천400만 원, 350만 원은 약 3천700만 원이 된다. 여기에 각종 상여금, 보너스도 차이가 날 것이기에 사회 초년생과 40대는 벌이 자체가 다르다. 물론 자녀 양육 및 교육비, 집안 사정에 따라 부모님 의료비 등 돈 쓸 곳이 늘어나긴 하지만, 이것을 어떻게 통제하느냐에 따라서 돈을 꽤 모을 수 있는 연령대다.

3. 감정적 소비가 줄어든다

예전에는 친구가 차를 사면 나도 사고 싶고 명품백을 든 것을 보면 나도 갖고 싶었지만, 나이가 들수록 그런 감정적인 욕구가 예전만 못하다는 것을 느낀다.

마흔을 넘어서면 물건보다는 자연에 관심을 갖는 사람들이 많아진다. 카카오톡 프로필만 봐도 꽃, 나무, 산 등 아름다운 자연이 배경인 경우가 많다. **물질에 대한 집착이 조금씩 옅어지는 이 시기는 감정적 소비를 절제할 수 있는 좋은 나이다.**

홈쇼핑 등 소비 중독이 되어 습관적으로 물건을 구입하는 경우가 아니라면, 미니멀리즘을 실천하는 것이 가능한 나이가 마흔이다. 그렇게 갖고 싶었던 물건들이 내 삶을 복잡하게 한다는 통찰과 지혜는 젊은 나이에는 생기기 어렵다.

마흔은 감정적 소비를 절제할 수 있는 지혜가 있다. 아끼고 모으면서 하루하루 살아가는 사람들과 소통하는 것도 좋아하는 나이대다. 블로그 이웃들과 소통하며 아끼고 모으는 사람들을 많이 만났는데 재미있는 사실은 '미니멀리즘', '아끼고 모으고 불리기'를 주제로 네이버 밴드에서 서로를 응원하는 사람들은 대부분 중년 여성이라는 점이다.

때때로 블로그에 20대 이웃들이 비밀 댓글로 하소연을 할 때가 있다. 아끼며 살기가 너무 힘들다고. 나 빼고는 아무도 이렇게 살지 않는다고. 그래서 괴롭다고. 그럴 때 나는 이렇게 이야기한다.

20대에 아끼려 하는 자세는 그 자체만으로도 대단한 것입니다.

얼마나 힘들까? 하지만 20대에 마흔이 할 수 있는 선택을 한 그 젊은 사람의 미래는 분명 다른 사람과 다를 것이다.

마흔은 모든 면에서 돈 모으기 가장 좋은 시기다. 오늘부터 함께 모아보지 않겠는가?

고달픈 맞벌이,
하지만 한방이 있다

맞벌이로 살아온 13년 인생을 돌아본다.

맞벌이로 살아온 인생… 좋기만 했을까?

결혼할 당시에는 맞벌이여서 좋은 점이 많았다. 직장 때문에 서로 바빴지만 각자 벌이가 있어서 쪼들리면서 데이트를 하지 않았다. 성격차로 인한 사소한 다툼은 있었지만 평온하고 행복한 신혼생활이었다. 그러나 모든 문제는 아이가 생기면서 발생했다.

아이를 낳고 기른다는 것은 정말 보통 일이 아니었다. 퇴근 후 내 시간이라는 것이 사라진다는 당연한 사실에 적응하지 못했다. 특히 아내가 육아휴직을 하다 복직한 후부터 전쟁이 시작되었다. 아내는 빨리 직장에 복귀하길 원했다. 산후우울증이 심했기 때문이다.

아이를 맡길 곳이 없었던 우리는 육아독립군이었다. 부모님은 지방에 계셨고 아기를 봐줄 형편이 안 되었다. 힘들게 아기를 돌봐줄 믿을 수 있는 아주머니를 구해 어린이집에 갈 수 있는 나이가 될 때까지는 그렇게 키웠다.

가장 힘들었던 때는 피곤한 몸으로 퇴근해 아기를 인계받아 우리가 온전히 돌봐야 할 때 였다. 많이 도와주는 멋진 남편이면 참 좋았을 텐데 철딱서니가 없어서 아내를 많이 서운하게 했다.

그 힘든 시기가 지나고 아이들은 지금 어엿한 초등학교 고학년이 되었다. 그때의 힘들었던 것은 다 잊어버리고 낳지 않으면 어쩔 뻔 했냐고 아내와 종종 이야기하곤 한다.

인생은 굴곡이 있다고 좋은 일만 있을 것 같은 가정에 큰 빚이 생겼다. 화목했던 가정에 먹구름이 끼었다.

"손해를 본 만큼 열심히 아끼고 모으자. 맞벌이니까 좀 더 빨리 극복할 수 있을 거야….."

맞벌이 부부의 소비가 절제된 담백한 라이프스타일이 시작되었다. 아내는 평소 미니멀리즘에 관심이 많았는데, 이 사건을 계기로 필요 없는 물건을 모두 팔기 시작했다.

가끔씩 스스로 가정해보고는 한다.

만약에 맞벌이가 아니었다면….

분명 모으는 데 한계가 있었을 것이다. 지금 글을 쓰고 있는 이 시점까지도 빚을 갚지 못해 우울했을지도 모른다. 아기 둘을 키우며 맞벌이를 하며 살아온 고된 인생이 재정적인 위기에서 빛을 발했다.

맞벌이였기 때문에 어려움을 단기간에 극복할 수 있었다. 빚의 크기만큼 돈을 모았다는 사실만으로 괴로움을 많이 떨쳐낼 수 있었다.

맞벌이는 고되지만 한방이 있다.

육아가 힘들어 서로 다투기도 했고 지금도 힘든 것은 여전하지만,

맞벌이 부부여서 다행이었다고 생각한다. 특히 맞벌이는 재정적인 위기 상황을 극복할 수 있는 보험이 되어준다. 예전에는 아이를 위해서 둘 중 한 명은 직장을 그만두는 것이 좋지 않을까 하고 생각했다. 지금 보니 배부른 소리였다.

누구에게나 소리 소문 없이 재정적인 위기가 다가올 수 있다. 그런 상황이 되면 다소 힘들더라도 직장은 감사한 마음으로 다녀야 한다는 생각을 하게 된다. 경제적으로 생존해야 육아든 뭐든 할 수 있는 것이다.

맞벌이로 고된 하루하루를 살고 있는 분들에게 응원의 말을 전한다. 밤낮이 바뀐 아기 때문에 비몽사몽 출근했던 기억이 떠오른다. 하루가 얼마나 고될지를 생각하면 마음이 아프다.

삶에 지쳐 서로 다투는 일도 많을 것이다. 하지만 맞벌이는 재정적 위기 상황을 단기간에 끝낼 수 있는 힘이 있다는 사실에 위로받았으면 한다. 아이가 커갈수록 그 힘들었던 시간조차 추억이 되고 삶도 점차 나아진다.

1년에 1억을 모으기 위해 맞벌이를 해야 하는 것은 아니다. 그러나 단기간에 큰돈을 모아야만 하는 절체절명의 순간이 온다면 맞벌이가 큰 힘이 되어줄 것이다. 맞벌이 부부, 특히 똑같이 일하면서 나만 힘들다고 투정 부리는 철없는 남편을 둔 여성들께 철없는 남편의 한 명으로서 사죄드린다. 좋은 날은 분명 온다. 힘냈으면 좋겠다.

고통을 절약하는 힘으로
전환하라

매년 신년 계획으로 절약과 저축을 통한 '목돈 모으기'를 다짐하는 분들이 많다. 아껴쓰고 모아보자고 결심하지만, 언제 그랬냐는 듯 돈을 펑펑 쓰고 있는 자신을 발견한다.

도대체 왜 절약이 이렇게 어려운 것일까?

바로 **소비 통제가 어렵기 때문이다.** '돈을 쓰는 것이 저축하는 것보다 즐겁다.' 바꿔 말하면 **돈을 저축하는 것은 고통스러운 것이라는 고정관념이 저축을 힘들게 하는 요인이다.**

외식도 하고 싶고, 문화생활도 하고 싶고, 지름신이 강림한 날에는 쇼핑도 하고 싶다. 하지만 이런 라이프스타일이 어느 날 갑자기 불가능해질 수도 있다는 생각을 해본 적이 있는가?

나 역시 **아내가 사기를 당해 빚을 지는 일이 생길 것이라고는 꿈에도 생각하지 못했다.**

아내는 사치를 하는 사람이 아니었다. 오히려 넉넉하지 못하게 자라 검소하게 생활하는 것이 습관이 된 사람이었다.

하지만 인간은 불완전한 존재이기에 누구나 실수를 한다. 한 다리 건너 누군가에게 일어난 일이라고 전해 들을 법한 이런 이야기가 우리 가족에게 일어나다니, 처음에는 솔직히 믿기지 않았다. 남 일 같았던 이야기는 어느 날부터 빚이라는 실체가 되어 어깨를 무겁게 짓누르기 시작했다.

내가 운이 없어서 이런 일이 생긴 것일까? 나는 그렇지 않다고 생각한다. 인생이라는 긴 시간 동안 자의든 타의든 사고가 생기지 않는 것이 더 어려운 일이다. 넓게는 국가적 재정위기가 발생할 수도 있다. **남은 인생 동안 외환위기와 2008년 금융위기 같은 경제위기가 한 번도 닥치지 않을 것이라고 확신할 수 있는가?**

짠테크 블로그를 운영하다 보니 사업 실패로 인한 빚으로 힘들어하는 분, 부모의 빚을 떠안은 분, 결혼 직후 숨겨온 배우자의 빚 때문에 고통스러워하는 분, 자식이 사고를 쳐서 뒷감당을 해주는 분에 이르기까지 심각한 재정적 위기를 겪는 사람들이 정말 많다는 것을 알게 되었다.

어느 날 갑자기 내가 유지해온 평온한 삶이 한순간에 무너진다면 감당할 수 있겠는가. 돈을 모으고 싶은 의지가 잘 생기지 않는다면 이런 불안에 대해서 한 번쯤 생각해보았으면 한다.

불안과 고통 같은 감정을 이용해 돈을 모으겠다는 의지를 불러일으키는 방법은 3가지가 있다.

1. 손실회피 심리를 이용한다

사람들은 이익보다 손실에 훨씬 민감하다. 연구에 따르면 대부분의 사람들이 돈을 딸 확률이 더 높아도 손실로 인한 고통이 두려워 확률 게임에 뛰어들지 않는다고 한다. 누구나 살면서 한 번쯤 손해를 보게 된다. 예전에 중고나라에서 물건을 사면서 사기를 당한 경험이 있다. 돈을 입금했는데 물건을 보내주지 않고 차일피일 미루다 연락이 끊겼다. 수년 전에 해외에서 건강식품을 샀는데 한국에서 알아보니 실제 가격의 10퍼센트밖에 되지 않았던 적도 있다.

이런 일을 당하면 손해를 보았다는 생각 때문에 매우 불쾌하다. 자책하거나 애꿎은 사람에게 화풀이를 하게 된다.

하지만 관점을 전환하여 이를 새로운 기회로 삼는 것이 어떨까? 손해를 본 금액만큼 돈을 모으는 것이다. 중고나라에서 50만 원을 사기당했으면 50만 원을 모으고, 해외에서 100만 원을 날렸으면 100만 원을 모아보자. **손실회피 심리로 발생한 고통을 돈을 벌고자 하는 에너지로 전환하는 것이다.**

내가 간절히 모으고 싶었던 액수가 1억인 이유도 여기 있었다. 1억은 우리집에 사고로 생긴 빚의 액수다. 그래서 1억을 모은다는 것은 시련을 극복한다는 상징적인 의미가 있다. 돈을 잃었다는 괴로움을 돈을 모으고 싶다는 간절한 에너지로 바꾸는 것, 이것이 바로 관점의 전환이다.

이런 경험이 나만의 특별한 케이스 같지만 그렇지 않다. 조금은 다른 관점의 이야기를 해보자.

서울에 집이 없는 사람들은 최근 몇 년 동안 서울 아파트 상승장을 바라보며 허탈함을 많이 느꼈을 것이다. 뼈빠지게 일해봤자 1년에 몇 천만 원 모을까 말까인데, 서울에서 괜찮은 입지의 아파트를 소유하고 있는 것만으로 몇 억의 시세 차익을 거두는 것을 보면 할 말을 잃을 수밖에 없다.

예전에 만난 한 부동산 공인중개사는 요즘 사람들이 투기에 미쳤다고 말하기도 했다. 하지만 그렇게 누군가는 분노의 화살을 쏘아대고 있는 사이, 어떤 사람은 그러한 감정을 목돈을 만들기 위한 에너지로 전환한다.

'돈이 돈을 버는 세상이구나. 부럽다. 그리고 화가 난다. 더욱 아끼고 절약해 목돈을 만들어 나도 꼭 투자를 해야지.'

시기, 질투, 공정하지 못하다는 감정과 같은 고통스러운 마음을 절약 에너지로 바꿔보자. 이를 통해 강력한 저축 의지를 불러일으킬 수 있다.

2. 강제 저축을 활용한다

천성이 근심걱정이 없는 스타일일 경우에는 어떻게 해야 할까? 서울의 아파트 값이 오르는 것이야 서울 사는 내 친구가 잘되는 일이니 축하할 일 아니냐고 묻는 심성이 착한(?) 사람들에게 어떻게 동기부여를 해야 할까. 이런 성향의 사람들에게는 강제 저축을 권한다.

강제 저축이란 월급의 일정 부분을 강제적으로 저축하는 것을 말한다. 월급이 200만 원이면 월급날 150만 원이 자동으로 은행 적금으로 이체되는 식으로 시스템을 만드는 것이다.

토머스 스탠리는 『이웃집 백만장자』에서 수입보다 검소하게 사는 성향이 부자가 되기 위한 필수 자질이라는 것을 반복해서 강조한다. 〈짠돌이 부자되기〉 카페에는 월급의 70% 이상을 절약하는 사람들이 많다. 미혼에 부모님과 같이 살며 거주 문제를 해결하고 90% 이상을 저축하는 사람들도 있다. 돈에 민감하고 한 푼이라도 소중히 생각하며 저축하려는 성향은 부자가 되기 위한 중요한 자질이다. 세계 최고의 부자 중의 한 사람인 워런 버핏은 1958년 구매 당시 약 3천700만 원이었던 집에서 지금까지 살고 3.17달러짜리 맥도날드 세트 메뉴로 아침 식사를 하는 것으로 유명하다. 증시가 하락해 돈을 잃으면 2.61달러짜리 햄버거를 먹는다고 한다.

부자들이 돈에 대해 느끼는 민감성은 상상을 초월한다. 금리가 낮아지면 낮아진 금리만큼 더 모으려고 하는 게 부자들의 속성이다.

강제적으로 좋은 빚을 지는 방법도 추천한다. 좋은 빚이란 레버리지를 말하는 것으로, 실물자산 구입을 위해 받은 은행 대출금과 같은 것을 말한다. 실물자산을 보유하고 있으면 인플레이션을 헤지할 수 있다. 그리고 빚이 있다는 부담 때문에 돈을 아껴 쓸 확률도 높아진다.

3. 질병은 피하기 어렵다는 사실을 인지한다

보험 지출 비용을 줄여보고자 리모델링을 위해 보험설계사와 상담한 적이 있다. 고소득 설계사 단체인 MDRT에 속한 설계사를 모시고 전문적인 이야기를 들었다. 충격을 받은 것은 **보험으로 보장받을 수 없는 질환이 너무나 많다**는 것이었다.

나는 보험금을 높이면 웬만한 질환은 전부 대비할 수 있는 줄 알았다. 하지만 아니었다. 3대 질환(암, 뇌질환, 심장질환)에 관한 보장이 전부였다. 이 또한 수많은 질환 코드로 나누어져 있어 의사가 암이라고 진단하더라도, 실제로 분류 코드에 의해 경계성 종양으로 판명될 경우 보험금이 지급되지 않는 사례가 허다했다. 듣도 보도 못한 수많은 희귀병이 있으며, 이런 희귀질환 및 자가면역질환은 실손보험으로도 커버가 되지 않기에 보험을 들어도 대비할 수가 없다.

그에게 들은 이야기의 핵심은 다음과 같다.

경제활동을 왕성하게 하는 젊은 나이에 보험을 들어라. 돈을 버는 시기에 병으로 쓰러지면 끝장이다. 100세 보장? 이런 거 의미 없다. 60세 이후에 발생하는 병을 보험금에서 처리하려고 하지 마라. 나이가 들면 보험금으로 커버할 수 없는 생각지 못한 수많은 질병이 찾아온다. 젊었을 때 돈을 많이 벌어야 한다. 그래야 노년에 병이 걸리더라도 마음 편하게 치료받을 수 있다.

나의 어머니는 50대 초반에 류마티스 관절염에 걸렸다. 관절에 변형이 와서 고관절 치환수술까지 받을 정도로 심각했다. 자가면역질환은 보험금 지급 대상이 아니다. 그래서 보장이 되는 암보다 이런 질환들이 더 무섭다. 치료비가 기하급수적으로 늘어날 수 있기 때문이다.

병은 피해갈 수 없다고 생각해야 한다. 안정적으로 치료받을 수 있는 재정적 기반을 마련하기 위해 돈을 모은다고 생각해야 한다. 큰 병에 걸려 몸이 아픈 순간 돈을 버는 것도, 모으는 것도 모두 멈출 수밖에 없다.

돈을 모으는 것은 잘살기 위해서뿐 아니라, 안정적으로 생활을 영위하기 위해서도 필요하다. 돈을 모은다는 것은 결국 생존의 문제일 수밖에 없다.

나치 수용소에서 살아남은 유대인 의사 빅터 플랭클은 이렇게 말했다.

고통 속에서 의미를 발견할 수 있는 한, 인간은 어떤 고통이든 기꺼이 받아들인다.

어느 날 내게 닥친 원치 않은 삶의 고통을 어떻게 해석하느냐에 따라 운명이 바뀔 수 있다. 재정적인 고통을 경험하고 있는가? 그렇다면 돈 모으기에 성공해야만 하는 필연적인 이유라고 그 상황에 의미를 부여할 수 있다. 인간은 생각보다 강하다. 여러분이 어떤 상황이든, 돈을 모아야 하는 의미와 이유를 반드시 찾기 바란다.

목돈 모으기, 시작이 중요하다

지켜야 할 것들이 많은 나는 누구보다도 강하다.

손해를 본 만큼 간절한 마음으로 돈을 모아보자.

앞서 이야기한 핵심 내용들이다.

사랑하는 사람들을 보호하려는 에너지, 결핍의 고통을 저축을 통해 극복하려는 에너지, 이런 마음이 차오를 때 목돈을 모으려는 의지가 충만해진다.

돈을 모으고 싶다는 동기부여가 되었다면 이제부터가 시작이다. 그런데 **안타깝게도 많은 사람들이 시작하는 시점의 이 거대한 에너지를 제대로 활용하지 못한다.** 열심히 돈을 모아야겠다고 마음은 먹었지만 생각보다 많은 돈을 모으지 못한 경우를 생각해보자.

생각보다 돈을 못 모았네… 의외로 외식비 줄이는 게 어렵구나. 이래서 어느 세월에 돈을 모으지?

큰 포부를 가지고 시작했지만 성과가 없으니 자신감이 떨어지고 목표가 흐지부지되어버린다. 그렇다면 어떻게 시작하는 것이 좋을까?

1. 초반 강하게 동기부여 되었을 때 최대한 많은 금액을 모아라

처음 돈을 모아야겠다고 마음먹었을 때는 그 의지와 열망이 정말 컸다. 목돈 모으기를 블로그에 처음 인증하면서 인용한 구절이 **종잣돈은 목숨 걸고 모아라**였을 만큼 절박한 심정이었다.

> *종잣돈은 열심히 아껴서 모으는 것이 아니다.*
> *목숨 걸고 모아야 한다.*
> *당신이 부자가 되고 싶은 열망을 가진 사람이라면*
> *반드시 그래야 한다.*
> *– 청울림(2018), 『나는 오늘도 경제적 자유를 꿈꾼다』, 알에이치코리아, 91쪽.*

이 에너지를 최대한 이용해야 한다. 올해 반드시 1억을 모아야 하고, 그러기 위해서 이번 달에 최대한 많은 금액을 모아야 한다고 스스로에게 주문을 걸었다. 그리고 모으기 위한 방법을 찾기 시작했다.

'어떻게 하면 이번 달에 저축을 많이 할 수 있을까?', '불필요한 소비를 안 해야 해. 소비 외의 다른 것에서 행복을 찾자.'

'부수입을 만들 수 있는 방법은 없을까?', '월세 공실 난 아파트를 빨리 처리해서 현금 흐름을 만들어야지.'

질문을 하면 답이 나온다. 10년이 넘는 세월 동안 사 모은 물건들을 중고로 내다팔기 시작하는 등 갖은 노력 끝에 첫 달의 저축 목표를 초과 달성하여 750만 원을 모았다. 예상 금액은 600만 원이었는데, 목표치를 상회하는 금액을 달성하니 자신감이 불끈 솟아올랐다.

'세상에! 이게 진짜 가능한 일이었구나. 앞으로도 해볼 만하겠는걸.'

1년에 1억이라는 스스로의 기준에서 높은 목표를 설정해놓고 첫 번째 허들을 넘었을 때 가능성을 본 것이다. 이렇듯 **시작에서 자신감을 얻어야 한다.** 그래야 목돈 모으기에 탄력이 붙고 지속적으로 모을 수 있는 에너지가 샘솟는다.

2. 철저하게 현실성 있는 목표를 세워라

맞벌이 부부와 외벌이 부부가 모을 수 있는 금액은 다르다. 사회 초년생과 15년 차 직장인이 모을 수 있는 금액 또한 다르다. 나는 15년 차 경력을 가진 40대 맞벌이 부부가 받는 한 달 월급을 환산하여 1년에 1억이라는 목표를 설정했다. 결혼을 하지 않았거나 사회 초년생이었다면 1년 1억이라는 목표를 세우지 않았을 것이다.

만약 과거로 돌아가 사회 초년생이었을 때 목돈 모으기를 시작한다면 1년 2~3천만 원을 목표 금액으로 설정하였을 것이다. **요컨대 철저하게 현실을 반영하여 목표를 세워야 한다.** 1년에 3천만 원을 모으기도 힘든 사회 초년생이 1억이라는 목표를 세우고 열심히 노력한다고 해서 과연 달성이 가능할까?

흔히 긍정적인 마인드로 꿈을 크게 가지라고들 한다. 생생하게 꿈을 그리라는 것이다. 그런데 꿈은 생생하게 그려도 **꿈을 이루는 과정은 생생하게 그리지 않는 사람들이 많다.** 1년 1억을 모으기 위해서는 철저한 역산 스케줄링을 통해 내년 2월에 1억을 모으려면 '내년 1월까지 얼마를 모아야 하지? 올해 12월까지는?' 하는 식으로 달성 가능한 목표를 거꾸로 추산해야 한다. 아무리 끌어당김의 법칙을 활용해도 없는 돈이 하늘에서 떨어지지는 않기 때문이다. 한 달에 모을 수 있는 최대 금액을 계산해보자.

1. 맞벌이 부부의 한 달 월급이 630~650만 원 들어온다.
2. 월세가 70만 원 정도 들어온다.
3. 연말정산, 연말보너스를 받는다고 생각하고 1천만 원 이상의 추가 수입을 계산한다.
4. 지금 사용하지 않는 전자제품, 악기를 중고 거래로 팔면 500만 원 이상은 수입을 올릴 수 있을 것이다.

이런 계획으로 한 달에 700만 원을 모을 수 있다고 판단했다. 700만 원씩 12개월이면 8천400만 원을 모을 수 있을 것이고, 보너스 및 중고 거래, 추가 수입 여부에 따라 아슬아슬하게 목표가 달성될 수 있다는 생각이 들었다. 정확히 1억이 예상되지는 않지만 해볼 만한 승부라고 판단한 것이다.

방어적 비관주의라는 말을 들어보았는가? 부정적 결과를 예상하고 그 결과의 발생을 막기 위해 미리 조치를 취하는 전략을 말한다.

나는 방어적 비관주의자다. **최대한 비관적, 보수적으로 미래를 전망하고 그 틀 안에서 최선의 노력을 하는 성향**을 가지고 있다. 현실적이지 않으면 머릿속에 그려지지 않으며 허황된 목표는 자기를 속이는 것 같은 느낌이어서 거부감이 든다.

모두가 방어적 비관주의자일 필요는 없다. 하지만 목표 금액을 설정하는 데 있어서는 이러한 성향이 분명 도움이 된다. 마음은 1억을 모으고 싶으나, 현실적으로 한 달에 모을 수 있는 금액이 300만 원이면 계획을 잘못 세운 것이다. 1억이라는 금액이 중요한 것은 아니다. 중요한 것은 **자신의 처지에서 현실적인 목표를 세우고 그 달성 과정에서 최선을 다하는 것이다.**

만약 사회 초년생으로 돌아간다면 '1년 3천 모으기' 프로젝트를 하고 싶다. 물론 은행 대출을 갚느라 실제로는 2천만 원도 빠듯할 것이다. 그래도 도전해보고 싶다. 그렇게 목돈 모으기에 도전하고 성공하면 자신감이 붙을 것이다. 그리고 매년 더 많은 돈을 모으게 될 것이다.

3. 과정을 공개하고 스스로를 압박하라

"혼자 가면 빨리 가고, 함께 가면 멀리 간다"는 속담이 있다.

저축액을 블로그에 인증하면서 사실 반응이 걱정되었다.

'이 사람 뭐지? 돈 많이 모았다고 자랑하는 건가?'

'난 맞벌이 부부도 아닌데 1년에 1억을 어떻게 모아?'

'참 궁상맞게 산다. 저렇게까지 해야 하나? 쯧쯧.'

그러나 이런 걱정은 기우였다는 것을 깨달았다.

티티새님이 매달 결산할 때면 제가 다 뿌듯한 이유는 뭘까요? 대리만족…

그걸로는 부족하고 나도 할 수 있다는 희망을 보았기 때문이 아닐까 해요.

감사하게도 응원을 받으니 돈을 모으는 행위에 더 큰 의미가 생겼다.

'나보다 훨씬 큰 사고를 당했어도 꿋꿋하게 살아가는 분들이 많구나.'

'일면식도 없는 사람을 이렇게 응원해주다니… 나는 그동안 누군가를 진심으로 응원한 적이 있었는가?'

'돈을 모으는 행위 자체가 다른 사람들에게 희망을 줄 수 있구나. 더 열심히 살아야겠다.'

'부끄러운 결과를 보이지 않도록 최선을 다해 이 프로젝트를 마무리지어야겠다.'

이때 깨달았다. 목표를 진정으로 달성하고 싶다면, 왜 그런 목표를 세웠는지 마음을 솔직하게 표현해야 한다는 것을 말이다.

사람인지라 수시로 부정적인 감정이 몰려왔다. 가장 힘든 것은 아내와의 관계였다. 힘들 때마다 아내에게 그 화살을 돌리고 싶은 마음이 생겼다. 하지만 진심어린 응원과 격려를 해준 많은 사람들 덕분에 그런 감정에 휩쓸리지 않고, 아내와 서로 굳건한 신뢰를 쌓으며 더 나은 방향으로 여기까지 왔다고 생각한다.

공언에는 생각했던 것보다 큰 힘이 있다. 책임감을 갖게 하고 끝까지 하도록 만든다. 목돈 모으기 인증을 시작한 3월보다 4월, 5월에 더 좋은 결과가 나왔다. 공언의 힘이라고 생각한다.

지금까지 한 이야기를 정리해보면 다음과 같다.

첫째, 초반의 간절함이 있을 때 최대한 많은 돈을 모아라.
둘째, 현실적으로 달성 가능한 목표 금액을 설정하라.
셋째, 목표 금액을 주변에 공개하고 소통하며 성장하라.

돈을 모으고 싶다는 간절한 에너지가 있고 시작을 잘할 수 있으면 목돈 모으기의 큰 산을 넘은 것이다. 할 수 있다. 목돈을 모아야겠다고 결심하고 맞이하는 첫 번째 달에 스스로도 놀랄 만한 금액을 모아보라. 성공한다면 자신을 규정지었던 많은 틀이 깨질 것이다. 무한한 자신감이 솟아오를 것이다. 건투를 빈다.

희망을 품고
돈을 모아라

앞에서 빚, 결핍, 손실회피 심리 등 간절함을 에너지 삼아 돈을 모으는 방법에 대해 이야기했다. 이런 결핍 상황을 **마이너스 에너지**라고 하자. 마이너스 에너지는 벗어나고 싶은 상태지만 그만큼 강렬해서 좋은 동기부여가 된다. 하지만 가지고 싶은 물건, 내 집 마련 소망과 같은 플러스 에너지로 돈을 모을 수도 있다. 즐거운 상상을 해보자.

만약 1년 후 1억이 생긴다면 그 돈으로 무엇을 하겠는가?

1억짜리 BMW를 구입할 수도 있다.

꿈에 그리던 샤넬 명품백을 살 수도 있다.

미래의 파이프라인을 위해 투자하는 것도 가능하다.

희망과 바람이 있으면 오늘 하루 아끼고 절약하는 과정에서 의미를 찾을 수 있다. 하지만 돈을 모아 무엇을 할 것인지 **대답이 바로 떠오르지 않는다면, 돈을 모으기 위한 명확한 목적의식이 없는 것이다.** 분명한 비전이 없으면 장기적으로 돈을 모으기 힘들다. 저축을 통해 달성해야 할 목표보다 **순간의 행복을 만족시키는 것이 삶의 우선순위가 되기 때문**이다.

이유가 분명하다면 돈을 모으는 데 다른 잡념이 끼어들 틈이 없다. 목돈 모으기에 명확한 비전 및 목표가 필요한 이유를 좀 더 자세히 살펴보자.

1. 명확한 목표를 통해 현재 삶의 의미를 찾는다

2020년 대학수학능력시험을 치른 학생들의 수가 약 49만 명이라고 한다. 나는 40대 초반이지만 밤 10시까지의 야간자율학습을 하고 별을 보며 집에 귀가하던 수험생 시절이 엊그제 같기만 하다.

연애도 하고 싶고 놀고도 싶은 혈기 왕성한 청소년들이 하루 종일 책상 앞에 앉아 있을 수 있는 이유는 무엇일까. **'원하는 대학교에 가서 내가 원하는 직업을 갖고 행복한 삶을 살고 싶다'**는 목표 때문일 것이다. 학생들은 비교적 '명확한 목표' 아래 하루하루를 공부하며 살아간다.

어른들의 삶은 어떠한가? **의외로 학생들에 비해 명확한 삶의 목적이 없는 경우가 많다.** 그냥 돈을 벌기 위해 일한다. 생존을 가능하게 해주는 월급이라는 달콤한 과실 덕분에 어른들은 오늘도 월요병을 이겨내고 직장에 출근한다.

인생에 꼭 목적이 있어야 하는 것은 아니다. 다만 지금 이대로 정말 괜찮은지 의문이 들 때가 있다. 때가 되면 월급이 나오고, 운이 좋으면 승진도 할 수 있는 월급쟁이 인생. 아무 사고도 일어나지 않아 감사한 하루였다고 일기도 써보지만 무엇인가가 석연치 않다.

아무 일도 일어나지 않은 채 매일이 지나간다. 내일도 그럴 것이고 앞으로도 그럴 것이다. 무엇인가 불만이 섞인, 하지만 무엇이 불만인지 콕 집어 말하기 어려운 감정을 억누르며 스스로에게 질문해본다.

'이런 식으로 내 삶이 끝나도 정말 괜찮은 것일까?'

안정적인 직장에서 주는 월급이라는 먹이를 받아먹다가 퍼뜩 정신이 든다. 때 되면 나오는 월급날만 기다리는, 먹이를 기다리는 동물과 같은 삶과 결별하고 싶다.

어떻게 해야 할까? 직장을 때려치우고 당장 하고 싶은 일이라도 찾아야 할까? 그런 일이 무엇인지도 모를 뿐더러 무모한 짓을 하다가는 굶어죽기 십상이다. 더구나 가족을 책임지고 있는 가장이 함부로 그런 무책임한 일을 할 수는 없다. 『김미경의 드림 온(Dream On)』이라는 책에서 김미경은 말한다.

처음부터 가슴 뛰는 일은 없다.
가슴이 뛸 때까지 일하는 것이다.
좋아하는 일을 찾는다고 함부로 집적대지 마라.

직장에서 충실하게 생활하는 동시에 삶의 목표를 세웠다.
매년 1억을 모아서 경제적 자유를 얻는다.
그 과정을 기록하고 사람들과 나눈다.

목돈을 모으는 과정을 블로그에 기록하고 사람들과 나누다 보니 매일의 일상에 의미와 활력이 생기기 시작했다. 1년에 1억이라는 예전에는 감히 꿈도 꾸지 못한 도전적인 목표를 설정하니 가슴이 뛰었다. 목표가 생겼을 뿐인데 하루가 달라졌다. 아끼고 저축하는 하루하루의 삶에 의미가 생겼다. 인생의 수레바퀴가 다시 돌기 시작했다.

명확한 목표를 통해서 **현재의 삶에서 의미를 찾을 수 있다.** 매일을 열심히 살게 되고 그 **과정 속에서 행복과 보람을 찾게 된다.** 목표 설정을 해야 하는 가장 큰 이유다.

2. 분명한 사용처가 있어야 긴장감 있게 돈을 모을 수 있다

돈을 모아서 바로 사용할 곳이 있어야 더욱 긴장감 있게 모을 수 있다. 매년 돈을 모아 최종적으로 경제적 자유를 얻는다는 목표는 10년 계획에 해당하는 거시적 비전이다. 만약 1년 뒤 1억을 모은다면 1억으로 무엇을 할 것인가. 명확한 사용처가 없으면 돈을 모아도 그만, 모으지 않아도 그만이다. 목돈을 모으는 과정에서 긴장감이 사라진다.

나의 경우 1년 뒤 세입자 전세금을 빼주는 것이 목표가 되었다. 은행에서 대출받아야 하는 금액 외에 정확히 1억이 필요했다. 1억을 모으지 못하면 전세금을 빼줄 방법이 없었다. 전세권도 설정되어 있어서 돈을 주지 못하면 재판 없이 집이 경매로 넘어갈 수 있는 상황이었다. 이런 상황이라면 돈을 모으면서 어떤 기분이 들겠는가. 절박한 마음이 된다.

원하는 물건 구매, 해외여행 자금 마련 등 플러스 에너지를 활용한 동기부여도 좋다. 1년에 1억을 모으고, 돈이 남으면 가족과 함께 제주도 여행을 가기로 했다. 어디까지나 1억을 모으고 남은 금액으로 가기로 원칙을 세웠기 때문에 많이 남길수록 더욱 풍족한 여행을 갈 수 있다. 플러스 에너지를 활용하여 돈을 모으는 방법은 모아가는 과정이 편안하고 행복하다는 장점이 있다.

3. 명확한 목표가 떠오르지 않으면 '투자'를 목적으로 삼아라

자본주의 사회의 가장 큰 장점은 '돈'을 내 마음대로 굴릴 수 있다는 것이다. 소액(35만 원)으로 카카오뱅크 26주 정기적금을 들었다. 여유자금을 위한 적금이었다.

35만 원에 대한 이자가 고작 1천500원이다. 금리가 낮아진 것도 이유지만 너무 작은 돈을 넣었기 때문이기도 하다. 하지만 만약에 35만 원이 아니라 3억 5천이면 이자가 얼마였을까? 150만 원이다. 26주 만에 말이다. 큰돈을 굴리면 은행 이율이 1퍼센트여도 제법 큰 돈을 이자로 만질 수 있다.

예금 이율이 너무 낮아서 이제 이런 예적금 투자방식은 좋은 방법이 아니라고 생각하는 사람들을 위해 1년에 3천만 원을 모아서 수익형 부동산 투자를 하는 시나리오를 살펴보겠다. 7천500만 원에 매수할 수 있는 오피스텔을 4천 대출을 받아 자기자본금 3천만 원을 투자할 경우의 수익률을 계산해보자. 보증금 500만 원에 35만 원의 월세를 받을 수 있다고 가정한다.

35년 만기 연이자율 3퍼센트로 대출 이자를 계산해보면 다음 페이지의 표와 같은 결과를 얻을 수 있다.

3천만 원을 투자해서 매월 20만 원의 현금흐름이 발생하는데 이는 무려 8퍼센트에 육박하는 수익률이다. 부동산을 공부해보면 이런 물건을 구하기가 그리 어렵지 않다는 것을 알 수 있다.

1년에 3천만 원을 모으는 것이 아주 어려운 목표는 아니다. 월급이 20만 원 인상되기를 바라는 것보다 매년 20만원씩 추가 수입을 창출하겠다는 목표를 세워보는 게 어떨까? **1년에 20만 원이면 10년이면 200만 원이다.**

```
이자 계산기

    적금     예금     대출      중도상환수수료

    대출금액   40,000,000원

    대출기간      년    개월        35년   연이자율   3%

    상환방법   원리금균등    원금균등      만기일시

                  대출원금       40,000,000원
                  총대출이자      24,654,832원
                  총상환금액      64,654,832원
                  1회차 상환금액      153,940원
                              월별 더보기 >
```

35년 만기 연 이자율 3퍼센트로 4천만 원을 대출받았을 경우 내야 하는 대출 이자

목돈을 모으기 위해서는 명확한 목표 설정이 중요하다는 이야기를 했다. 정리해보자.

첫째, 도전적인 목표 설정을 통해 현재를 의미 있고 충실하게 살 수 있다.

둘째, 1년 뒤 모을 돈의 사용처가 명확해야 긴장감을 가지고 돈을 모을 수 있다.

셋째, 어떤 목표를 설정할지 잘 모르겠다면 '투자'를 목표로 돈을 모으자.

모으고 싶은 이유가 명확하면 그만큼 과정이 의미 있고 보람된다. 1년 뒤 얼마를 모을 것인가, 그리고 그 돈으로 무엇을 할 것인가. 구체적인 쓰임새와 함께 명확한 목표를 설정했으면 한다.

돈 모으기에
늦은 나이란 없다

낼 모레 마흔인데… 돈을 모으기에는 너무 늦은 게 아닐까요?

마흔에 돈을 모으기 시작하면서 스스로에게 했던 질문이다. 남들은 열심히 돈을 모아 종잣돈을 만들어 투자도 하고 자산도 불리고 있는데, 이제서야 시작하는 내 모습이 초라하게 느껴졌다.

이런 질문을 하는 이유는 비교 심리 때문이다. 사람들의 사는 모습은 사실 비슷비슷하다. 비슷하게 돈을 모으고 비슷하게 재테크를 한다. 그리고 남들 쓰는 만큼 쓴다. 과소비를 해서 돈을 모으지 못했다기보다는 남들만큼 썼기 때문에 남은 돈이 적을 뿐이다.

그런데 어느 날 나의 일상에 파란이 일어난다. 나와 재정적으로 비슷하다고 생각했던 지인의 SNS 프로필 사진에 '**처음으로 생긴 나의 집 참 좋다♥**'라는 글과 함께 집 사진이 걸려 있다. '**이사했나? 집 좋네… 비싸 보이는데 이 아파트는 얼마쯤 하나?**' 네이버 부동산에 검색을 한다. 순간 숨이 멎는 것 같다. '**이… 이십 억…?! 이 친구 전세 살고 있었는데…?**'

곰곰이 생각해보니 비록 그 친구는 전세를 살고 있었지만 돈을 모으면서 재테크를 한다고 열심히 공부했다. 갑자기 자괴감에 빠진다. '예전에는 나와 비슷한… 아니 나보다 재정적으로 못했던 친구가 이렇게 엄청난 부자가 될 줄이야.' 그 친구가 돈을 모으기 시작한 시기를 생각해본다. 10년은 더 된 것 같다.

'내가 10년 동안 아무 생각 없이 살 때 이렇게 돈을 불렸구나.' 마흔이 된 지금 이 친구처럼 돈을 모으고 불리기에는 늦은 것 같다. **'10년 동안 악착같이 돈을 모아 재테크를 한 그 친구를 지금 시작해서 따라갈 수 있을까?'** 물론 내가 편하게 돈 쓰며 살 때 친구가 힘들게 아끼며 산 것을 알고 있다. 그런 친구에게 질투가 나고 늦어버렸다고 자책하는 내 모습이 너무 한심하다.

이런 일은 우리 주변에서 흔히 일어난다. 우리는 공개적으로 절약과 저축에 대해 이야기하는 사회에서 살고 있지 않다. 이번 달에 나는 얼마를 모았고 얼마를 저축했는지 서로 이야기하지 않는다. 돈 이야기를 하는 것이 자연스러운 것이 아닐 뿐더러 아끼며 산다고 이야기하는 것은 왠지 궁상맞고 친구들과 함께 하는 자리에 그런 이야기는 어울리지 않는다고 생각한다. 그러다가 어느 날 이렇게 뒤통수를 맞는다.

이야기를 하지 않는다 뿐이지, 묵묵히 보이지 않는 곳에서 푼돈을 아끼며 알뜰하게 저축하고 불리는 사람들이 많다. 그리고 그 결과물로 어느 날 SNS에 자신의 재정적 성공을 트로피처럼 자랑스럽게 게시한다.

자, 어떻게 하겠는가? 당신에게는 2가지 길이 있다.

하나는 그 친구를 질투하며 내가 원래 살아왔던 길도 나쁘지 않다고 위로하는 것.

다른 하나는 그 친구가 어떻게 돈을 모으고 불렸는지 그 방법을 알아내서 나도 그렇게 한번 살아보는 것이다.

물론 친구에게 물어볼 수는 없다. 자존심 상하니까. 대신 내가 알려주겠다. 그전에 좋은 소식이 있다. 친구보다 늦게 돈을 모으기 시작해 마음이 상했겠지만, 사실 시기는 크게 중요하지 않다. 갑자기 그게 무슨 이상한 소리냐고 묻는 소리가 들리는 듯하다. 돈을 모으며 알게 된 중요한 사실이 하나 있다.

돈을 모으는 과정 자체가 즐거우면, 달성하는 시기가 문제가 되지 않는다.

혹시 만화책 좋아하는가? 어렸을 적 『슬램덩크』라는 만화책을 정말 좋아했다. 만화책을 한 권 읽을 때마다 이 만화가 끝을 향해가고 있다는 생각에 아쉬웠다. 북산고가 산왕고를 이기고 전국을 제패한 순간, 만화를 읽으며 행복했던 순간도 끝이 나고 말았다.

돈 모으기도 이와 같다. 1년 뒤에 모으고 싶은 금액을 정해놓고 그 돈을 모아가는 과정에서 3가지 행복감을 느낄 수 있다.

1. 자존감과 자신감

내 인생을 걸고 최선을 다해 무엇을 이루어낸 경험이 있는가? 수능시험을 보고 원하는 대학교에 합격한다든지 구직에 성공한다든지 하는 성공 경험 말이다. 인생에서 이런 짜릿한 성공 경험을 느낄 만한 순간이 별로 없다.

1년 뒤에 돈을 얼마 모으고 싶다고 머릿속에 그려보기 바란다. 그리고 그 돈을 모으기 위한 과정 또한 생생하게 그려보기 바란다. 생각보다 쉽지 않을 것이다. 덜 써야 하고, 외식도 줄여야 하고, 중고 물건도 팔아야 하고, 부업도 해야 할지도 모르고… 하지만 어찌 되었든 우여곡절 끝에 목표로 한 금액을 모았다고 생각해보라. 기분이 어떨 것 같은가?

자존감이 살아나고 자신감이 넘치게 된다. 돈을 모으는 일은 결코 쉽지 않다. 하지만 목표금액을 달성해가는 과정에서 조금씩 성공 경험이 쌓이다 보면 점차 자신감이 붙는다. **'이러다가 정말 모으겠는데?', '나도 할 수 있구나?'** 이런 마음으로 돈을 모아본 적이 있는가. 돈을 모으는 과정을 도전이라고 생각하고 살면 잃어버린 자신감을 되찾을 수 있다.

2. 희망, 현재를 살아가는 에너지

1년에 얼마, 이번 달에 얼마를 모으기로 하면 매일 사용하는 돈에 신경을 쓰게 된다. 돈을 모으기 시작하는 초반에 이는 특히 번거롭고 불편하게 느껴진다. 지금까지는 돈을 써야 할 때 그다지 고민하지 않았기 때문이다.

그러나 돈을 모은다는 **목표가 생기면 예전보다 소비할 때 의식이 강하게 개입되기 시작한다.** 과소비를 하지 않게 됨은 물론 가성비 있는 물건, 식재료를 찾아다니게 된다. 예전보다 불편하지만 이렇게 하루를 살아갈 수 있는 이유는 무엇인가? 바로 '희망'이다. 나아짐에 대한 '희망'이다.

열심히 아끼고 이번 달에 얼마를 모아야겠다는 의지는 하루 재정을 알뜰하게 관리하게 해준다. 그동안의 소비 습관 때문에 가끔씩 무너져도 '이러면 안 돼' 하며 다시 돈을 관리하기 시작한다. **더 나아진다는 희망을 가지고 매일을 사는 기분은 결코 나쁘지 않다.**

먹고 싶을 때 먹고, 사고 싶을 때 사는 인생은 어찌 보면 감정대로 사는 인생이다. 감정대로가 아닌 이성에 따라 살아갈 때 성취를 맛볼 수 있다. 미래에 대한 희망은 곧 현재를 절제하고 살아가는 에너지가 되며 그런 꿈을 가지고 매일을 살아가는 인생은 행복하다.

3. 성취감

1년에 1억이라는 허들이 높은 목표를 세우고 정확히 1년 안에 달성하면서 인생에서 짜릿한 순간을 경험했다.

'앞으로 못할 일이 없겠구나. 1억 이상 모으는 것도 꿈이 아니겠어. 쉽지 않았기 때문에 더 가치가 있구나.'

누구나 돈을 모을 수 있다면 모두 부자가 될 것이다. 이 과정이 쉽지 않기 때문에 부자가 적은 것이다. 아무나 할 수 있는 일은 도전 욕구가 생기지 않는다.

오늘부터 돈을 모아서 정확히 1년 뒤에 얼마를 모을 것이라는 목표를 정해보라. 그리고 정말 딱 1년만 **어떤 핑계도 대지 말고 모든 수단과 방법을 동원하여 그 금액을 모아라.** 2년이 아니다. 딱 1년이다. 성공한다면 강요하지 않아도 2년째에도 역시 돈을 모으게 될 것이다. 믿기지 않는가? 목돈 모으기를 하며 한번 성취감을 경험하면 거기에 중독될 것이다. 그리고 돈을 모으는 인생 그 자체가 행복이 된다는 말을 비로소 수긍할 수 있을 것이다

별볼일없던 친구가 더 잘나가게 되었다고 해서 불행해질 필요 없다. 돈을 모으는 것 자체가 즐겁고 행복한 일이라는 것을 믿어라. 재미

있는 만화책을 먼저 읽었을 뿐인 그 친구를 부러워할 이유가 없다. 돈을 모아가는 것을 즐기고 그 과정 안에서 자신감, 희망, 성취감을 느껴보라. 몰입하며 모으다 보면 어느 순간 목돈 모으기라는 책 한 권이 끝나 있을 것이다. 그리고 경제적인 자유 또한 이루어질 것이다.

마음먹은 지금이 바로 실행할 때다

짠테크에 대한 이야기를 블로그 포스팅으로 써 내려가던 어느 날, 한 이웃에게 이런 질문을 받았다.

> *와우, 이런 미친 실행력을 갖게 된 계기가 뭔지 궁금해요. 막상 어려움이 닥치면 좌절하거나 상대방을 원망하거나 무기력해지는 경우가 대부분일 텐데요. 평소에도 책을 가까이 했나요?^^*

아무리 1억 모으기를 하고 싶은 마음이 있어도 실행에 옮기지 않으면 기분 좋은 상상에 지나지 않는다. 왜 어떤 사람은 머릿속의 생각을 실천에 옮길 수 있고 어떤 사람은 그렇지 못할까? 실행력의 차이를 가져오는 요인이라도 있는 것일까? 나는 사고방식의 차이에 답이 있다고 생각한다.

비행기를 발명한 라이트 형제와 동시대를 살았던 랭글리 박사는

17년이나 정부 지원을 받으며 비행기를 연구했다. 하지만 결국 비행기 개발 경쟁에서 라이트 형제에게 패했다. 왜 이런 일이 발생했을까? 사고방식의 차이 때문이다. **라이트 형제는 시행착오를 거치면서 완벽해지려고 노력했고, 랭글리 박사는 처음부터 완벽하게 계획하고 실행했다.**

『레버리지』,『결단』의 저자 롭 무어는 말한다.

너무 앞을 재지 말고 실행하면서 완벽해져라.

목돈 모으기를 **실행에 옮기며 성공할 수 있는 힘** 3가지를 살펴보자.

1. 몸 속의 실행력 인자를 높인다

실행력이 강한 사람을 닮고 싶다는 생각

실행력이라는 단어를 처음 들어본 것은 '군대'에서다. 그 당시 복무하던 중대에 일 잘하기로 소문난 행정보급관이 있었다. 밑에서 일하며 왜 그 사람이 인정받는지 알게 되었다. 바로 '추진력' 때문이었다.

그는 어떤 일을 위에서 하달하면 1초의 망설임도 없이 바로 실행에 옮겼다. 대대장님이 지나가는 말로 "축대 좀 보수해야겠는데"라고 하면 바로 시멘트와 삽을 들고 전 소대원을 집합시킨 후 그날로 작업을 마무리지었다. 본인의 성향이 이러니 밑에 있는 부하들을 평가할 때도 '추진력'을 갖추고 있는 사병들을 일 잘하는 사람으로 쳤다. 이런 사람들이 주변에 있으면 저절로 내 몸 속의 실행력 인자도 높아지게 된다.

실행력을 높여주는 독서

살면서 실행력의 모델로 삼을 만한 사람이 없는 경우도 많다. 주변에 실행력은커녕 게으름과 친구가 된 사람들밖에 없다면 어떻게 해야 할까? 이때 중요한 것이 독서다. 독서만큼 모델링이 되어주는 간접 경험도 없다. 거주 비용을 줄이기 위해 시골집으로 이사를 했다. **어떻게 그런 과감한 결정을 할 수 있었을까?** 『나는 오늘도 경제적 자유를 꿈꾼다』라는 책을 읽었기 때문이다. 이 책의 저자 청울림은 말한다.

> *불편함을 감수하지 않고 돈을 모으는 방법은 없다. 편안함을 추구하는 라이프스타일의 저주에서 깨어나라.*

편안함과 안락함을 추구하기 위해서 인생을 살아왔던 기존 사고방식을 뒤흔드는 말이었다. 이 책을 읽고 **안주하는 삶에 대한 의구심과 회의**가 들기 시작했다. 그전까지는 편안하다는 것이 문제가 된다는 생각 자체를 해본 적이 없다. 심지어는 인생의 목표가 편안함을 누리는 것이라고 생각했다. 그러나 부자가 된 많은 사람들은 편안함과는 거리가 먼 삶을 살고 있었다.

돈을 모으는 것보다는 쓰는 게 즐겁다. 시골집에 사는 것보다는 모든 것이 다 갖춰진 도시의 아파트에 사는 것이 더 쾌적하다. 부동산 공부를 위해 지방 곳곳을 돌아다니는 것보다 집에서 TV를 보는 것이 편하다. 매일 새벽에 기상하고 자기계발하며 자신의 가치를 높이는 것보다 스마트폰으로 인터넷 서핑을 하는 것이 더 재미있다.

전자가 후자보다 불편한 인생이다. 안타깝게도 부자는 전자가 훨씬 많다. '경제적 자유'라는 말에 가슴이 설레는가? 그렇다면 편안함을 추구하는 라이프스타일을 과감하게 버려야 한다. 부자가 되는 길이 선택의 문제라면 나는 후자보다는 전자의 인생을 살고 싶다.

실행력과 추진력이 강한 사람을 모델로 삼아라. 독서를 통해 편안함에 안주하려 했던 자기 자신을 일으켜 세워라. 이런 상태가 되었을 때 비로소 '실행' 에너지를 발휘할 수 있다.

2. 완벽하지 않아도 일단 시도하고 수정해가며 목표를 달성한다

모델링과 독서를 통해 몸속의 실행 인자를 높였으면, 이제 시작할 준비가 된 것이다. 나는 1년에 1억 모으기라는 목표를 세우고 다음과 같은 일을 실천에 옮기기로 했다.

1. 가계부를 작성하고 매주 예산 안에서 살고 있는지 점검한다.
2. 고정지출을 50만 원으로 맞추기 위해 이사를 하고 아내와 아이는 어머니댁으로 들어간다.
3. 독서, 글쓰기, 운동, 홈스쿨링을 통해 돈을 아끼면서도 1년을 품요롭게 보낸다.

'학습주의'라는 말이 있다. **계획이 아닌 수많은 시도를 할 것이며 그 시도를 조금씩 수정해가면서 완벽해지라**는 말이다. 1년 1억 모으기를 실천하면서 위와 같은 큰 방향성은 있었지만 예상대로 무수히 많은 문제가 발생했다. 변동지출을 50만 원으로 제한해야 하는데 더 많이 쓴다든지, 예상치보다 돈을 덜 모았다든지 하는 일들이 부지기수였다.

중요한 것은 **시도와 기록**이다. 처음부터 완벽한 계획은 있을 수 없다. 1억을 모으기 위해 **이번 달 예상했던 금액보다 돈을 적게 모았으면 집 안의 불필요한 물건을 파는 등 추가적인 전략을 통해 금액을 맞춰야** 한다.

가계부 작성은 내가 쓴 내역을 기록하기 위함이 아니다. 계획한 예산 안에서 잘살았는지 점검하고, 다음주는 어떻게 살아야 할지 고민하기 위해서 쓰는 것이다. **가계부 결산은 새로운 실행을 위한 도구다.** 다시 강조하지만 중요한 것은 일단 시도해보면서 목표에 다가서는 것이지, 준비를 한 다음에 시작하는 것이 아니다.

시골 원룸으로 이사 갔는데 너무 살기 힘들까 봐 걱정이 되는가? **실패해도 괜찮을 만큼 작게 시작해보라.** 34평 아파트에 사는 사람이라면 굳이 시골로 이사갈 필요 없이 20평대 아파트로 옮기는 것도 감당할 만한 도전이 될 것이다.

3. 내가 실행력을 발휘할 수 있는 분야는 따로 있다

사람들은 저마다 성격과 강점이 다르다. 실행력이 훌륭한 사람이라고 해서 무조건 그 사람을 따라하는 것은 추천하지 않는다. 하루도 빠지지 않고 2시간 동안 운동할 수 있는 사람이 있다. 이런 사람들은 운동 영역에서 실행력이 강한 사람들이다.

나는 글을 오래 써도 다른 사람들보다는 덜 힘든 것 같다. 습관과 노력으로 이루어진 부분도 있겠으나 천성이라는 것도 있다. 글쓰기는 괴롭지만 유튜브로 영상을 찍는 것은 오랜 시간 계속할 수 있는 사람도 있다. 실행력이라는 주제에서도 사람마다 의지를 발휘할 수 있는 주제와 분야가 다르다고 생각한다.

- 온라인 밴드를 만들어 오늘 모은 금액을 매일 인증하는 것을 꾸준히 할 수 있는 사람들이 있고, 그렇지 않은 사람들이 있다.
- 절약과 저축에 집중할 수 있는 사람도 있지만, 더 벌 수 있는 방법에 집중하고 노력하는 것이 성향에 맞는 사람도 있다.
- 경제적 자유에 관심이 있는 사람과 그렇지 않은 사람이 발휘할 수 있는 열정과 실행력의 차이도 분명 있을 것이다.

요컨대 **성격과 가치관의 차이에 따라서도 실행력이 달라진다.** 지금 내가 간절히 원하는 삶의 지향점이 무엇인지 생각해보라. 돈을 모으는 것이 간절하지 않은 사람이 목돈 모으기에 실행력을 발휘하기는 어려울 것이다.

목돈 모으기를 실행에 옮길 수 있는 방법 3가지를 정리하면 이렇다.

첫째, 몸속의 실행 인자를 높이기 위해 모델링과 독서를 적극 활용한다.

둘째, 일단 실패해도 안전할 수 있는 작은 시도를 먼저 해보고 목표를 완성해간다.

셋째, 실행력은 개인의 성향, 가치관에 따라 그 힘이 달라지니, 내가 돈을 간절하게 모아야 하는 이유를 점검해본다.

지금 바로 실행하지 않을 이유는 없다.

싸구려 옷을 입었다고
놀림 받은 딸에게

열심히 돈을 모으며 살고 있던 어느 날, 딸이 이런 이야기를 했다.

"아빠, 우리 반에 어떤 애가 내가 입은 옷이 동네 매장에 널려 있는 싸구려 옷이래."

동네 매장에서 세일하는 겨울 옷을 사주었는데, 반 친구가 그 옷을 알아본 모양이었다. 돈을 아끼려다가 딸에게 상처를 준 것일까? 혹시라도 아이의 자존감이 떨어졌을까 봐 눈치를 살피며 물어보았다.

"그래? 그래서 혹시 속상했니…?"

"응? 아니? 난 이 옷 좋은데? 그 아이는 비싼 옷을 입고 다녀야 기분이 좋은가 보지. 난 아무렇지도 않아."

대견스러운 답변에 기특하면서도 미안한 마음이 들었다. 목돈을 모은다고 열심히 살고 있는데, 이게 과연 잘하는 일인지 마음 한편에 불안감이 고개를 들었다. 목돈을 모으다 보면 이렇게 돈과 관련된 문제로 인해 가족이 영향을 받을 때가 있다.

목돈을 모으면서 가족이 행복할 수 있는 방법은 없는 것일까? 목돈을 모을 수 있는 골든타임은 '아이들이 초등학교 들어가기 전까지'라는 말이 있다. 이후에는 아무래도 **사교육비가 많이 들어가기 때문**이다. 나처럼 초등학교 4학년, 6학년 자녀를 둔 4인 가족은 돈을 모을 수 있는 골든타임을 영영 놓쳐버린 것일까? 가족의 행복과 목돈 모으기를 함께 챙길 수 있는 방법은 없는 것일까?

결론부터 말하면 **가족의 행복과 목돈 모으기는 함께 갈 수 있다.** 자녀가 있든 없든 관계없이 말이다. 돈을 아끼면서 가족이 행복할 수 있는 3가지 방법을 살펴보자.

1. 사교육비 재테크로 아이에게 부모와 함께 있는 시간을 선물한다

목돈을 모으기 전에 우리집이 가장 큰 비용을 지출한 것이 사교육비였다. 피아노학원, 태권도학원, 영어학원, 미술학원, 학습지 등 다달이 수십만 원이 지출되었다. 아이들이 초등학교에 입학한 후 예체능 학원의 비중은 줄일 수 있었지만 영어와 수학 같은 주요 과목에 들어가는 돈이 부담이 되기 시작했다.

아이들의 학원비를 지출하면서 돈을 모을 방법은 없었다. 그래서 고민이 되었지만 과감하게 결정을 내렸다. 아이들 공부는 아내와 내가 봐주기로 말이다. 나는 문과적 성향이 있어 국어나 언어, 독서에 관한 학습을 담당하고, 아내는 이공계열이라 수학을 봐주기로 했다. 수학 연산은 매일 해야 한다는 생각에 학습지는 유지하기로 했다.

그래서 본격적으로 블로그에 홈스쿨링이라는 카테고리를 운영하며, 아이들의 지도 과정을 블로그에 공유하기 시작했다. 가장 비중을 두었던 것은 왜 공부를 해야 하는지 아이 스스로 납득할 수 있게 설명하는 것이었다. 스스로 공부하고 싶은 마음, 자기주도학습 습관이 자리 잡혀야 홈스쿨링이 성공할 수 있다고 판단했기 때문이다.

시골은 아이와 공부하기 참 좋은 환경이다. 아이의 공부를 점검해주기 위해 다음과 같은 공부 루틴을 만들었다.

1.연산학습지   2.영어문제집   3.수학문제집   4.국어문제집   5.사회문제집
6.과학문제집   7.한컴타자연습   8.글쓰기   9.말하기   10.독서

어린아이가 처음 공부를 시작할 때는 부모에게 칭찬받기 위해 하는 경우가 많다. **성취감을 느끼기는 하는데 어른만큼 크게 느끼지는 못한다.** 그래서 **부모가 큰 틀에서 루틴을 짜주고 매일 점검해야** 한다. 그리고 달성했을 때 큰 칭찬과 보상을 해주어 아이의 공부 습관을 잡아나간다.

습관이 형성되면 공부를 시작할 때 힘이 들지 않는다. 이때 중요한 것이 부모의 역할이다. **하루의 공부를 잘했을 때 크게 칭찬해주고 피드백을 해주면, 아이들의 마음에 '성취감'이 자리잡기 시작한다.** 아이들이 공부를 싫어한다고 생각하는데 사실 그렇지 않다. **내가 공부해서 성장하는 모습을 눈으로 확인할 수 있으면 공부에 재미를 느끼기 시작한다.** 인간은 어제보다 나은 내일을 그릴 수 있을 때 행복하기 때문이다.

학교에서 오자마자 항상 아빠랑 공부하는 게 버릇이 된 둘째는 공부 시간을 좋아한다. 공부를 다 하면 아빠에게 칭찬을 들을 수 있고 맛있는 음료도 마실 수 있기 때문이다.

홈스쿨링의 가장 큰 장점은 아이에게 부모와 함께 있는 시간을 선물한다는 것이다. 학교에 다녀온 아이와 대화를 나눌 시간이 생각보다 많지 않다. 공통의 관심사가 없으면 '숙제 다했어?', '내일 학교 준비물 뭐야?' 같은 대화밖에 하지 못한다.

모르는 수학문제나 영어 단어를 가르쳐주다 보면 아이와 대화를 하게 된다. 몰라서 속이 터질 때도 있다. 하지만 그 과정 속에서 부모와 아이 사이에 정이 싹튼다. 세상에서 공짜로 얻어지는 것은 없다. **공을 들인 만큼 자식과의 관계도 좋아지고 깊어진다.**

2. 목돈 모으기에 동참함으로써 가족 간의 유대감을 형성한다

최근 인상 깊게 읽은 책이 있다. 짠돌이들의 생활 수기를 모은 『1일 1짠 돈 습관』이라는 책이다. 이 책에 돈을 아끼고 모으는 데 가족이 어느 정도 기여했는지를 기록하는 짠돌이 고수가 나온다. 목돈 모으기는 가족 누군가의 희생을 통해 이뤄지는 것이 아니라 모두가 힘을 합해 이뤄나가는 것이라는 점을 깨달을 수 있었다.

나 역시 온 가족이 힘을 합해 함께 모아야 가족이 행복할 수 있다고 생각한다. 아이들이 장난감을 갖고 싶을 때 절제하고 아낄 수 있다면 아이들이 목돈 모으기에 기여한 것이다. 아이들 입장에서는 자신이 원하는 것을 참는 큰 노력을 한 것이기 때문이다.

돈 모으기를 시작하기 전 아이들에게 이렇게 이야기했다.

'얘들아. 아빠 엄마는 이번 연도부터 돈을 모으기로 했어. 그런데 너희들이 도와주지 않으면 힘들 것 같아. 사고 싶은 것을 다 사고, 먹고 싶은 것을 다 사

먹고 그러면 절대로 부자가 될 수 없거든. 쉽지는 않겠지만 도와줄 수 있겠니?'

아이들은 그렇게 하겠다면서 함께 힘을 내보자고 무슨 게임이라도 하듯 신이 났다. 생각보다 순순히 받아들이는 아이들이 신기하기도 하고 고맙기도 했다. 아이들은 부모가 진지하게 도와달라고 하면 자신이 기여할 수 있다는 사실에 기뻐한다.

앞에서 친구에게 싸구려 옷을 입고 왔다고 놀림당한 첫째 딸의 에피소드를 이야기했다. 아이가 쿨하게 받아넘길 수 있었던 이유는 부자가 되기 위해서는 아낄 줄 알아야 한다는 자신만의 생각이 있었기 때문이다. 자신은 비싼 옷을 사 입으며 행복해하는 사람이 아니라고 한 첫째 딸이 아끼고 사는 이유를 명확히 알고 있다는 생각이 들었다.

3. 가족 행복 프로젝트로 아이들이 추억과
문화적 경험을 쌓는 데 소홀함이 없도록 한다

아이들의 자발적인 기여를 통해 목돈을 더 모을 수 있게 되었다. 하지만 아이들이 그 나이에 마땅히 즐기고 경험해야 할 것들이 있다. 특별한 날에는 놀이동산도 가고 싶을 것이고, 친구 생일파티 때는 선물도 사가야 할 것이다. 박물관이나 다양한 문화체험 활동도 어린 날의 소중한 경험이다. 이런 비용마저 아끼는 것은 문제가 있다.

장난감과 외식에 돈을 쓰지 않는 것과 아이들의 추억이 될 수 있는 경험에 돈을 쓰지 않는 것은 엄연히 다른 문제다. 아내와 나는 결혼 예물을 팔아 '가족행복 프로젝트' 자금을 마련했다고 했다.

가족행복 프로젝트를 진행하며 많은 행복을 느꼈다. 별자리 문화 체험을 하고 돌아온 아이가 하늘의 별을 보고 종알대던 모습, 강화도 교동시장에서 함께 먹었던 짜장면, 롤러스케이트를 타며 아이들이 지은 세상을 다 가진 듯한 표정, 함께해서 즐거웠던 찜질방, 송도 트라이보울에서 관람한 피리 공연 등 많은 추억이 생겼다.

절약과 저축을 하고 있지 않았다면 이런 가족행복 프로젝트가 절실하지 않았을 것이다. 아이들 역시 아빠와 엄마가 큰마음을 먹고 이런 돈을 쓰는 것을 잘 알고 있다. 그래서 더 행복해하고 감사해한다. 아내 역시 가끔씩 하는 맥주 한 잔에 많이 행복해한다.

재정적으로 여유가 없다고 해서 불행하다는 것은 이분법적인 시각일 뿐이다. 결국 모든 것은 생각하기 나름이다. 모든 것에는 행복할 수 있는 기회의 씨앗이 있고 그 씨앗을 살릴지 말지는 본인의 선택에 달렸다.

여기까지 1년 1억 모으기를 실천하며 가족이 행복할 수 있는 3가지 방안에 대해 이야기했다.

> 첫째, 홈스쿨링으로 사교육비를 아끼고 자녀와 더 큰 친밀감을 쌓는다.
> 둘째, 모두가 기여하는 목돈 모으기를 통해 가족의 유대감을 쌓는다.
> 셋째, 가족행복 프로젝트로 아내와 아이들의 추억과 경험을 지켜준다.

가족이 더 행복해지는 목돈 모으기, 지금 당장 시작해보고 싶지 않은가? 힘든 삶을 함께 이겨내는 과정에서 가족 간의 끈끈한 정이 생긴다. 목돈 모으기가 가족 간의 유대감을 쌓을 수 있는 계기가 되기를 바란다.

은퇴해도 내 삶에
아무 문제가 없다면?

열심히 돈을 모아 언젠가 경제적 자유를 이루는 날이 온다면, 그 돈을 어떻게 쓸지를 고민한 적이 있다. 1년 1억 모으기를 하면서 블로그 월별 결산이나 가계부 결산을 할 때 매번 하는 말이 있다.

가족과 함께 하는 행복한 짠테크를 통해 1년 1억을 모아 경제적 자유에 대한 비전을 제시하고자 하는 티티새입니다.

갑자기 궁금증이 든다.

경제적 자유에 대한 비전이 대체 무슨 말일까?

돈을 모으고 불리고, 그래서 경제적으로 자유로워졌다는 이야기가 하고 싶은 것일까? 그렇지는 않다.

나는 어떤 비전을 제시하고 싶은 것일까? 내일 직장에 나가지 않아도 행복할 수 있는 시간적 자유에 대해 말하고 싶은 것일까?

"직장에 나가지 않고 스타벅스에 와서 글을 쓰고 있습니다. 앞으로 이런 날이 계속될 것이라고 생각하니 진정 행복합니다(?)"

시간적 자유에 대한 이야기는 미리 경험해보지 않아도 충분히 할 수 있을 것 같다. 돈을 모아서 어떤 인생을 살아야 하는가에 대한 해답을 얻을 수 있었던 책 한 권이 있다. 짠테크 블로그를 열심히 운영하고 있던 어느 날 지나가던 한 이웃이 다음과 같은 댓글을 달아주었다.

파이어족이시네요. 글 잘 읽고 갑니다.

파이어족…? 그게 대체 무슨 소리지…? 생전 처음 듣는 말에 호기심이 생겨 스콧 라킨스의 『파이어족이 온다』를 읽어봤다.

파이어족은 30대 말이나 늦어도 40대 초반까지 조기 은퇴를 목표로 20대부터 소비를 극단적으로 줄이며 은퇴자금을 마련하는 사람들을 말한다. 스콧 리킨스는 책에서 **_"네 인생에서 가장 소중한 것들과 보내는 시간을 확보하기 위해 경제적, 시간적으로 자유를 누릴 수 있는 시스템을 만들라"_**고 조언한다. 인생에서 가장 소중한 것들이란 무엇일까? 아래 질문에 답해보기 바란다.

1. 당신의 인생을 행복하게 하는 것 **10**가지를 생각나는 대로 이야기해보세요

내가 답변한 목록은 다음과 같다.
1. 맛있는 커피를 마시면서 글을 쓰는 것
2. 아내와 함께 걸으며 수다를 떠는 것
3. 천진난만한 딸들의 미소를 보는 것
4. 입안 가득 퍼지는 달달한 초콜릿의 맛
5. 좋아하는 사람들과 함께하는 술 한잔
6. 삶에 영향을 주는 독서
7. 잔잔한 물결을 바라보며 걷는 것

8. 월드 오브 워크래프트 게임하기

9. 돈을 모으며 재정적으로 나아지는 것을 느끼는 것

10. 어머니가 오래오래 건강하고 행복하게 지내시는 것

아내에게도 물어보았다. 기쁘게도 나와 목록이 많이 겹친다. 함께 산책하는 것도 좋고 맛있는 커피를 마시며 수다 떠는 것도 즐겁다고 한다.

다음은 두 번째 질문이다.

2. 작성한 행복 목록표을 실천하는 데 얼마만큼의 돈이 필요한가요?

목록을 살펴보니 다음과 같이 지출될 것 같다.

1. 커피 : 4천100원(스타벅스 아메리카노)

2. 초콜릿 : 3천 원(롯데 아몬드초코볼)

3. 책 : 5만 원(한 달에 3~4권 정도?)

4. 여행 : 20만 원(한 달에 한 번? 주유비, 식비 등)

5. 게임 : 2만 원(온라인 게임 결제비)

6. 접대 : 10만 원(좋아하는 사람들 초대)

대충 계산한 것이지만 행복해지는 데 생각보다 큰 돈이 들지 않는다는 사실 하나는 확실한 것 같다.

스콧 리킨스는 내 인생을 진심으로 행복하게 만드는 것이 무엇인지 심도 있게 고민한 후 다음과 같이 하라고 조언한다.

당신을 진정 행복하게 하는 것이 아닌 일에는 돈을 쓰지 말 것.

파이어족은 소비할 가치가 있는 일에만 돈을 쓰고, 그렇지 않은 일에는 돈을 사용하지 않는 라이프스타일을 견지한다는 조건으로 은퇴할 수 있는 금액을 산정한다. 은퇴를 해야 하는 이유는 나에게 행복을 주는 것들을 온전히 즐길 수 있는 시간적 자유를 확보하기 위해서다. 요컨대 직장에서 돈을 버는 행복보다 위 목록표에 적은 것들이 주는 행복이 훨씬 크기 때문에 빨리 은퇴를 해야 한다는 것이다.

경제적 자유가 보장되지 않은 상황에서 은퇴를 하면 생존하기 어려울 것이다. 그래서 이 책에서는 은퇴 후에 삶을 영위할 수 있는 시스템을 만드는 방법을 굉장히 구체적으로 설명하고 있다.

연 생활비의 25배를 저축하면 은퇴 준비가 가능하다. 예를 들어 당신이 생활비로 연간 5천500만 원을 쓴다고 가정해보자. 은퇴를 준비하려면 13억 7천500만 원을 저축해야 한다. 연 5%의 수익이 난다고 가정해보자. 6,875만 원이다. 그러므로 매년 투자수익의 4%만 인출한다면 경기 인플레이션과 시장 하락에 항상 대비할 수 있다. – 스콧 리킨스(2019), 『파이어족이 온다』, 39쪽.

매우 구체적인 방법이다. 하지만 초저금리 시대에 연 5퍼센트의 수익을 낼 수 있는 투자상품이 있을까? 내가 지금 보유하고 있는 오피스텔을 생각해본다. 현 시세 7천만 원에 33만 원의 월세가 들어오니 대략 5%라고 할 수 있다.

급박한 상황에서 1년에 1억을 모으느라 고정지출, 변동지출을 합하여 월 100만 원으로 살았으니 1년에 1천200만 원을 쓴 셈이다. 앞으로는 아이들 교육비도 나갈 것이고 병원비나 부모님 용돈도 드리고 싶으니 조금 더 넉넉하게 계산해서 4천만 원 정도라고 해보자. 4천만 원이면 정말 풍요롭게 1년을 살 수 있을 것 같다.

4천만 원의 25배는 얼마인가. 10억이다. 1년에 1억씩 모으면 10년 뒤에 은퇴할 수 있는 것인가? 갑자기 마음이 설레기 시작한다. 10억이라는 돈을 굴려 연 5%의 수익을 낼 수 있다면 매년 5천만 원을 벌 수 있는 시스템을 만들어야 한다.

아파트 임대 수익으로 월 400만 원을 만들 수 있다면 대략 연 5천만 원이 될 것이다. 투자수익의 4%인 4천만 원만 빼서 쓴다면 인플레이션까지 대비할 수 있다는 계산이 나온다.

돈을 모아서 저축을 하고 투자를 통해 불리는 과정의 주요 수입원은 '근로소득'이다. 아침부터 저녁까지 고되게 일한 보상으로 받는 월급은 달콤하다. 그러나 일요일 밤마다 다가올 월요일을 두려워하는 삶이 힘들고 처량할 때도 있다.

만약 돈을 모아서 그 돈으로 내 인생의 소중한 시간을 살 수 있다면, 구체적으로 월요일에 직장에 가는 대신에 아내와 여행을 떠날 수 있다면 이러한 인생 계획은 목돈 모으기의 아주 강력한 목적이자 비전이 될 수 있다.

나는 경제적 자유가 어떤 것이어야 하는지 구체적인 모습을 그릴 수 있었다.

- 아내와 함께 1년 내내 여행을 다녀도 걱정이 없는 삶
- 가족 그리고 소중한 사람들과 만나고 이야기할 수 있는 시간적 자유를 확보
  할 수 있는 삶
- 때때로 프리랜서로 돈을 벌고, 원하지 않을 때는 언제든지 그만둘 수 있는
  자유가 있는 삶
- 가치 있는 것에만 돈을 소비하면서 인생이 진정 행복할 수 있다는 것을 느낄
  수 있는 삶

내가 제시하고 싶은 경제적 자유란 이런 것이라는 생각이 들었다.
아내에게 물었다.

"여보. 캠핑카 사고 싶다고 했지? 만약 우리가 직장에 다니지 않아도 될
정도의 돈을 모아서 매일 캠핑카를 타고 여행 다닐 수 있다면 어떨 것 같아?"

아내는 자신의 직업을 좋아한다. 그래서 일을 그만두면 어떻겠냐
는 이야기에 거부 반응을 보일지도 모른다고 생각했다. 그런데 아내는
흔쾌히 이렇게 대답했다.

"그런 인생 너무 좋겠다. 그런데 그게 가능해?"

파이어족의 삶의 철학과 은퇴계산기의 개념을 아내에게 설명했다.
아내는 자신의 직업을 좋아하지만, 나와 아이들과 행복한 시간을 오래
보낼 수 있다면 그만두어도 되지 않겠느냐고 한다. 돈이 좀 많이 필요할
때는 프리랜서로 활동하면 되니 그런 능력을 지금부터 기르자고 한다.

지금은 블로그에 1년 1억 모으기라는 콘텐츠로 모으고 불리는 삶
에 대해 이야기하고 있다. 돈을 모아서 불리는 것을 넘어 경제적·시간
적 자유를 획득한 가치 있는 인생에 대해서까지 이야기할 수 있다면 좋

겠다.

안타깝게도 나는 마흔에 돈 모으기를 시작했다. 조금 늦게 시작한 늦깎이 파이어족이지만 40대도 돈을 열심히 모으고 불리면 경제적·시간적 자유를 얻을 수 있다고 믿는다. 나의 월별 저축 결산은 그 증거이자 기록이 될 것이다.

소비하는 많은 것들이
거품이었다

나는 스타벅스에 자주 간다. 카페에서는 커피뿐 아니라 다양한 굿즈도 판매한다. 일회용 종이컵 대신 텀블러를 사용하면 받을 수 있는 에코별을 적립해야 하니 내가 항상 관심을 갖는 굿즈는 텀블러다. 스타벅스를 하도 좋아하니 생일에 딸아이가 스타벅스에서 뭔가를 사주고 싶었나보다. 귀엽게 생긴 머그잔을 이리저리 살펴보다가 한마디 한다.

"아빠 이거 사줄까? 3만 원? 어이구 안 되겠네. 너무 비싸다."

머그잔이 3만 원이 넘으니 진짜 비싸긴 비싸다. 사준다고 해도 안된다고 했겠지만 문득 이런 생각이 든다. '분명 누군가는 저 물건을 살텐데… 만약 비싸다고 아무도 사지 않고 계속 재고가 쌓이면 어떤 일이 발생할까?'

스타벅스에 굿즈를 납품하는 업체에 문제가 생길 것이고 스타벅스의 순수익이 줄어들 것이고 알바도 줄일 것이고 매장 숫자도 줄어들 것이고 등등 꼬리에 꼬리를 물고 부정적인 생각이 떠오른다.

오래전 사람들은 필요한 물건을 스스로 만들어 자족했다. 쌀도 옷도 집도 모두 스스로 해결해야 했다. 물론 불편한 삶이었을 것이다. 하지만 적어도 당시의 사람들은 내게 꼭 필요한 물건이 무엇인지 선택 장애에 빠질 필요는 없었다.

초등학교 아이들 중에 스마트폰이 없는 아이를 찾기가 힘들다. 안전을 위해 필요하지 않을까? 합리화를 하며 결국 사주게 된다. 스타벅스를 자주 가는데 스타벅스 텀블러 하나 정도는 있어야 하지 않을까? 텀블러도 사게 된다. 사실 스타벅스 로고가 없는 1만 원짜리 텀블러로 에코별을 적립해도 아무 문제가 없는데 말이다.

『나는 오늘도 경제적 자유를 꿈꾼다』의 저자 청울림은 **"허름한 지갑에 100만 원짜리 지폐를 가지고 다닐지언정, 100만 원짜리 지갑에 1만 원을 넣고 다니지 마라"**라고 말했다.

진짜 부자는 가치 있는 소비를 한다. 이 물건을 정말 사도 되는지 꼭 필요한지 아닌지 수없이 고민하고, 그 물건 중에서도 가장 합리적인 가격대의 제품을 선택한다. 『이웃집 백만장자』라는 책에도 나오는 이야기다. 부자들이 사치할 것 같고 옷도 번지르르하게 입을 것 같지만, 실제 부자들은 옆집 아저씨 같은 옷차림을 한다.

얼마 전 1박 2일로 지방 여행을 다녀왔는데 5만 원 정도가 들었다. 주유비와 톨게이트 비용을 포함하면 좀 더 나왔을 것이다. 호텔을 고를 게 아니라면 숙소는 잠만 자는 곳으로 3만 원이면 해결 가능하다. 식사비용 2만 원 정도에 스타벅스에서는 충전해둔 금액을 사용하였다.

사실 이렇게까지 아끼려고 한 것은 아니었다. 그런데 막상 다녀와서 정산을 해보니 그 정도밖에 지출하지 않았다. 그렇다고 해서 여행이 즐겁지 않았을까? 그렇지 않다. 아이들을 데리고 배부르게 외식하며 다녀온 여행과는 또 다른 재미가 있었다.

『매일 아침 써봤니?』를 쓴 김민식 작가는 자기는 돈 안 드는 취미를 가져서 행복하다고 말한다. 그의 취미는 라이딩이다. 추석 때 서울에서 부산까지 자전거를 타고 갔다고 한다. 쓰지 않으니 매일 돈이 모인다. 베스트셀러 저자라 인세도 몇천만 원을 받았지만 쓸 일이 없어 아내에게 다 주었다고 한다.

부자들에게는 공통점이 있다. 돈 드는 취미에서 행복을 찾지 않는다는 것이다. **소비를 억지로 자제한다는 느낌보다는 소비 자체에 큰 관심이 없다.**

부끄럽지만 나는 그런 사람은 아니었다. 비싼 차도 몰아보고 싶었고, 전자제품은 최고로 좋은 것을 사야 직성이 풀리는 성격이었다. 비싸더라도 좋은 것을 사야 오래 쓴다는 말로 스스로를 합리화하면서 말이다.

사람은 행동하면서 깨닫게 되는 게 있다. 돈을 모으려면 미니멀리즘을 실천해야 한다. 물건을 사 모으면서 저축을 할 수는 없다. 보통 '미니멀리즘이 참 좋구나. 나도 실천해봐야겠다.' 이런 패턴으로 가는데 나는 빚으로 인해 강제로 미니멀리즘을 실천한 경우다. 그렇게 몇 개월이 지나니 알게 되었다. 그동안에 샀던 물건 중에 제대로 사용하는 물건이 정말 손에 꼽힐 정도라는 것을 말이다.

소비하고 살았던 많은 것들이 사실 거품이 아니었을까?

자본주의가 돌아가기 위해서는 누군가가 물건을 사주어야만 한다. 유행을 만들어 요즘 남들은 이렇게 입는데 넌 왜 옷을 그렇게 입고 사냐고 은근히 압박을 가한다. 광고는 자본주의의 꽃이다. 끊임없이 물건을 갖고 싶게 만들고 저 물건만 가지면 행복할 수 있을 것 같다는 착각을 하게 만든다.

편리함도 자본주의와 어울리는 조합이다. 넥밴드형 블루투스를 착용해도 아무 문제가 없지만 기왕이면 폼나게 에어팟을 끼고 싶다.

돈을 모으기 시작하면서 소비적인 라이프스타일과 점점 멀어지기 시작했다. 담백하게 하루를 살아도 행복할 수 있다는 것을 깨달았다. 내가 하루를 살기 위해 필요한 물건들은 다음과 같다.

가방, 다이어리, 0.5밀리 중성펜, 책, 텀블러, 태블릿PC, 하루 입을 옷, 스마트폰, 블루투스 이어폰, 블루투스 키보드, 커피, 생수

물론 식재료도 필요하지만 이 정도의 물건이 있으면 하루를 행복하게 살 수 있다. 가끔은 어버이날 선물 등 사람 도리를 하기 위한 비용도 지출하지만 기본적으로 돈 들어갈 일이 별로 없다.

나는 전자제품 마니아라 접히는 스마트폰을 보면 부럽기도 하고 '뽐뿌'가 오기도 한다. 하지만 예전처럼 **'어머 저건 사야 해!'**라고 하지는 않는다. 정말 필요한 것이 아니라 자본주의의 꾐에 빠져 사는 것이라고 생각하면 더욱 그렇다.

하루를 행복하게 살기 위해서는 이렇게 글을 쓸 수 있는 시간과 공간, 그리고 커피 한 잔만 있으면 족하다. 그리고 좋은 사람들과 만났을 때 대접할 수 있는 음식값 정도가 있으면 금상첨화일 것이다.

자본주의가 권하는 물건을 무비판적으로 구매하고 있지는 않은가. 나의 하루에 진정한 행복을 가져다주는 가치 있는 물건들은 무엇인가. 한번 생각해보기 바란다.

첫 달에 큰 금액을
목표로 삼아라

실전은 기세야!

큰맘 먹고 목돈 모으기를 시작한 첫 달이 중요하다. 영화 〈기생충〉의 대사처럼 목돈 모으기도 성공을 통해 얻은 자신감으로 계속 치고 나가야 하기 때문이다.

마흔까지 맞벌이 부부로 살아오면서 가장 많이 저축한 것이 한 달에 300만 원 정도다. 얼마를 저축한다는 마음도 없이 통장에 모으던 시기라 사실 정확한 금액조차 생각이 나지 않는다. 그런데 과거를 딛고 목돈 모으기를 시작한 첫 달에 750만 원을 저축했다. 성공의 기세를 몰아돈을 가파르게 모아가기 시작했다. 이렇게 큰 금액이 통장에 모이기 시작하는 것을 보고 솔직히 믿어지지 않았다. 그리고 깨달았다. 사람은 자기 자신의 한계를 규정해놓고 살기에 **절약 가능한 금액 또한 은연중에 규정해놓고 산다**는 것을 말이다. "맞벌이 부부는 한 사람의 월급은 저축하고 나머지 한 사람의 월급은 소비하는 게 좋다"는 절약팁을 어디에선가 들은 적이 있다. 그래서일까? '두 사람의 월급에 해당하는 금액을 모두 모을 수 있다'는 생각 자체를 해보지 않았다.

통장에 찍히는 돈은 거짓말을 하지 않는다. 두 사람의 월급에 해당하는 금액이 모이는 순간, 그때서야 틀을 깼다는 것을 실감했다. 그리고 무한한 자신감이 차오르기 시작했다.

"이번 달에 700만 원을 모았는데, 다음달도 이 금액 이상 모을 수 있을까? 다음달에는 중고 거래를 해서 부수입을 노려볼 수도 있을 것 같은데… 잘만 하면 800만 원도 가능하겠는걸?"

300만 원을 모으던 시절에는 400만 원이 높은 허들이었다. 그런데 700만 원을 모으니 800만 원을 넘으려고 든다. 성공 경험이 쌓이니 목표를 조금씩 더 높게 설정하기 시작한다. 한번 성공하면 긴가민가하지만 두 번째, 세 번째부터는 모을 수 있다는 자신감이 생긴다.

목돈 모으기는 어떻게 보면 자기 자신의 극복 과정과 닮아 있다. 절약을 한다는 것은 소비를 통제하는 일이기 때문에 자신과의 싸움인 경우가 많다. 절제해서 모은 상당 금액을 그물에서 건져 올렸을 때의 그 희열! 모은 돈의 액수는 곧 나와의 싸움에서 승리했다는 증표다.

처음 시작할 때는 월급을 그대로 모으는 것에 초점을 맞추었다. 그러나 기세를 몰아 성공할수록 모으는 것은 기본이고, 더 많은 돈을 모을 방법이 없을까 계속 궁리하게 되었다. 상여금, 보너스와 같은 돈들은 더 많이 모을 수 있는 절호의 찬스였다.

과거에 보너스는 공돈이었다. 어디에 썼는지 모르게 소리 없이 사라지는 돈이었다. 하지만 지금은 목표 금액을 상향시켜 주는 돈이 되었다. 자신감이 쌓이면 돈을 모으는 게 점점 재미있어지고 더 많은 금액을 모으기로 계획하게 된다.

첫 달에 비교적 큰 금액을 목표로 삼으라는 이유가 바로 이것이다. 처음 목돈 모으기를 시작하는 사람들은 극한 절약도 실천할 수 있는 패기가 있다. 말도 안 되는 계획일 수도 있지만 월급의 90퍼센트까지 모으고자 하는 패기가 넘치는 것도 이 시기다.

경험에 의하면 첫 달 모으는 금액이 매월 모으는 금액의 기준점이 될 가능성이 매우 높다. 그러니 첫 달에 최대한 많은 금액을 모아보자!

3장

1억 모으기를 위한 빅 스텝

'1억 모으기를 위한 빅 스텝'은 1억을 모으는 데 결정적 도움이 되었던 방법을 엮은 장이다. 목돈 마련을 위해 구조적인 환경을 변화시킴으로써 목돈 모으기에 대한 발상의 전환을 꾀한다. 가계부 기록 등 소소해 보이는 전략도 있으나 한 주 재정 관리는 1년 목돈 모으기에서 반드시 이루어져야 하는 부분이기에 포함했다. 이 장에 실린 내용 중 몇 가지를 실천에 옮길 수 있다면 돈 모으는 속도가 매우 빨라질 것이다. 효과가 확실한 만큼 실천 또한 만만치 않다는 것을 염두에 두고, 이 장을 읽어주기 바란다.

목돈 모으기의 필수 코스, 가계부 기록에 실패하지 않는 방법

본격적으로 목돈을 모으는 사람이 거쳐야 할 첫 단계가 가계부 쓰기다. 1년에 1억을 모으기로 결정하고 처음 든 생각이 가계부 쓰는 법에 대한 고민이었다. 달마다 얼마를 저축하고 얼마를 소비했는지 기록할 필요가 있었다. 아내에게 재정관리를 넘겨받으며 그동안 쓴 가계부를 살펴보았다. 아내는 한 달치 생활비를 하루에 정리하고 결산하는 식으로 가계부를 작성했다.

마트에서 장봐온 영수증, 외식비 영수증 등 수많은 종이가 공책에 붙어 있었다. 가계부 정리하는 날 아내가 예민해지는 이유를 알 수 있었다.

지출 내역이 기억나지 않아 끙끙대며 고민하던 아내의 모습도 생각났다. 나 역시 한 달 전에 지출한 가계부의 내역만 보고 어디에 지출했는지 바로 떠올리기가 쉽지 않다. 독일의 심리학자 에빙하우스의 망각곡선에 의하면 사실 이것은 모든 사람들이 공통적으로 겪는 문제이다.

한 달치 영수증이 붙어 있는 아내의 예전 가계부

가계부를 한참 뒤에 기록하면 지출한 내역을 거의 기억할 수 없다. 게다가 나는 천성적으로 꼼꼼하지가 못하다. 이런 식으로 세세하게 모든 지출 내역을 기재하다가는 한두 달 하다가 그만둘 확률이 높았다. 아내의 가계부 정리 내역을 분석하며 찬찬히 살펴본 후 가계부를 쓰는 새로운 방법을 생각했다.

'*어떻게 하면 1년 동안 꾸준히 가계부를 쓸 수 있을까?, 가계부를 쓰는 목적은 돈을 아끼기 위함이다. 쓸데없이 복잡할 필요가 없어. 심플하게 가자.*'

가계부 결산을 시작한 지 2년 가까이 되었는데, 안 쓴 적이 한 번도 없고 지출에 대한 점검 및 반성, 개선이 잘 이루어졌다.

심플함을 추구한 전략이 옳았다. 꼼꼼하지 못한 나 같은 사람이 지치지 않고 심플하게 기록할 수 있었던 가계부 쓰는 법은 어떤 것일까? 가계부를 적는 노하우를 공개한다.

1. 지출 항목을 큰 덩어리로 나눈다

가계 재정은 변동지출(수시로 발생하는 소비)과 고정지출(달마다 고정적으로 발생하는 소비)로 나뉜다. 보통 통제가 가능한 변동지출이 가계부의 대상이 된다. **나는 변동지출을 크게 세 덩어리로 나누었다.**

생활비(식재료비), 주유비, 기타가 그것이다. 세세한 내역은 따로 기록하지 않는다. 예를 들어 오늘 마트에 가서 생활비 항목으로 실파, 부추, 고사리, 세제, 돼지고기 뒷다리 살을 4만 5천 원어치 샀다고 치자.

실파 1천500원, 마늘 한 봉 2천 원, 돼지고기 뒷다리 살 한 근 1만 원 등 각 물품별 개별 가격이 있다. 하지만 이것을 일일이 기록하지 않는다. 다음과 같이 식료품비 4만 5천 원으로 기록한다.

1. 식료품비 : 45,000원

2. 주유비 : 30,000원

3. 기타 : 5,000원(학용품비)

이번 주 총지출 80,000원

이런 식으로 간단하게 세 덩어리로 나누어 적는 것이다. 실제 이런 식으로 매주 토요일마다 결산을 해보니 별로 힘이 들지 않았다. 주마다 정리하니 매월 말에 몰아서 하는 것보다 기억하기도 쉬웠다.

2. 100원, 10원 단위는 버린다

앞의 예를 다시 한번 살펴보자. 눈치를 챘겠지만 100원 단위가 아니라 천 원 단위다. 실제로는 7만 8천320원 이런 식으로 뒤에 0이 아닌 다른 숫자들이 붙어 있었다.

가계부를 기록하기 시작한 초반에는 10원 단위까지 기록했다. 하지만 너무 세세하게 계산하니 번거롭고 힘이 많이 들었다. 그래서 어느 순간부터 과감히 천 원 미만의 금액을 올림으로 계산하기 시작했다. **가계부를 쓰는 목적은 계산을 정확하게 하는 것이 아니라 돈을 아끼기 위해서이기 때문이다.**

뒤에 붙은 8천320원은 올림 해서 9천 원으로 계산하고 남은 돈은 한 달 정산할 때 이월하든지 여윳돈 계좌로 옮기든지 한다. **중요한 것은 버림이 아니라 올림이다.** 7만 8천320원을 썼는데 7만 8천 원을 썼다고 하면 자신에게 관대한 계산법이다. 푼돈을 조금 남겨 나중에 한 번에 처리한다는 마음으로 올림으로 계산한다.

이 전략 역시 **단순하게 가자는 마인드**에 기초를 두고 있다. 돈을 아끼기도 힘든데 가계부 계산까지 복잡하면 흐지부지되기 쉽다. 다시 한 번 강조하지만 가계부의 목적은 불필요한 지출과 소비를 점검하기 위함이지 정확한 계산이 아니다.

3. 변동지출은 반드시 체크카드로 결제한다

절약과 저축을 위해서 체크카드를 사용하라는 말은 많이 들어보았을 것이다. 신용카드가 주는 혜택이 많지만 목돈을 모으고 싶은 사람이라면 신용카드는 잘라버릴 것을 권한다. 신용카드 역시 단순함을 가로막는 주범이기 때문이다.

한 주 단위 정산이 가능하기 위해서는 이번 주에 쓴 내역을 바로바로 정산할 수 있어야 한다. 그런데 신용카드는 지출한 돈이 한 달 뒤에 빠져나간다.

생활비는 신용카드로 지출하고 주유비는 체크카드로 지출하면 한 주 단위 정산이 불가능하다. 두 달치의 계산이 머릿속에서 따로 돌아가니 혼란스럽다. **결국 가계부를 정리하다가 그만둘 확률이 높다.**

신용카드 회사도 인간의 이런 심리를 잘 알고 있다. 자신이 얼마를 썼는지 기억하고 통제할 수 있다고 생각하지만 **한 주 전에 뭘 사먹었는지도 기억하지 못하는 게 인간의 기억력이다.** 그래서 신용카드는 가계부 정리뿐 아니라 소비에 대한 자각을 하기 위해서라도 사용하지 않는 것이 좋다.

이번 주에 얼마를 사용했는지 스마트폰으로 바로 확인할 수 있는 구조를 만드는 것, 목돈 모으기는 이때부터 시작이다.

목돈 모으기의 기초 작업으로 지속적으로 가계부를 쓰는 3가지 방법의 핵심은 **단순하게 돈을 관리할 수 있는 구조를 만들라**는 것이다.

단순하지 않으면 불필요한 의지력과 에너지가 소모된다. 애플의 창시자 스티브 잡스와 페이스북의 마크 저커버그는 청바지만 입고 다닌다. '무슨 옷을 입을까'처럼 중요하지 않은 일에 에너지를 낭비하는 일을 줄임으로써 중요한 의사결정을 하는 데 필요한 에너지를 비축하기 위해서다.

머리를 조금만 더 써야 하는 상황에 처하는 것만으로도 자신도 모르는 사이에 의지력이 급격히 감소한다. – 바바 쉬브(스탠퍼드대 경영대학원 교수)

가계부도 마찬가지다. 가계부 작성에 너무 많은 에너지를 빼앗겨서는 안 된다. 단순하게 쓰면서 아끼고 절약하는 데 집중하는 것이 더 중요하다. **심플해야 지난 주에 얼마를 썼는지 기억할 수 있다.** 지난주에 8만 원을 썼으니 이번 주에는 7만 원 이내로 지출을 줄이겠다고 바로 기억할 수 있어야 가계부가 제대로 작동하고 있는 것이다.

실제로 내가 쓴 가계부를 공개한다.

내가 쓴 심플한 가계부

가계부를 쓰는 3가지 방법을 정리하면 이렇다.

1. 지출 항목을 큰 덩어리로 나눈다.
2. 100원, 10원 단위는 버린다.
2. 변동지출은 반드시 체크카드로 결제한다.

목돈 모으기를 위한
과감한 3가지 전략

목돈 모으기의 장기 레이스에서 이기기 위해서는 '심플한 가계부'라는 무기를 장착해야 한다는 이야기를 했다.

하지만 **가계부 기록으로도 막을 수 없는 지출**이 있다. 바로 현재 살고 있는 집에 관련된 비용. 은행 대출로 생긴 이자다.

집 구입 자금으로 은행에서 3억 원을 빌린다고 가정해보자. 원리금 균등 상환, 대출이자 3퍼센트, 35년 상환 조건으로 매월 납부해야 하는 금액은 115만 원이다. **다달이 115만 원을 은행에 상환하면서 1년에 1억을 모을 수 있을까?** 생활비, 주유비, 경조사비, 문화생활비 등을 지출하고 나면 저축은커녕 마이너스가 아닌 것을 감사해야 할지도 모른다.

그렇다면 어떻게 해야 할까? 지금부터 이 문제를 해결하기 위해서 사용했던 3가지 방법을 소개하겠다.

1. 거주하는 집을 줄인다

아내는 마이너스 통장을 사용하여 빚을 관리하고 있었다. 지금보다 금리가 높은 시점에 대출을 받았기 때문에 이자 부담이 상당했다. 어떻게든 이 돈을 갚아야 했는데 장고 끝에 결론을 내렸다.

'현재 살고 있는 집을 파는 것 외에 돈을 모을 수 있는 방법은 없다.'

집을 팔면 아내의 빚이 없어지는 것은 물론 여유자금까지 생길 것이었다. 집을 과감하게 매도했다. 그리고 그 돈으로 아내의 빚을 일시에 상환했다. **살던 집을 팔았으니 이제 어디에서 살아야 하지?** 사실 이 문제가 해결되지 않고서는 집을 팔고 싶어도 팔 수가 없다.

2. 부모님과 합가한다

처음에는 저렴한 월세 집을 구하는 걸 고려했다. 월세가 보증금 200만 원에 20~25만 원 정도인 원룸형 아파트에 입주할까도 했으나 거기서 가족 넷이 살기는 힘들 것 같았다.

다른 방법을 고민하던 중 어머니가 생각났다. 강원도 시골에서 거주하시던 어머님께서 마침 인천으로 올라오신다고 했다.

다만 이렇게 되면 직장이 너무 멀어지게 된다. 그래서 몇 년 뒤 직장을 어머님 댁 근처로 옮길 생각을 하고 그때까지 나는 혼자 직장 사택에 살기로 했다. 이렇게 나는 주말부부가 되었다.

노후를 즐기며 살아야 할 어머니에게 경제적인 지원은 못 해드릴망정 얹혀살게 되어 죄송스러웠다. 떨어져 사는 동안 돈을 많이 모아서 더욱 효도하겠다고 마음을 다잡았다.

3. 남은 돈은 전세 레버리지 투자로 활용한다

집이 없어지니 빚을 갚고도 돈이 남았다. 이 돈을 어떻게 해야 할까? 은행에 넣는 방법도 살짝 고민했지만 좋지 않은 선택이라는 생각이 들었다. 인플레이션 때문이다. 네이버 지식인에서 10년 전에 짜장면이 3천 500원이었는데 지금은 4천 원이라고 어이없어하는 글을 봤다.

요즘 짜장면 가격이 얼마인가? 기본 6천 원 이상이다. 지금의 1억은 10년 뒤의 1억이 아니다. 은행에 돈을 예치하면 인플레이션에 의해 시시각각 돈의 가치가 하락한다.

무주택자는 이런 인플레이션에 속수무책으로 당할 수밖에 없다. 따라서 자신의 명의로 된 집 한 채를 반드시 마련해야 한다. 인플레이션을 헤지할 수 있기 때문이다. 인플레이션 헤지란 화폐가치 하락으로 인한 손실을 방어하는 것을 말한다. 인플레이션 헤지 수단으로는 부동산, 금 등이 대표적이고, 주식도 포함된다. 우리나라는 상황에 따라 달러, 엔, 유로. 해외 국채 등을 이용하기도 한다.

집을 매도했으니 인플레이션 헤지를 위한 투자가 필요했다. 그래서 집을 매도하고 남은 돈으로 입지가 좋은 지역에 있는 아파트를 매수하고 전세를 놓았다.

가격이 오르면 정말 좋겠지만 적어도 떨어지지만 않았으면 좋겠다는 마음이었다. 목돈을 불리기 위한 부동산 투자 이야기는 뒤에서 좀 더 자세히 하도록 하겠다.

목돈을 모으기 위해서는 새어나가는 돈, 빚을 상환해야 한다.

대출을 상환하기 위해서 사용할 수 있는 방법은 다음과 같다.

첫째, 자신이 살고 있는 집을 매도하는 것을 고려한다.

둘째, 살 집은 있어야 하므로 부모님과 살림을 합치거나 직장 사택을 이용할 수 있는지, 혹은 저렴한 월세로 이사를 갈 수 있는지 생각해본다.

셋째, 인플레이션 헤지를 위해 남은 돈으로 전세레버리지 투자를 한다.

목돈 모으기 과정에 만약 대출 원리금을 갚는 과정이 포함되어 있었다면 1년 1억 모으기는 요원한 일이었을 것이다.

단기간에 돈을 많이 모으고 싶다는 의지가 있다면 이러한 과감한 방법도 한번 고려해보기 바란다. 물론 쉽게 시도할 수 있는 전략은 아니다. 여러 가지 불편한 점이 생길 것이다. 그러나 돈을 많이 모으면서 편안한 생활까지 누리는 방법을 나는 알지 못한다.

내가 좋아하는 무언가를 포기하지 않으면서 원하는 것을 다 가질 수는 없다. - 유재석

다만 시도해보지도 않고 불편함을 미리 속단하는 우는 범하지 않았으면 한다. 시골 원룸에 사는 나와 시어머니와 함께 사는 아내의 삶이 행복하지 않을 것 같지만 아이러니하게도 돈을 모으기 전보다 훨씬 행복하고 성취감을 느끼는 삶을 살고 있다.

인생은 시도해보기 전까지 그것이 어떤 의미인지 알 수 없다.

과감한 목돈 모으기를 위한 과감한 결단. 40년 인생에서 가장 잘한 선택 2가지를 꼽으라면 아내와 결혼한 것과 목돈을 모을 수 있는 환경을 만든 것이라고 자신 있게 말할 수 있다. 내가 포기할 수 있는 편안한 삶은 어디까지인가. 그리고 도전해보지 않고 속단하고 있는 일은 무엇인가. 한번 생각해보았으면 한다.

시골로 이사 가면
얼마를 아낄 수 있을까?

빚을 갚고 고정지출을 줄이기 위해 직장 사택으로 이사했다는 이야기를 했다. 직장 사택은 주변에 슈퍼 하나 없는 시골에 있다.

시골집 월세가 혹시 얼마 정도인지 아는가? 지역에 따라 차이가 있겠지만 연 70만 원을 내고 1년을 거주할 수 있는 시골집도 있다. 화장실이 실내에 있으면 월세는 조금 올라간다.

나의 경우 원룸을 배정받았고 다행히 집 컨디션은 좋은 편이었다. 참고로 나는 도시를 매우 사랑하는 사람으로 스타벅스 같은 고급스러운 카페나 홍콩 야경 같은 도심 전망을 매우 좋아한다.

시골을 사랑하는 사람들에게 미안하지만 나는 시골 하면 생각나는 게 벌레, 뱀, 야외 화장실 등 살면서 별로 떠올리고 싶지 않은 것들이다. 체질상 시골과는 잘 안 맞는 사람인 것이다.

시골에 산 지 벌써 2년이 다 되어간다. 당신이 돈을 모으기 위해 시골 원룸으로 이사를 간다면 매일 자연휴양림에 온 느낌으로 행복할 것 같은가? 일 년에 한두 번이야 괜찮지 솔직히 매일 살기에는 부담스럽지 않겠는가?

생활해보지 않았다면 나 역시 그랬을 것 같다. 하지만 시골 생활은 생각 이상으로 훨씬 괜찮았다. 돈을 절약한다는 소기의 목적 달성은 물론 돈을 불리는 과정에도 큰 도움이 되었다. **이사를 하지 않았으면 나는 목돈 모으기에 실패했을지도 모른다.**

시골 원룸으로의 이사가 목돈 모으기에 어떻게 도움이 되었는지 살펴보자.

1. 1년에 1천만 원의 돈을 아낄 수 있다

시골로 이사한 가장 큰 이유다. 집을 매도하고 시골집으로 이사했을 때 아낄 수 있는 비용을 계산해보았다.

주유비 300만 원

시골로 이사가기 전 한 해 동안 지출한 생활비를 살펴보니 주유비가 상당했다. 기름값, 하이패스 비용으로 다달이 30~40만 원을 지출했다. 하이패스 비용 빼고 1년이면 약 400만 원이다. 직장 근처 원룸으로 옮긴 후 한 달 평균 5만 원 정도의 주유비를 유지하고 있으니 대략 300만 원의 주유비를 절약한 셈이다.

관리비 200만 원

34평 아파트의 관리비는 가스비, 전기료를 포함해서 최소 20만 원 이상이다. 시골집에 산 이후로 평균 3만 원 이상 전기세, 수도세를 낸 적이 없으니 약 200만 원 이상 비용을 절약한 셈이다.

사교육비 300만 원

아이를 학원에 보낼 수가 없어서 원하든 원하지 않든 홈스쿨링을 하게 되었다. 시골 학교는 방과후 교육비가 무료다. 학교 환경이 열악할까 봐 살짝 걱정했는데 생각보다 복지가 잘 되어 있었다. 무료 셔틀버스를 운행하고 현장 체험학습 비용도 지원해줄 때가 있다. 방과후 교육비, 체험학습비, 학원비가 지출되지 않으니 최소 300만 원 이상 절약한 셈이다.

외식비 200만 원

반경 3km 이내에 음식점이 없으니 외식을 할 수 없다. 돈을 모으기 전 한 해 동안 외식비 지출 내역이 어마어마했다. 무엇을 먹었는지 기억도 나지 않는데 200만 원 이상 지출했다. 반강제적으로 외식을 하지 않게 되었으니 최소 200만 원은 절약되었다.

이렇게 최소 기준으로 잡아도 1천만 원 이상 돈을 아낀 것을 알 수 있다. 어떤가? 돈을 모으기에 이보다 더 좋은 환경이 있을까? 하지만 벌레 나오는 시골집에서 사는 삶이 엄두가 나지 않는다면 이야기를 조금 더 들어보기 바란다.

2. 직주근접으로 시간과 행복을 벌 수 있다

현재 거주하고 있는 집에서 직장까지는 걸어서 5분이 채 안 걸린다. 이렇게 가까운 거리에서 직장에 다녀본 적이 없었다. 예전에는 차가 안 막힐 때는 30분, 교통 체증이 심할 때는 1시간 이상이 걸렸고 상습 정체 구간이 많아 힘들었다.

늦잠을 자도 지각 걱정이 없는 삶이란 정말 행복한 것이다. 아이에게 밥 차려주고, 학교 갈 준비를 시키고 출근해도 시간이 남는다. 둘째 아이가 밥 먹는 속도가 느린데 시골집으로 이사 오기 전에는 아침마다 많이 혼났다. 출근해야 하는데 아이가 뭉그적거리고 있으니 화를 냈던 것이다. 이제는 아이가 밥 먹는 것을 느긋하게 기다리며 독서를 하다가 출근할 수 있게 되었다.

부동산을 공부하다 보면 투자에 있어 직주근접이 가장 중요하다는 이야기가 나온다. 일자리와 거주지가 가까워야 집값이 오른다는 뜻이다. 서울에서 거주 환경이 좋지 않아도 주변에 일자리가 많으면 집값이 비싸다는 원리가 이해가 되는 순간이었다. 아무리 시골 **거주 환경이 좋지 않아도 걸어서 직장에 5분 내에 갈 수 있다면 살기는 좋다는 의미다.**

그리고 막연히 걱정했던 일이 생각보다 별일이 아니었다는 것을 알게 되었다. 거미, 그리마 등 벌레가 많이 나오긴 했지만 벌레 때문에 못 살겠다고 할 정도는 아니었다. 겨울철 기름보일러 비용이 제법 나온다는 것 말고는 불편함이 없었다.

인간은 적응의 동물이다. 도시를 사랑하고 고층에서 보는 도시 전망을 사랑하는 '도시 남자'라 하더라도 매일 보면 감흥이 없어진다. 반대의 경우도 마찬가지다. 시골 생활이 불편하다고 할지라도 며칠 지내보면 무뎌진다.

겨울에 처음 이사를 와서 기름보일러를 틀면 바닥 온수 배관에 문제가 있는지 '탁탁' 소리가 나서 잠을 설친 적이 몇 번 있었다. 이거 이래서 어떻게 사나 순간 걱정이 되었다. 요즘은 그 소리가 분명 나는데도 잘 들리지 않는다. 적응한 것이다.

아침에 새소리를 들으며 기상하는 즐거움도 있다. 밤이면 고요한 어둠에 쥐 죽은 듯이 적막이 감돌지만 둘째아이와 공부하기에는 최적의 환경이 되기도 한다. 어느 날은 대체 어디서 날아왔는지 칠면조가 집 앞을 돌아다니고, 태풍이 지나간 날은 길과 마당에 개구리가 한가득이라 둘째와 깔깔거리며 잡으러 뛰어다닌 적도 있다. 왜 이런 곳에서 사냐고 안됐다고(?) 음식을 가져다주시는 정이 가득한 옆집 할머니도 계신다.

시골은 시골 나름의 재미있는 일들과 추억이 있다.

물론 미화하려는 것은 아니다. 위에서 예로 든 좋은 점도 시간이 지나면 무뎌진다. 내가 말하고 싶은 것은 시골의 단점이라 생각했던 것들이 생각보다 과장된 측면이 있고 시간이 지나면 그런 문제들도 큰 불편함으로 여겨지지 않는다는 것이다.

여기서 한 가지 깨달음을 얻는다. 그렇다면 앞으로 굳이 비싼 집에서 살 필요가 있을까? 이곳에 살면서 **방 3개짜리 넓은 집에 대한 욕구가 사라졌다.**

시골 원룸에 살아봤기에 원룸 오피스텔에 살아도 행복할 것이다. 이렇게 되면 목돈을 깔고 앉을 필요가 없어진다. 고정지출도 계속 줄일 수 있다. 물론 아내의 동의가 있어야겠지만 앞으로도 작은 원룸에서 살 수 있다면 지금의 시골 경험이 앞으로 평생 지출할 거주 관련 비용을 아끼게 해줄지도 모른다. 목돈을 깔고 앉지 않으면 목돈을 굴릴 수 있는 기회 또한 찾아온다.

3. 투자를 위한 기회비용을 벌 수 있다

시골로 이사한 후 기존 집을 처분하고 가장 걱정이 되었던 것은 내 집이 없어진다는 사실이었다. 부동산 상승장에서 자기 집을 보유하지 않는다는 것은 엄청난 부담이다. 그래서 기존 집을 매도한 금액으로 우선 아내의 빚을 갚은 후 남은 돈으로 입지가 좋은 지역의 집을 매수하고 전세를 놓았다.

만약 그때 집을 판 후 이 집을 사놓지 않았으면 지금쯤 어떻게 되었을지 아찔할 때가 있다. 집값이 그때부터 슬금슬금 올랐기 때문이다. 시세 차익을 본다는 마음보다는 언젠가 세입자를 내보내고 우리가 들어가서 산다는 마음으로 매수한 집이었다. 매수할 당시만 해도 거래량이 없었는데 점점 가격이 오르는 것을 보니 그때의 선택이 천운이었다는 생각을 한다.

흥미로운 것은 아내의 빚을 갚기 위해 매도한 아파트 가격은 그대로라는 것이다. 빚이 없었다면 기존 아파트를 팔지 않았을 것이고 입지가 좋은 아파트 또한 매수하지 않았을 것이다. 인생사 새옹지마라더니 세상사는 정말 알 수가 없다.

이사를 통해 목돈을 마련하고 투자의 씨앗을 심었다. 시골로 이사 갈 결심을 하지 않았다면 투자의 기회 또한 찾아오지 않았을 것이다. 과거를 복기해보니 등골이 서늘할 정도로 중요한 선택이었다. 투자 종잣돈에 목이 마른 사람들이라면 세 번째 이유만으로도 이사 가고 싶은 마음이 들지 모르겠다.

시골로 이사를 가는 게 목돈 모으기에 도움이 되는 이유 3가지를 정리하면 다음과 같다.

첫째, 개인 상황에 따라 차이가 있겠지만 연간 1천만 원 정도의 비용을 절약할 수 있다.

둘째, 직주근접을 체감하며 시간의 자유를 누린다. 환경적 불편함도 경험해 보면 큰 문제가 아님을 깨닫고 거주 관련 비용에 대해 다시 생각하게 된다.

셋째, 빚을 갚고 투자의 씨앗을 심을 수 있는 기회가 생긴다.

우리가 계획한 삶을 기꺼이 버릴 수 있을 때만, 우리를 기다리고 있는 삶을 맞이할 수 있다. – 조세프 캠벨

계획대로 흘러가는 삶은 없다. 하지만 내 삶의 물줄기를 흔드는 선택을 할 수는 있다. 목돈을 모으는 길에도 분명 그런 선택의 기회가 있다. 두려움보다는 이런 경험도 인생에서 한 번쯤 해보면 좋겠다는 마음이 필요하다. 부디 희망을 찾을 수 있는 인생길을 걸어갔으면 한다.

사람들이 절약에 대해 알지 못하는 것들

아끼겠다고 마음먹은 후 소비를 절제하지 못해 후회한 적이 있는가? 외식하지 않기로 결심했지만 야밤에 치킨과 맥주 한 잔이 고파 돈을 써버린 경험 같은 것 말이다.

내가 그랬다. 직장에서 고단한 몸을 이끌고 퇴근할 때 맛난 음식들은 왜 그리 많이 떠오르는지, 업무로 스트레스를 받은 날이면 아껴야겠다는 절제력은 온데간데없이 사라지고 딸내미들을 꼬셔서 족발이나 치킨 같은 것을 시켜 먹었다.

굳건한 의지로 소비를 줄이기로 마음먹었는데 왜 항상 결과가 좋지 않을까? 답은 의지력 때문이다. 의지력은 게임 HP(체력바)처럼 사라지는 속성이 있다. 삶이 고단하면 고단할수록 돈을 쓸 확률도 높다. 게임 난이도가 높으면 캐릭터의 HP가 줄어들 확률이 높아지는 것과 같다.

'오늘 하루 이렇게 힘들게 일했는데 이 정도의 돈은 나를 위해 써야지.'

고단하게 일한 나를 위한 보상이라 생각하며 소비를 합리화한다.

더구나 자존감, 욜로, 소확행이 대세인 요즘 시대에는 더욱 그러기 쉽다.

여타의 사람들과 비슷했던 과거와 달리 지금 나는 가족을 위해 사용하는 자잘한 비용을 제외하면 소비를 하지 않는다. 적어도 월요일부터 목요일까지는 돈을 쓰는 일이 없다. 내게 무슨 일이 생긴 것일까? 갑작스러운 사고로 큰 손실이 생긴 나머지 충격을 받아 소비에 대한 욕구가 사라지기라도 한 것일까?

물론 영향이 없다고는 할 수 없다. 하지만 사람이 쉽게 변하지 않는다는 점을 생각하면 외식을 좋아했던 내 성향은 크게 바뀌지 않았을 것이다.

소비에 대한 욕구 절제와 관련하여 알게 된 사실들이 있다.

1. 돈을 쓸 수 없는 환경에서는 소비에 대한 욕구가 사라진다

손실을 메우기 위해 살던 집을 처분하고 직장 사택을 신청하여 단칸방 생활을 하게 되었다고 했다.

사택은 반경 3km 내에 논밭 이외에 아무것도 없는 시골 중의 시골이다. 음식을 시켜 먹을 수 없는 것은 물론이고 가장 가까운 편의점도 차를 타고 5분 이상은 가야 한다.

밤에 출출할 때 라면이라도 끓여 먹고 싶어도 막상 차를 타고 편의점에 갈 생각을 하면 한숨부터 나온다. '거기까지 가느니 안 먹고 말지'라는 생각이 든다.

하루, 이틀, 일주일, 한 달… 이렇게 살다 보니 어느 순간부터 **소비에 대한 생각 자체가 없어졌다는 사실**을 발견했다. 첫 달 모인 금액을 보고 깜짝 놀랄 수밖에 없었다. 예상했던 금액보다 더 많은 돈을 모은 것이다.

평일에 돈을 쓰지 않는 것이 주요 원인이었다. 단기간에 목돈을 모으기 위해서는 여유자금 이외의 돈을 철저하게 통제해야 한다. 주말에 가족을 위해 돈을 썼는데 평일에 나를 위해 또 돈을 쓰면 목표로 한 금액을 저축하기 어렵다.

쓰고 싶어도 쓸 수 없는 강제 저축 환경이 소비 통제에 큰 도움이 되었다. 처음에는 이런 시골 환경이 답답했다. 뭘 사 먹고 싶어도 그럴 수 없으니 나 홀로 경제적 불모지에 떨어진 듯한 기분이 들었다.

하지만 지금은 정말 고마운 환경이라고 생각한다. 그 덕분에 **돈을 아끼고자 하는 의지력이 온전히 보존되기 때문이다.**

소비할 환경이 되지 않으면 소비할 생각이 들지 않는다. 쓸데없이 뭘 사 먹지 않으니 건강해지고 살도 빠졌다. 돈 내고 다이어트 식품까지 먹는 세상에서 돈도 아끼고 살도 빠지는 일석이조의 효과가 생겼다.

2. 쇼핑 천국은 피해가는 게 상책이다

하지만 대부분의 사람들은 시골 단칸방에서 생활하지 않는다. 아내만 하더라도 편의점, 카페, 마트, 음식점들이 널려 있는 도시에 산다. 그래서 나보다 아내가 절약하기가 훨씬 어렵다.

가급적 이런 곳을 지나다니지 말라고 조언하고 싶다. **어떤 물건을 사고 싶은데 참아야 할 때 스트레스가 발생한다. 먹고 싶은데 참아야 할 때 에너지가 소모된다.**

아내가 살고 있는 인천 송도국제도시에 '트리플 스트리트'라는 곳이 있다. 온갖 먹거리 천지에 아기자기한 소품 가게, 타로점을 봐주는 사람들, 길거리 버스킹 등 오감이 정신없이 자극되는 곳이다.

아내는 그곳에 가는 게 싫다고 한다. 자신이 초라해지는 것 같아서 빨리 벗어나고 싶다는 것이다. 이런 말을 들으면 마음이 아프다. 아껴야 하는 사람들은 이런 쇼핑 천국을 웬만하면 피해 다니는 게 정신건강에 이롭다.

하지만 이런 힘든 환경에서도 아내 역시 평일에 지출을 거의 하지 않았다. 간혹 첫째아이가 아이스크림을 먹고 싶어 하면 동네 가게에서 사주는 게 전부였다. 평일에 아내가 1만 원 이상 소비를 하는 것은 매우 드문 일이다.

아내는 쇼핑몰을 피해 다니는 대신 도서관에 갔다. 그리고 집 근처 공원에서 첫째아이와 운동을 했다. 의식적으로 주변 환경을 통제하며 아끼려 노력한 아내가 많이 고맙고 존경스럽다.

3. 소비에 대한 욕구가 사라지는 시점은 환경 변화 후 2개월째다

나는 술을 좋아한다. 양념치킨도 좋아하고 짜장면 같은 중국 요리도 좋아한다. 집 근처에서 언제든지 사 먹을 수 있었던 것들이 일시에 불가능하게 되었을 때 얼마나 불편이 컸겠는가?

실행하기 전에는 알 수 없었던 놀라운 사실을 이야기하려 한다. **지출을 하지 않는 일상이 2개월째로 접어들면 소비에 대한 욕구가 현저하게 떨어진다.** 정확히 말하면 소비할 생각 자체가 나지 않는다. 오늘 돈을 쓰지 않아야겠다는 생각 자체가 들지 않고 그냥 안 쓰는 게 당연한 삶이 된다.

소비라는 것은 무의식적인 습관이다.

퇴근해 집에 갈 때 생각나는 외식은 '퇴근 후 피로(자극)→외식(행동)→스트레스 해소(보상)'이라는 반복되는 루틴이 만들어내는 전형적인 소비 습관의 유형이다.

습관을 바꾸는 방법: 같은 신호를 사용하라. 같은 보상을 제공하라. 반복행동을 바꿔라. - 찰스 두히그

지금은 '퇴근 후 피로(자극)→글쓰기(행동)→스트레스 해소(보상)'이라는 새로운 습관이 자리 잡혔다. 인간은 놀랍도록 적응력이 강한 동물이다. 소비 외에 다른 것에서 즐거움을 찾기 시작하면 정말 그렇게된다.

만약 현재를 희생하여 미래를 산다는 마음으로 살았다면 나는 절대 1년에 1억을 모으지 못했을 것이다. 눈치챘겠지만 나는 지금 하나도 불편하지 않다. 불행하지도 않다. 행복을 질과 양으로 나누어 생각해보았을 때 질적인 측면의 행복은 오히려 증가했다고 할 수 있다.

보기에 따라 굉장한 실행력을 필요로 하는 이런 방법들을 적극적으로 추천할 수 있는 이유는 **현재의 삶이 행복하기 때문**이다.

돈을 모으는 과정에서 스트레스를 받는다면 절약과 저축을 오래할 수 없다. 예상치 못했던 시골 단칸방 생활이 주는 행복으로 인하여 1년 1억 모으기에 가속도가 붙었다. **소비하지 않는 게 스트레스가 아닌 사람에게 돈을 모으는 것은 정말 쉬운 일이다.**

소비 통제를 위해 다음과 같은 방법을 고려해보라.

첫째, 가능하다면 돈을 쓸 수 없는 환경을 만들어라.

둘째, 쇼핑 천국은 피해 다녀라.

셋째, 소비보다는 다른 건설적인 행동을 하며 행복을 찾아라.

주변 환경을 바꾸면 사람도 바뀐다고 한다. 목돈 모으기를 위한 나만의 환경을 만들어보기 바란다.

소비 욕구를 잠재울 수 있는 라이프스타일 재설계

라이프스타일은 간단히 말하면 가치관에 따른 생활양식을 말한다. 다음은 한 프리미엄 가전제품의 광고 문구다.

'숙면에 최적화된 가습량과 청정 굿나잇 케어, 스마트폰 무선 충전, 저소음 설계, 세련된 디자인, 무드등, 당신만을 위한 개별 설계, 프라이빗 가전.'

이 프리미엄 가전제품의 타깃 구매층은 누구일까? 아마 다음과 같은 가치를 추구하는 사람일 것이다.

차별화를 추구하는 삶

편리함과 편안함을 추구하는 삶

세련된 공간에서 훌륭한 대접을 받는 삶

사실 누가 이런 삶을 마다하겠는가. 다만 편안함을 추구하는 삶을 인생의 목표로 삼으면 돈을 모으기 어렵다. 고급스럽고 세련된 물건을 통해 스스로를 차별화하느라 씀씀이가 커질 확률이 높기 때문이다. 사실 내가 이런 가치관을 가지고 살았던 사람이다. 남들과 다른 공간에서 조용히 자신의 취미를 즐기며 사는 것에 큰 의미를 두었다.

예전의 나처럼 자신만의 공간이 중요한 사람이 관심을 갖게 되는 물품은 다음과 같다.

- 편안하게 혼자 누울 수 있는 리클라이너
- 편안하게 혼자 누워 보는 TV
- 개인 서재가 갖추어진 집

단지 혼자만의 시간을 갖기를 좋아하는 사람일 뿐인데 갖춰야 하는 물건들 수준이 어마어마하다. 특히 개인용 서재를 구비하려면 기본적으로 30평대 집은 있어야 한다는 전제조건도 붙는다.

라이프스타일을 바꾸니 알게 되었다. 그동안에 견지해왔던 생활양식으로는 죽었다 깨어나도 목돈을 모을 수 없다는 사실을 말이다. 돈을 모으기 위해서는 **라이프스타일의 변화가 반드시 필요하다.** 그렇다면 돈을 모으는 데는 어떤 라이프스타일이 좋을까? 목돈 모으기에 최적화된 라이프스타일 2가지를 추천하고자 한다.

1. 기록하는 가치를 추구하는 글쓰기 라이프스타일

글을 써야겠다고 마음먹고 블로그에 본격적으로 쓰기 시작한 날이 2018년 12월 26일이다. 청울림의 『나는 오늘도 경제적 자유를 꿈꾼다』를 읽고 감명을 받아 하기 싫은 일이라는 짐을 지고 인생이라는 고달픈 사막을 걷는 '낙타의 삶'과 이별하자는 마음으로 글을 썼던 기억이 난다.

그날 이후로 오늘에 이르기까지 블로그에 매일 한 편씩 글을 쓰고 있다. 기록을 좀 하면서 살자는 가벼운 마음으로 시작했는데 어느덧 삶의 불문율처럼 되어버렸다. 처음에는 짧은 단상을 일기처럼 적어 내려갔다. 그러다가 가계 재정을 잘 관리해보자는 마음으로 가계부 결산 기록을 올리기 시작했다.

이때부터 티티새라는 사람을 궁금해하며 댓글을 남겨주는 이웃들이 늘어나기 시작했다. 사람들과 삶을 나누는 인생의 재미를 알게 되었다.

'삶이 힘들지만 돈은 모으고 있습니다.' 어떤 책의 넋두리 같은 제목처럼 그렇게 짠테크 이야기가 시작되었고 그것이 지금 운영하고 있는 블로그의 정체성이 되었다.

나는 매일 블로그에 2천 자 정도의 글을 쓴다. 직장 업무 때문에 바빠질 것 같으면 주말에 포스팅을 미리 써놓고 예약 발행을 하기도 한다. 매일 쓰는 라이프스타일을 견지하고 있다고 할 수 있다.

목돈을 모으고 싶은 사람들에게 글쓰기 라이프스타일을 강력하게 추천한다. 돈을 모으고 아끼는 과정을 글로 기록하다 보면 스스로 동기 부여가 되기 때문이다. 또한 글을 쓰는 것은 인간의 모든 뇌를 총동원하는 행위다. 언어에 관련된 행위를 할 때 인간은 뇌의 대부분을 활용한다고 한다. 이렇게 머리를 많이 쓰는 글쓰기를 매일 하면 어떤 일이 생길까?

다른 잡생각이 들어올 틈이 없다.

'오늘은 어떤 글을 쓸까?', '가계부 운영은 잘 되고 있나?', '짠테크에 대해 깨달은 점을 어떻게 풀어쓸까?', '이 주제는 블로그 정체성이랑 좀 안 맞는데 써도 되나?' 등등.

이렇게 고민하다 보면 혼자만의 공간에서 리클라이너에 앉아 TV를 시청하면서 '오늘 뭐 먹지?' 하고 생각할 틈이 사라진다. 그리고 **글쓰기는 재미있다.** 다음은 김민식 작가님 강연에서 들은 이야기다.

인생은 재미있어야 한다. 재미있는 삶의 최고봉은 리액션과 피드백이 있는 삶이다. 매일 블로그에 글을 써라. 이웃이 별 반응이 없다면 오늘 무대는 꽝이다. 그래도 괜찮다. 내일 다시 무대에 설 수 있으니까. 그게 바로 글쓰기가 갖는 최고의 장점이다. 매일 공연이 펼쳐진다.

이 얼마나 멋진 통찰이자 관점의 전환인가. 글쓰기를 무대에 비유하다니! 나 역시 매일 무대에 서는 기분으로 글을 쓴다. 왕년에 기타 공연으로 대학교에서 끗발을 날린 적이 있다. 그래서 그런지 글쓰기가 무대라고 생각하면 설렌다.

'오늘 글은 반응이 별로인데… 조회수도 적고… 이런 주제는 별로 인기가 없나….'

'오늘은 조회수가 폭발적인데? 말도 안 되는 이 이웃 신청 러시는 뭐지…?! 오늘 글 대박 났구나.'

리액션과 피드백이 있는 삶이 즐겁다. 정성을 들여 글을 쓴 만큼 관객 반응이 좋으면 행복하다. 공연을 대충 한다는 것은 용납하기 힘들다. 대충할 거면 공연을 왜 하는가? 연습이 덜 된 공연을 하면 박수를 받아도 자괴감이 든다.

정성 들여 글을 쓰고, 잘 모르는 주제는 공부하고, 관련 영상까지 찾아보다 보면 완성도 있는 무대를 만들 수 있다. 그 과정에서 공부도 된다. 그렇게 쓴 글은 열에 아홉 조회수가 폭발한다.

글쓰기 라이프스타일을 견지한다는 것은 **기록하고 남기는 삶을 중요하게 생각한다는** 말과 같다.

비범해서 기록하는 것이 아니라 기록이 쌓이면 비범해지는 것이다.
— 김민식(2019), 『매일 아침 써 봤니?』, 위즈덤하우스, 75쪽.

고급스러운 시설이 하나도 필요 없는, 오로지 책상과 글을 쓸 공간만 있으면 가능한 글쓰기 라이프스타일, 추천하지 않을 수가 없다.

2. 자기투자로 이어지는 자기계발 라이프스타일

목돈을 모으다 보면 들어오는 수입에 대한 갈증이 생긴다. 월급은 빤한데 어떻게든 수입을 늘려보고 싶은 마음이 생긴다. 자연스럽게 부업으로 눈이 돌아간다. 하지만 부업을 하고 싶어도 팔릴 만한 재능이 있어야한다. '크몽' 같은 재능마켓 같은 사이트에는 자신만의 재능을 돈으로 바꾸는 대단한 사람들이 많다.

팔리는 기술은 정말 많다. 원데이 기타레슨, 프로그램 개발, 문서편집, 부동산 투자 상담에 이르기까지 그 범위가 넓고도 다양하다. 당신은 어떤 재능을 팔 수 있는가? 나는 금방 떠오르는 게 없었다. '그동안인생 헛살았구나' 하는 자괴감이 들었다.

목돈 모으기에 최적화된 두 번째 생활양식은 자기계발 라이프스타일이다. 여기서 자기계발은 좋은 책을 읽고 교양을 쌓고 지식인이 되는

뜬구름 잡는 식의 라이프스타일이 아니다. **실용적, 구체적으로 자신이 개발하고 싶은 재능을 선택하고 이를 위해 노력하는 라이프스타일**을 말한다.

영어강사가 꿈인 어떤 사람은 매일 화상 영어, 영어 듣기에 시간을 할애한다. 주식투자로 강사가 되고 싶은 사람은 매일 주식 포스팅을 하는 데 시간을 할애한다. 부동산으로 경제적 자유를 이루고 싶은 사람은 매주 지역 임장을 다니며 좋은 물건을 보는 안목을 기른다.

자기계발 라이프스타일의 배후에는 **생산성 있고 목적성 있는 삶을 사는 게 중요하다는 가치관**이 깔려 있다. 목돈을 모으는 것도 중요하지만 벌어들이는 돈의 액수를 불릴 수 있는 방법을 고민하는 것도 중요하다. 투자에 성공한 많은 사람들이 거기에 그치지 않고 새로운 사업을 일으킨다. 자신이 가진 성공 경험조차 돈으로 바꾸려는 마인드, 부자가 안 될수가 없다. 작게는 추가 수입에서부터 크게는 플랫폼을 소유한 1인 기업가가 될 수도 있다. 자신의 재능을 끊임없이 절차탁마하는 자기계발 라이프스타일은 목돈 모으기에 날개를 달아줄 것이다.

목돈 모으기는 라이프스타일의 변화가 없이는 하기 어렵다. 소비적인 라이프스타일은 모은 돈을 새어나가게 할 뿐이다. 내가 추천하는 라이프스타일은 다음과 같다.

---

1. 기록하는 삶을 추구하는 돈 안 드는 글쓰기 라이프스타일
2. 자기투자를 통해 미래 자산을 불려가는 자기계발 라이프스타일

라이프스타일의 변화를 시도하라. 목돈을 모으다가 인생 역시 변하게 될지 모른다.

돈 모으기에 날개를 다는
자산 증식 시스템

전국적으로 부동산 시장이 핫하다. 연일 신고가를 찍는 부동산 가격을 잡기 위해 정부는 모든 규제를 총동원하고 있다. 시중에 유동성이 풍부하고 은행 금리는 사상 최저다. 이런 시국에 부동산 투자를 해야 할까, 말아야 할까? 매수를 주저하는 큰 이유는 **'내가 산 집의 값이 떨어지면 어쩌지?'** 하는 두려움 때문일 것이다.

집값은 떨어질 수도 있고 올라갈 수도 있다. 하지만 두려움에 매수를 두려워하고 있다면 조금 용기를 냈으면 좋겠다. 자본주의 사회에서 투자를 하지 않고서는 자산을 불릴 수 있는 방법이 별로 없기 때문이다.

이번 주제는 **목돈을 모으고 불리는 시스템**이다. 1년에 1억을 모으면 10년에 10억이 생길 것이다. 텐인텐이라는 까페 이름처럼 10억은 정말 도전적인 금액이다. **하지만 10년 뒤 10억이 지금의 10억과 같은 가치를 지닐지 생각해볼 문제**다. 물가상승률이 높으면 돈 가치는 떨어지게 마련이다.

따라서 모은 돈의 가치를 방어하기 위한 수단이 필요하다. 그리고 적극적인 자산 증식을 위해서도 '투자'가 필요하다. 목돈을 모아서 은행에 넣어놓고 은행 이자를 재투자하여 돈을 불려도 좋지만 요즘 시중 금리가 1%에 불과하다. 은행이자를 재투자하더라도 어느 세월에 돈을 불릴지 요원하기만 하다. **72법칙**이라고 들어보았는가? 72법칙은 금리를 복리로 적용할 때 원금이 두 배로 늘어나는 데 걸리는 시간을 대략 계산해주는 법칙이다.

원금이 두 배가 되기까지 걸리는 시간(연수) = 72/수익률(%)

예를 들어, 현재 1천만 원을 연 복리 3%로 투자했다면 1천만 원이 2천만 원이 되는 데 걸리는 기간은 24년(=72/3)이 된다.

만약에 어떤 부동산을 연수익률 7.2%에 월세를 놓을 수 있다면 10년 뒤 자산이 두 배로 증가하게 된다. 아인슈타인도 감탄했다는 '복리의 마법' 이야기를 듣고 돈을 불리기 위해서 반드시 투자를 해야 한다는 것을 깨달았다. 투자를 통해 수익이 나면 수익금을 재투자해야 한다. 72법칙은 **복리로 누적되었을 때 효과가 발생**하기 때문이다.

1년에 1억을 모아서 1억을 투자했는데 1억 1천만 원이 될 수 있다면 정말 행복하지 않을까? 제대로만 시스템이 작동한다면 10년에 10억보다 훨씬 큰 금액을 모을 수 있을지도 모른다.

내가 선택한 자산 증식 시스템은 '부동산 투자'다. 부동산 투자를 통해 복리로 자산을 증식하는 방법이 궁금하지 않은가? 현재 사용하고 있는 3가지 시스템에 대해 설명해보겠다.

1. 현금흐름형 월세 투자

자본주의에서는 투자를 해야 한다는 사실을 깨닫고 처음 시도한 방법이 월세 투자다. 월세 투자의 장점은 매월 통장에 따박따박 월세가 찍힌다는 점이다. 현재 세를 놓고 있는 월세 투자 아파트가 있다. 현재 시세는 3천~3천200만 원이며 월세는 보증금 200만 원에 월세 20만 원이다. 보증금 없이 월세만 받는다고 가정해도 연이율이 약 7퍼센트다. 월세를 놓은 지 2년이 다 되어간다. 소형 원룸 3채에서 나오는 평균 월세는 70만 원이다. 월세로 얼마를 벌었을까? 2년 세를 놓았으니 24개월 곱하기 70만 원으로 계산하면 다음과 같은 금액이 나온다.

1천680만 원.

인테리어 비용이라든지 공실로 인한 월세 감소분을 반영해서 1천500만 원 정도로 계산해보겠다. 1억 원 정도의 돈을 투자하여 2년 동안 약 1천500만 원이라는 돈이 생겼다. 2년 뒤에는 3천만 원, 6년 뒤에는 6천만 원, 10년 뒤에는 9천만 원이 될 것이다. 물론 이 금액을 재투자하면 복리효과에 의해 더 많은 돈을 모을 수 있다.

목돈 모으기를 시작하기 전까지는 이 돈으로 여행을 다녔다. 월급 외의 돈으로 문화생활비를 충당하니 항상 마음이 든든했다. **'돈이 돈을 번다'라는 말의 의미를 이때 처음으로 실감했다.**

요즘에는 정보 검색이 쉬워져서 스마트폰 클릭 몇 번으로 월세 수익률이 높은 매물을 찾아낼 수 있다. 월세형 투자의 단점은 자잘한 수리가 필요한 경우가 많고 **공실에 대한 위험**이 항상 존재한다는 것이다. 그래서 이런 월세형 투자를 선택할 때는 수요가 얼마나 되는지 지역 분석,

해당 평형의 희소성, 주변 아파트 공급량에 따른 수요 변동, 월세를 빼기 힘든 시기 등을 면밀하게 체크해야 한다.

투자를 한번 경험해보면 다양한 것을 배울 수 있다. 소형 원룸 3채 월세 투자를 하면서 알게 된 점을 몇 가지 적어본다.

1. 세입자와 연락할 일이 생각보다 없다.
2. 수요가 없는 시기에는 인테리어를 해서 월세가 잘 나가게끔 경쟁력을 갖추어야 한다.
3. 인테리어에서는 화장실, 싱크대가 중요한데, 남자 세입자 선호 지역의 경우에는 싱크대가 크게 중요하지 않다.
4. 2년 동안 에어컨, 보일러 수리 요구가 발생했다. 그 외에 수리 요청이 온 것은 없었다.
5. 월세가 밀리는 경우, 미납되었다고 메시지를 보내면 대부분 일주일 안으로 들어왔다.
6. 애완동물 금지, 흡연 금지 특약을 건다. 소형 원룸의 경우 집에서 담배를 피우는 사람이 의외로 많다.
7. 직접 대면해 인사하고 계약한 세입자들은 월세를 잘 밀리지 않는다.
8. '입금되었습니다'라는 메시지를 보는 기쁨이 매우 크다.
9. 거래하는 부동산 중개소와 신뢰가 쌓이면 먼 지역에 있는 것이라도 관리를 잘해준다.
10. 주변 입주 물량이 많으면 큰 폭으로 전월세가 출렁거리므로 면밀하게 체크해야 한다.

한번 해보면 듣는 것보다 훨씬 더 많은 것을 배울 수 있다. **매수부터 세입자 구하는 것까지 다 체득하게 된다.** 처음 투자를 하는 사람들에게는 월세 투자를 추천하고 싶다. 3천만 원 정도로 월세 투자를 한다면 큰 부담은 아니라 생각한다. 투자가 막연히 무서운 것이라는 편견을 극복할 수 있을 것이다.

2. 시세 차익형 레버리지 투자

유망한 지역의 부동산을 사서 전세를 놓고 몇 년 뒤 아파트 시세가 오르면 매도하는 시세 차익형 투자를 '전세 레버리지 투자'라고 한다. 속칭 '갭투자'라고도 한다. 자기자본금이 부족한 사람들이 은행 대출이나 세입자의 전세금을 이용하여 투자하는 방식이다. 타인의 자본을 레버리지하기 때문에 자기자본금만으로 하는 투자방식에 비해 리스크가 있다.

1. 입지 분석, 지역 분석, 공급량 분석을 잘못하여 아파트 매매가가 떨어지는 경우 가격이 회복할 때까지 돈이 묶인다.
2. 세입자 전세금을 빼주어야 할 때 역전세 리스크에 대비하지 못하면 경매로 집이 넘어갈 수 있다.
3. 지금은 저금리라 체감이 어렵지만 금리 상승기에 은행 대출이자가 부담이 될 수 있다(고정금리 추천).

리스크가 다소 두렵게 느껴지지만 유망한 지역, 수요도 높은 아파트를 잘 선정하여 매수한다면 가격 상승을 기대해볼 수 있다. 금리 상승에 대한 리스크도 고정금리로 대출받을 수 있다면 비교적 작다. 5억짜리 아파트를 3억 5천에 전세를 놓고 자기자본금 1억 5천에 매수했다고 가정해보자. 누구나 살고 싶어 하는 지역이고 수요에 비해 공급이 없어 5억짜리 아파트가 2년 뒤에 5억 5천이 되었다.

부동산 복비와 취득세, 법무사 비용을 제외하면 1억 5천을 투자하여 2년 만에 약 4천만 원의 수익을 올린 것이다. 무려 26%의 수익률이다. 상당히 보수적인 수익률로 계산한 수치이며, 대세 상승장에서는 100%의 수익률도 허다했다. 하지만 대세 상승장이 아니더라도 전세 레버리지 투자는 월세 투자보다는 높은 수익률을 올릴 수 있는 경우가 많으며, 그러한 지역과 매물을 찾아내는 것이 바로 부동산 공부의 시작이다.

이렇게 계속 수익을 내며 눈덩이처럼 커진 돈을 더 좋은 입지, 혹은 값이 오를 것 같은 지역의 아파트에 재투자하여 스노우볼을 만드는 것이 갭투자의 기본전략이다. 전세 레버리지 투자는 높은 수익률이 매력이다. 전세 레버리지 투자를 경험해보고 깨달은 사실은 다음과 같다.

1. 지역 분석이 되지 않으면 다른 아파트 가격은 다 오르는데, 내 아파트만 안 오르는 안타까운 일이 벌어질 수 있다.

2. 매매가격이 오르면 오른 대로 이유를 붙이고, 떨어지면 떨어지는 대로 이유를 붙인다. 주식, 부동산 등 투자상품의 가격은 수요와 공급, 실물경기와 연동되지만 투자 심리에도 꽤 큰 영향을 받는다. 부동산 매매 가격이 오르면 수년 전에 이미 건설 계획이 발표된 도로 때문이라는 둥, 물가 상승에 따른 화폐가치 하락 때문이라는 둥 그 이유를 갖다 붙인다. 이런 논리가 퍼지면 집값이 더 오르기 전에 구입하려는 수요가 늘어나고 이는 매매가격을 더 끌어올리는 역할을 한다. 매매가격이 하락할 때도 마찬가지 현상이 하락을 더 부추길 수 있다. 부동산 시장은 의외로 매수 또

는 매도 심리의 영향을 강하게 받는다.

3. 자기자본금이 부족하면 역전세 리스크가 발생할 수 있다.

4. 코로나, 세입자 성향 등으로 집을 보여주지 않아 매도에 어려움을 겪는 매물이 많다. 특약으로 집 매도 시 적극적으로 집을 보여주는 데 협조한 다는 문구를 넣는 게 좋다.

5. 내가 좋다고 생각하는 매물이 다른 사람 눈에는 좋지 않을 경우가 있다. 주관을 최대한 배제하고 매물을 선택해야 실수 확률을 줄일 수 있다.

6. 부동산 관련 책, 강의를 읽고 들으며 발품을 팔아야 좋은 물건을 고를 수 있는 안목이 생긴다.

7. 일자리와의 거리, 일조권, 역과의 거리, 상권 접근성, 조망권, 학세권, 학 군 등 고려해야 할 사항이 많다.

8. 중요한 것은 희소성이다. 해당 지역에서 희소한 평형, 희소한 구조, 희소 한 조망을 가진 매물이 환금성이 좋다.

9. 진짜 급매는 네이버 부동산에 올라오지 않는다. 평소에 관심 매물을 타 깃팅해놓고 부동산에 수시로 연락하며 정성을 들여야 한다.

10. 자신이 선택한 매물은 후회가 없다. 스스로 저평가된 매물을 선택할 수 있을 때까지 공부하고 안목을 길러야 한다.

전세 레버리지 투자에는 기다림의 미학이 요구된다. **확실한 집을 사놓고 오를 때까지 인내심을 가지고 버텨야 하는 것이다.** 역전세가 발생하여 세입 자에게 돈을 추가로 돌려주어야 할 수도 있고, 예상치 못한 상황으로 아 파트 가격이 떨어질 수도 있다. 하지만 떨어질 이유가 없는 지역이라고 판단한다면, 결국 오랜 시간 버틴 사람이 큰 수익률을 가져갈 확률이 높 다. '존버 정신'이 필요한 것이다.

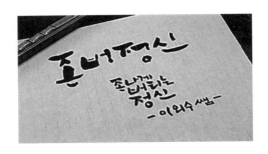

3. 인플레이션 헤지형 저축

저축만으로는 인플레이션을 극복할 수 없다고 이야기했다. 이를 극복할 수 있는 방법이 있으니 바로 인플레이션만큼 더 모으는 것이다. 10년 뒤 10억의 가치가 지금과 다를 수 있기에 매년 **인플레이션 상승률 만큼 추가로 돈을 더 모으는 것이다.** 물론 복리효과까지 누리는 전략은 아니지만 온전히 자산가치를 보호할 수 있다는 의미에서 '인플레이션 헤지형 저축'이라는 이름을 붙여보았다.

나 역시 매년 모으는 액수를 늘려볼 생각이다. 투자는 어디까지나 운도 따라주어야 한다고 생각한다. 보수적인 성향이라 투자로 수익이 나는 금액을 계산하지 않는다. 머릿속에 그리는 것은 1년 1억, 10년 10억과 같은 노력으로 모을 수 있는 금액뿐이다.

그렇게 생각하고 돈을 모아야 플러스 알파라는 개념으로 투자수익을 바라볼 수 있다. 한마디로 '덤'인 것이다. 물론 수익이 날 것이라고 기대하며 투자를 한다. 하지만 과도하게 기대하지는 않는다는 것이다. 아직 '투자'가 부담스럽다면 인플레이션만큼 매년 돈을 더 모으는 것을 목표로 해도 좋겠다. 매년 꾸준히 증가하는 자산을 바라보는 것만큼 보람 있고 행복한 일도 없다.

부동산 투자로 1억을 버는 사람도 있겠지만, 저축으로 1억을 번 사람도 똑같이 자산이 증가한 사람이다. 물론 자산 증식 속도 때문에 상대적 박탈감을 느낄 수는 있다. 스스로의 성향을 잘 파악하고 리스크를 어느 정도까지 감수할 수 있는지 생각해보기 바란다.

목돈을 모으면서 자산을 복리로 불리는 방법을 정리하면 다음과 같다.

> 1. 수익률이 크지는 않지만 비교적 확실하고 안전한 월세형 투자
> 2. 목돈이 들어가고 다소 위험성이 있으나 수익률이 큰 전세 레버리지 투자
> 3. 인플레이션을 이겨내는 인플레이션 헤지형 저축

종잣돈이 생기면 투자 기회도 찾아온다. 항상 투자할 수 있는 기회가 있으니 조바심 때문에 준비되지 않은 투자를 하는 일이 없기를 바란다.

그럼 이런 지식을 바탕으로 지금부터는 월세 투자와 전세 레버리지 투자의 예를 살펴보도록 하겠다.

월세 투자

아끼고 모으는 삶을 지속적으로 실천하면 어느 순간 종잣돈이 마련된다. 종잣돈의 크기가 작다면 오피스텔이나 원룸형 아파트와 같은 비교적 저렴한 부동산을 매수할 수 있다.

다만 소형 아파트 및 오피스텔 월세 투자의 단점이 있다. 아파트처럼 시세가 상승하지 않을 확률이 높다는 것이다.

물론 입지가 좋은 지역의 매물은 장기적으로 시세가 상승할 수 있다. 하지만 입지가 좋으면서 가격이 저렴한 매물은 좀처럼 찾기 힘들다는 게 문제다. 가격이 비싸면 필연적으로 수익률은 떨어진다.

목돈 모으기에 성공한다면 조금 색다른 시도를 해볼 수 있다. **시세 차익형 부동산을 수익형으로 만드는 것**이다. 앞서 입지가 좋은 매물은 가격이 비싸다고 이야기했다.

매매가가 3억 5천만 원인 지방 중소도시 아파트를 사례로 들어보겠다. 보증금 3천만 원에 월세 100만 원에 세를 놓을 수 있다. 수도권에는 이 가격에 이런 수준의 월세가 나오는 아파트가 드물다. 하지만 지방 중소도시에서는 비교적 찾기 쉽다. 이 아파트는 입지도 괜찮아 중장기적으로 계속 가격이 상승해온 아파트다. 앞으로 시세가 상승할 확률도 높다는 뜻이다. 이 아파트를 사서 월세를 받을 수 있는 방법은 다음과 같다.

1. 열심히 목돈을 모아서 1억을 만든다.
2. 이 매물 가격의 60%인 2억 1천만 원을 대출을 받는다.
3. 여기에 모은 목돈 1억을 합해 3억 1천만 원을 만든다.
4. 3000/100만 원으로 월세를 놓으면 세입자 보증금 3천만 원이 더해져서 3억 4천만 원이 만들어진다.

1억이라는 종잣돈을 모으면 이런 식으로 위와 같은 아파트를 매수할 수 있다. 35년간 원리금을 균등 분할 상환한다면 매달 이자 및 원금을 얼마씩 상환해야 할까? 요즘은 금리가 낮지만 보수적으로 3%로 잡아보자.

2억 1천만 원을 연이율 3%로 대출 받았을 때 다달이 갚아야 하는 돈은 80만 8,185원이다. 월세가 얼마였는가? 100만 원이었다. 원리금을 갚고도 20만 원이 남는 구조다. 물론 개정 세법에 따라 연 2천만 원 이하 임대수입에도 임대소득과세를 하기 때문에 수익률은 좀 더 떨어질 것이다.

수익률로만 보자면 1억을 투자하여 3천만 원짜리 소형 원룸 3채를 사서 매달 75만 원을 받는 것이 훨씬 낫다. **하지만 위와 같은 매물들은 수익률은 낮지만 시세 상승이 가능한 매물들이다.** 예로 든 이 아파트는 알아보니 5년 사이에 거의 1억 5천만 원 이상 매매가가 상승했다.

매달 20만 원씩 주기적인 현금흐름이 발생하면서 시세까지 상승하는 이런 아파트를 매수할 수 있다면 그것이야말로 매우 안정적인 투자 방식이 아닐까? 열심히 돈을 모아 대출금까지 갚아나가면 이자도 줄어 들어오는 월세가 더 늘어날 것이다.

물론 이런 방식은 소형 원룸 투자에 비해 목돈이 많이 든다. 또한 월세 수익과 시세 차익의 가능성 모두를 만족시키는 좋은 매물을 매수 하기 위해서는 그만큼 많은 노력이 필요하다. 시세 하락의 아픔을 겪은 적이 있는 나로서는 저렴하다고 해서 수익률이 높은 원룸을 덜컥 매수 하기보다는, 조금 돈이 많이 들더라도 시세 차익 또한 함께 기대할 수 있는 투자를 추천하고 싶다.

원룸형 소형 아파트는 오피스텔, 도시형 생활주택과 같은 대체재 가 많다. 지방 중소도시의 경우 수도권과는 다르게 인구가 적어 매매 및 전월세 수요도 적다. 신축 아파트가 조금만 공급되어도 아파트 매매 가 격 및 전월세 가격이 크게 출렁인다.

세법 개정으로 2주택 이상 소유한 사람은 3주택을 등기할 때부터 취득세 8%가 적용되기 때문에 (조정지역은 12%) 수익형이라고 해서 무턱 대고 주택 수를 늘리는 것이 좋은 전략이라고 할 수 없다. 어떤 지역을 선택하든 해당 지역 내에서 항상 수요가 발생할 수 있는 곳(학군, 교통, 일 자리, 상권 등 입지가 좋은 곳)에 있는 부동산을 매수하는 게 좀 더 안정적인 선택이라고 생각한다. 나처럼 마음 아프게 손절매를 하는 일 없이 성공 적인 투자를 하기 바란다.

전세 레버리지 투자

나는 시세 차익형 월세 투자를 선호하지만, 목돈을 모으기 시작했을 때에는 전세 레버리지 투자를 했다. 살던 집을 처분하니 여유자금이 생겼다. 청약을 받을 목적으로 무주택을 유지하는 경우가 아니라면, 부동산 상승기에 무주택은 큰 부담이 된다. 열심히 목돈을 모아서 내 집 마련을 하려 할 때 집값이 오르면 곤혹스럽기 때문이다. 지금의 패닉 바잉 현상이 이를 잘 설명한다.

2018년 겨울 서울 집값이 너무 올라 전세가와 매매가가 큰 폭으로 벌어져 있었다. 하지만 내가 사는 인천은 집값이 큰 변동이 없었다. 미래에 거주하기 위해 송도국제도시의 아파트를 전세를 끼고 매수했다.

급매물이었다. 실거래가 시세를 보니 4년 동안 크게 오른 아파트는 아니었으나, 전월세 수요가 상당하고 적어도 가격이 떨어질 것 같지는 않다는 판단이 들었다. 무엇보다 나중에 우리 가족이 꼭 거기서 살고 싶다는 생각에 기쁜 마음으로 계약했다.

전세 레버리지 투자는 이처럼 매우 간단하게 투자할 수 있는 장점이 있다. 앞서 살펴본 시세 차익형 월세 투자는 은행 대출이라는 필수적인 과정이 포함된다. 개개인의 신용도가 다르고 직장에서의 연봉이 다르니 대출이 어려운 경우 전세 레버리지 투자가 좀 더 수월한 투자방식이 될 것이다.

내가 매수한 아파트의 경우 2020년 1월부터 시세가 가파르게 상승하기 시작했다. 부동산 투자로 돈을 잃어보기만 했지 벌어본 적이 없었던 나는 이 상황이 매우 당혹스러웠다. 나중에 거주할 마음으로 매수한 집인데 가격이 하루가 다르게 올라가니 팔아야 하나 말아야 하나 마음이 혼란스러웠다.

부동산 투자를 하는 사람들이 왜 매수보다 매도가 어렵다고 하는지 이해가 되는 순간이었다. 매수야 아파트를 사면 끝나지만, 매도는 언제 해야 하는지 판단이 잘 서지 않기 때문이다. 부동산에서 하루가 멀다 하고 전화가 걸려왔다. 아내에게 물어보았다.

이 아파트를 매도하면 수익은 나겠지만 다시 매수하기는 어려울 수 있어. 그래도 괜찮아?

아내는 곰곰이 생각하더니 매도를 하자고 이야기했다. 비싼 집을 깔고 앉아 목돈을 묶어놓을 필요는 없을 것 같다고 했다. 1년 사이에 아내가 많이 성장했다는 생각을 하며 매도를 결정했다.

이 투자는 처음으로 성공한 경험이 되어주었다. 사실 인천에 2020년에 부동산 대세 상승장이 올 것이라고는 꿈에도 생각하지 못했다. GTX-B 고속전철이 뚫리면 그때 서서히 오르겠지 하는 막연한 생각을 갖고 있었다. 하지만 사람들의 매수심리가 순식간에 바뀌고 무섭게 상승하기 시작했다.

나는 아직도 예전에 살던 집을 매도한 후 이 집에 투자하지 않았더라면 지금쯤 어떻게 되었을까 생각하고는 한다. 무주택자는 부동산 상승기에 치명적인 타격을 받을 수가 있다. 1년에 1억을 모아도, 주변 집값이 1억이 올라버리면 내 집 마련을 위한 노력은 제자리걸음일 수밖에 없다. 상대적 박탈감도 상당하다. 그래서 목돈 모으기를 하는 사람들에게는 종잣돈을 모은 다음에는 내 집 마련부터 하라고 권하고 싶다.

이 투자를 통해 깨달은 사실은 다음과 같다.

1. 다른 사람들이 아무도 사지 않으려 할 때 매수해야 수익률이 높고 안전하다.
2. 전세가 높게 들어가 있는 물건은 부동산 상승기에 매도하기가 쉽다.
3. 5년 차 이내 신축이 10년 차 구축보다 상승 초반에 더욱 가파르게 오른다.
4. 호재는 그 자체로 상승의 요인은 될 수 없으나, 상승이 시작되면 비로소 연료로서 기능한다.
5. 교통 호재는 시세 상승의 트리거가 되고, 지속적인 가격 상승의 이유를 제공한다.
6. 실거주자에게 인정받는 로얄동 중층 이상을 잡으면 수요가 많아 매도가 편하다.
7. 세입자가 집을 잘 보여주지 않는 매물의 경우 집을 보지 않고 사는 조건으로 가격 조정을 할 수 있다.
8. 여러 부동산에 집을 내놓지 말고 적극적이고 믿음직한 중개소 한 곳에만 맡긴다.
9. 부동산 상승장에서는 매물을 매도한 즉시, 저평가된 다른 지역에 씨앗을 심어야 한다.
10. 지역 내 1등이 너무 비싸면 저평가된 2등 혹은 3등을 사는 것도 답이 될 수 있다.

씨앗 1호 투자의 성공을 발판으로 그간 모은 종잣돈과 차익금을 합하여 씨앗 2호와 3호를 심을 수 있었다. 내 스타일대로 2호와 3호에는 은행 대출을 낀 시세 차익형 월세 투자 방식을 사용했다. 1호를 너무 빨리 매도해 사실 조금 아쉽다. 들어가서 살 마음으로 매수한 집이었던 만큼 애착도 컸다.

그러나 물건과 사랑에 빠져 매도를 못하는 우를 범해서는 안 된다. 부동산 상승기에는 매도가 쉽지만 하락기에는 매도를 하고 싶어도 할 수 없기 때문이다. 매도 전까지의 부동산 가격은 사이버머니일 뿐이라는 것을 기억했으면 한다.

수익이 났으면 욕심을 조금 내려놓고 매도하면서 현금자산을 늘려간다. 그리고 다시 저평가된 지역을 찾아다니며 씨앗을 묻어놓는 투자가 리스크도 적고 오래가는 투자라고 생각한다.

투자가 행복하기만
한 것은 아니다

앞서 돈을 불려가는 시스템을 소개했다. 현금흐름형 월세 투자, 전세 레버리지 투자 등 모두 각각의 장단점이 있으며, 상황에 따라 자신에게 맞는 방법을 적용해야 한다. 하지만 이 지점에서 생각해볼 문제가 있다. 바로 우리가 돈을 모으는 이유다.

우리는 왜 돈을 모아야 할까? 그 시작은 결핍에서 오는 절실함일 수도 있고 무엇인가를 얻기 위한 희망일 수도 있다. 하지만 간과해서 안되는 것은 그 과정이다. 목돈을 모으는 데는 매우 긴 시간이 필요하다. 매일 아침밥을 차리고 설거지를 하고 집안 청소를 하는 일상처럼 목돈을 모으기 위해서도 지난한 과정을 거쳐야 한다.

지난하다고 해서 과정이 불행한 것은 아니다. 미래에 대한 희망이 있기 때문이다.

'지금은 여력이 안 되지만 돈을 어서 모아서 부모님 용돈도 드리고 그랬으면 좋겠다.'

'아내와 아이들을 데리고 근사한 곳으로 여행도 가고 싶다.'

'해 잘 들고 전망 좋은 멋진 집에서 살고 싶다' 등

희망이 있기에 돈을 모아가는 인생은 행복하다고 할 수 있다. 목표 금액에 다가갈수록 쌓이는 자신감과 성취감은 덤이다. 열심히 돈을 모으고 종잣돈을 만들어 돈 불리기를 시작한다. 인플레이션 헤지를 위해서라도 투자를 하지 않을 수 없다는 것을 앞서 이야기했다. 그런데 투자를 하다 보면 행복과는 거리가 먼 2가지 감정을 느끼게 된다. 하나는 공허함이고, 하나는 불안감이다.

공허함

목돈을 모으는 것은 매우 어려운 일일 수 있다. 돈이 쌓여가는 것을 조바심 내지 말고 지켜보아야 한다. 그런데 투자는 이와 다르다. 아주 적은 시간에 생각지도 못한 큰돈을 벌게 되는 경우가 있다. 전세 레버리지 투자 사례처럼 말이다.

매주 가계부를 열심히 작성하고 아껴가며 1년에 1억을 모았다. 그런데 투자한 아파트의 시세가 급격하게 올라 한 달 만에 1억이 올랐다. 얼떨결에 1억의 시세 차익을 보아 기쁘기도 하지만 무언가 이상하다.

'이렇게 쉬운 길이 있었는데 노력해서 돈을 모으려 한 내 모습이 바보같이 느껴진다.'

목돈 모으기가 공허해지는 순간이다. 분명 돈의 액수는 같은데 거기 들인 나의 시간과 노력은 천지 차이다. 절약과 저축 같은 방법보다는 대출받아 투자를 하며 쉽게 돈을 벌고 싶어진다.

'어차피 경제적 자유를 위해서 돈을 모으는 것인데 굳이 힘들게 할 필요 있어?'

돈을 열심히 모으며 살았을 때는 그 과정이 재미가 있었다. 그런데 돈이 이렇게 쉽게 벌리니 시시해진다.

온라인게임을 할 때 가장 재미있는 순간이 언제인지 아는가? 바로 초반에 레벨업을 하는 시기다. 아무 기술도 능력도 없는 나의 캐릭터가 점점 성장해가는 모습을 바라보며 느끼는 성취감, 이것이 바로 온라인 게임 중독의 이유이기도 하다. 그런데 그렇게 열심히 성장하고 있는 10 레벨 캐릭터를 만렙으로 만들어주면 급속도로 게임에 흥미를 잃게 된다. 너무 강해져서 더 이상 성장하고 싶지도 않고 노력할 필요도 없기 때문이다.

돈을 모으는 것도 이와 같다. 투자를 해서 쉽게 돈을 벌었다고 좋아할 일이 아니다. 큰돈을 벌면 돈을 모으는 과정이 시시해져 버린다. 그래서 만일 투자로 돈을 크게 벌었다면 내 노력보다는 운이 따라주었음에 감사해야 한다. 투자 성공 경험이 계속 목돈을 모아가는 데 영향을 미치지 않도록 마인드 컨트롤을 잘해야 한다.

불안감

앞에서 적어도 떨어지는 않을 것이라는 믿음으로 투자했다고 이야기했다. 그런데 그게 사실 가능한 이야기일까? 모두가 살고 싶어 하는 요지에 있는 실수요층 두터운 아파트조차도 하방 경직성이 강할 뿐이지, 경제 위기가 오면 가격이 반토막이 날 수 있다.

- 이미 오를 대로 오른 아파트를 사는 것은 아닐까, 내가 산 다음에 떨어지는 것은 아닐까?
- 코로나로 인해 실물경기가 말이 아니라는데, 제2의 외환위기가 오는 것은 아닐까?
- 상승세로 값이 계속 올라가고는 있지만, 꼭지는 아닐까?
- 로열층을 잡지 못하고 애매한 중저층을 샀는데, 매도가 힘들지는 않을까?
- 분양권을 샀는데 중도금 대출이 안 나오면 어쩌지? 등등

투자를 할 때마다 수많은 불안감을 느낀다. 투자를 하면서 다음과 같은 불행한 감정을 많이 경험했다.

- 처음 투자를 한 원룸형 월세 아파트를 수천만 원씩 손해를 보며 매도할 때 우울했다.
- 절대 오르지 않을 것 같았던 아파트가 매도 직후 수천만 원이 상승하는 것을 보며 허탈했다.
- 매수한 지역의 아파트가 규제지역이 되는 것을 보고, 나중에 과연 매도할 수 있을지 불안해졌다.

그리고 스스로 깨달았다.
'아, 투자는 돈 모으기와는 다르게 결코 편안한 마음으로 할 수 있는 것이 아니로구나.'
이런 여러 가지 경험 끝에 지금은 빚을 갚아나가는 투자방식이라는 나름의 룰을 정하고, 투자의 과정 또한 행복할 수 있는 방법을 찾아

가고 있다. 투자를 하고 있는 많은 블로그 이웃들의 조언을 들었고, 닮고 싶은 투자 멘토를 만났다.

우리는 원하든 그렇지 않든 자본주의 사회에서 살아가고 있다. 자본주의는 무자비하고 냉정하다. 돈의 속성을 모르는 사람에게는 돈을 불릴 수 있는 기회를 주지 않는 것이 자본주의의 속성이다. 자본주의에 굴복하지 않기 위해 돈 공부도 하고 투자 공부도 하는 것이지만, 솔직히 투자를 할 때마다 긴장되고 스트레스를 받는 것이 사실이다.

경제적으로 자유롭지 못하면 자본주의의 노예로 살아가야 한다. 아마도 이 불편한 친구와 앞으로도 평생 함께 지내야 할 것이다. 어차피 자본주의 안에서 살아야 한다면 조금 마음이 힘들고 불편하더라도 자본주의를 공부하고 내 식대로 길들여야만 한다.

투자를 하면서 느낄 수 있는 공허함과 불안감에 대해 이야기했다. 힘들게 돈을 모았는데 투자를 통해 돈이 너무나 쉽게 벌리면 공허해질 수 있다. 혹시라도 투자가 잘못될까 봐 불안해질 수도 있다. 그럼에도 불구하고 자본주의 사회에서는 투자를 해야 한다. 불안감을 이겨내고 첫발을 내딛어야 한다. 바로 그때 힘들게 모은 종잣돈이 비로소 스노우 볼처럼 굴러가기 시작할 것이다.

부자가 되고 싶다면
운동화를 신어라

우리가 돈을 모으는 것은 목적이 있기 때문이다. 어떤 사람은 빚을 갚기 위해서, 어떤 사람은 돈을 불리기 위해서, 어떤 사람은 안정적인 노후를 위해서 그렇게 한다. 목돈은 쉽게 만들기 어렵다. 잘나가는 사업가가 아닌 이상 한 달에 벌어들이는 돈에는 한계가 있다. 장기간의 레이스를 각오할 수밖에 없다. 각오를 하더라도 수많은 사람들이 중도에 포기한다. 돈을 모으는 과정에 많은 변수와 스트레스가 있고 줄곧 의지력을 시험 당하기 때문이다.

장기 레이스에서 낙오하지 않으려면 어떻게 해야 할까?

나는 운동화를 신고 매일 걷는 삶을 제안하고 싶다. 목돈을 모으다 보면 절약과 저축 생활에 대한 회의감과 의구심이 드는 날들이 있다.

'내가 과연 모을 수 있을까? 이렇게까지 하면서 모아야 하나? 나도 남들처럼 편하게 살면 안 될까?'

수시로 의구심이 든다. 글쓰기도 안 되고 자기계발도 잘 안 된다.

아무것도 하기 싫고 무기력한 날도 찾아온다. 그런 날 이렇게 되뇌인다.

'마음이 힘들고 괴롭다면 걸어라. 아주 많이. 지쳐 쓰러질 정도로.'

인간의 정신력은 강하지 않다. 하지만 나약한 정신력과 의지력을 고양시키고 돌부리에 걸려 주저앉았을 때 이겨내는 방법을 알아냈으니 그게 바로 '걷기'다. 걷기와 돈 모으기? 별로 관계가 없을 것 같다. 하지만 그렇지 않다. 걷기는 목돈 모으기의 성공에 지대한 영향을 미친다. 왜 그런지 살펴보자.

1. 목돈 모으기의 적, '터널 시야'에서 벗어날 수 있다

작년 여름 휴가 기간에 일주일에 하루 평균 2만 보를 걸었다. 매일 2만 보를 걸으면 다리가 아픈 것은 물론이고 온몸에 진이 다 빠진다. 그런데 재미있는 사실을 발견했다. 일주일 정도의 적응 기간이 지나면 다음날 일어나도 피곤하지 않다는 것이다.

신체가 감당할 수 있는 체력적 과부하가 있기 마련이다. 하지만 2만 보는 적응 기간만 거치면 누구라도 달성할 수 있는 걸음 수다. 이렇게 확신하는 이유는 내가 약골이기 때문이다. 선천적으로 몸이 허약한 편이다. 조금만 무리해도 바로 몸살이 오고 소화기에 문제가 생기고는 한다. 그런 내가 2만 보를 걷고 큰 문제가 생기지 않았다는 것은 대부분의 사람들이 충분히 달성 가능한 걸음 수라는 뜻이다.

그런데 도대체 왜 이렇게까지 걸었을까? 목돈 모으기와 2만 보가 무슨 연관이 있다는 것일까? 목돈 모으기는 장기 레이스다. 연초에 1년에 1억을 모으기로 마음먹었을 때 이런 생각이 들었다.

'아, 빨리 내년 목표한 날이 왔으면 좋겠다. 시간이 더디다.'

돈을 모으는 것은 **시간이 걸리는 일이기 때문에 인간인 이상 조바심이 난다.** 조바심은 하루하루를 초조하게 만든다. 빨리 달성하고 싶은 마음이 굴뚝같다. 하지만 시간은 안 가고 마음만 답답하다. 미래로 타임머신을 타고 갈 수도 없다.

이상과 현실이 멀어 보일 때 인간은 제풀에 지친다. 이런 정신 상태로는 오래갈 수 없다.

정재승 교수는 『열두 발자국』에서 어떤 결핍으로 인하여 목표를 달성하고자 하는 욕구가 커지면 '터널 시야'를 갖기 쉽다고 이야기한다. 터널 시야는 글자 그대로 **터널 끝에 있는 빛 이외에는 다른 것에 주의를 기울일 수 없는 상태**를 말한다. 목표 달성에 대한 간절함이 커지면 커질수록 터널 시야를 갖게 될 확률도 증가한다.

돈을 반드시 모은다는 일념은 참 좋다. 그런데 인간은 터널 시야를 갖는 순간 다른 모든 것을 도외시하기 시작한다. 돈을 모아야 한다는 일념 때문에 가족을 돌보지 않는다. 금전적으로 손해보았다는 생각 때문에 마음이 괴롭고 일상에 집중하기가 어려워진다. 빨리 큰돈을 모아야 한다는 조바심 때문에 건강, 자기계발, 사람들과의 관계를 신경 쓰지 못하게 된다.

한마디로 **인생이 망가지는 것이다.** 돈, 승진, 명예 등 인간의 생존본능과 관련된 터널 시야를 갖게 되면 모든 것들을 등한시하기 시작한다. 이 터널 시야를 깨버릴 방법이 없을까? 다행히 있다. 바로 **오랜 시간 걷는 것이다.**

하루에 2만 보를 걸으면 육체적으로 힘이 든다. 그런데 어느 순간부터 기분이 좋아지면서 **긍정적이고 건설적인 생각이 머릿속에 가득 차기 시작한다.** 더 넓은 시야로 세상을 조망하고 미래를 그리게 된다. 현재의 자신의 모습을 성찰하며 더 나은 방향을 모색하기 시작한다.

- 이번 주는 가족에게 잘해주지 못했다. 자주 보지도 못하는데… 첫째아이에게 좀 더 따뜻하게 대해줄걸.
- 돈을 모아서 무엇을 할까? 돈이 행복을 가져다주도록 만들기 위해 내가 해야 할 일은 무엇일까?'
- 오늘 저녁에는 무엇을 할까? 책을 읽을까, 도서관에 갈까, 아내와 함께 영화를 볼까?

걸으면서 구체적으로 위와 같은 생각들을 한다. 터널 끝에 보이는 것이 인생의 전부가 아니다. 터널 밖에는 더 넓은 세상이 있다. 터널 시야의 문제는 현재 보이는 것(터널 끝의 빛)을 너무 중요하게 생각한 나머지 미래의 중요한 가치(터널 밖의 진정한 세계)를 과소평가하게 만든다는 데 있다.

돈을 모으고 싶다면 '터널 시야'를 경계해야 한다. 긍정적인 생각과 좀 더 넓은 조망을 할 수 있는 여유를 가져야 한다. **'걷기'를 통해 긍정적이고 건설적인 생각이 가득 차게 만드는 것, 이로써 터널 시야에서 벗어나 더 넓은 세상을 조망하는 것, 이것이 걷기가 필요한 가장 중요한 이유다.**

2. 육체적인 고통에 비해 머릿속 번뇌는 사소한 것임을 깨닫는다

앞서 누구나 2만 보 걷기에 도전해 성공할 수 있다고 했다. 하지만 쉽다고는 이야기하지 않았다. 처음에는 1만 보를 걷는 것도 매우 힘이 들었다. 걷지 않던 사람이 걷기 시작하면 거부 반응이 나타난다. 뇌가 안 하던 일을 하니까 온갖 핑계를 대며 하지 말라고 명령을 내리기 시작한다.

하지만 일단 걷기 시작하면 뇌가 체념한다. 걷기로 인해 신체에 과부하가 걸릴 때의 이점이 있다. **몸은 힘들지만 다른 잡념이나 불안이 깨끗하게 사라진다는 것이다.**

직장에서 상사에게 모욕을 당하면 감정이 요동친다. 고객이 컴플레인을 하면 자괴감에 빠지고 무능력을 절감하며 마음이 괴롭다. 앞날은 불투명하고 아무것도 하고 싶지 않은 무기력증에 빠진다. 그런데 2만 보를 걸으면 그런 생각이 사라진다. 평소라면 여러 가지 괴로운 생각 때문에 잠도 오지 않을 법한 상황에서도 쓰러지듯 잠이 들 수 있다.

> *살다 보니 가장 통제하기 힘든 것이 머릿속이라는 것을 알게 되었습니다. 온갖 불안감, 걱정, 두려움, 괴로움, 압박감… 저처럼 사기로 돈을 떼이는 일이라도 생기면 마음이 무거워질 일이 많습니다. 걸으면 놀랍게도 그런 불안감이 사라집니다. 힘들수록 더욱 효과가 좋습니다. … 불안감이 사라질 때까지 걷는 것입니다. 불안이라는 게 마음을 다스린다고 해서 사라지는 게 아니라고 생각합니다.*
>
> *– 2019년 8월 20일 블로그에 쓴 글 중에서*

요컨대 걷기는 **목돈 모으기의 과정에서 발생할 수 있는 스트레스를 무력화하는 역할을 한다.** 목돈 모으기에서 가장 중요한 것은 에너지를 보존하는 것이다. 인간의 의지력은 스트레스가 발생할 때마다 게임 HP처럼 줄어든다고 이야기했다.

의지력, 절제력, 인내력을 시험당하지 않는 환경을 만드는 것이 상책이다. 걷기를 통해 부정적인 감정과 스트레스에서 해방될 수 있다면 **목돈을 모으는 데 필요한 의지력을 보호**할 수 있을 것이다.

3. 행동을 통해 실제로 자신이 발전하고 있음을 확인한다

운동을 별로 좋아하는 체질이 아니다 보니 태어나서 많이 걸어본 적이 없다. 그런 사람에게 2만 보 걷기는 성취감을 느낄 수 있는 도전적인 프로젝트라고 할 수 있다. 운동의 좋은 점 중 하나는 **'수치화된 목표를 통해 성취감을 느낄 수 있는 단순하지만 매우 확실한 방법'**이라는 것이다.

하루 평균 5천 보를 걷던 사람이 계획을 세워서 매주 1천 보씩 평균 걸음 수를 올린다는 목표를 세웠다. 걸음 수 앱이 5천 보, 6천 보, 7천 보, …1만 보, …2만 보에 이르기까지 당신이 점점 나아지고 있음을 명확하게 인증해준다. 매주 도전하여 달성했다는 성취감이 확실하게 느껴진다.

어른이 되어 보니 이런 성취감을 느낄 수 있는 일이 그다지 많지 않다. 학생처럼 시험을 보는 것도 아니고 중요한 프로젝트가 자주 찾아오는 것도 아니다. 그러다 보니 삶이 무료하고 쳇바퀴를 굴리는 것 같은 답답함을 느끼는 경우가 많다.

'인간은 성장을 통해 행복을 느낀다.'

매일매일 달성 가능한 목표가 있다는 것은 인생의 즐거움이다. 사람들은 왜 게임에 중독될까? 게임은 '성장'을 가장 쉽게 경험할 수 있게 만들어놓은 가상현실이기 때문이다. 가상현실 안에서는 버튼을 몇 번 누르는 것만으로 자신이 성장했다는 사실을 화려한 효과음과 함께 경험할 수 있다. 또한 게임에서 관계를 맺은 사람들에게 당신의 실력을 인정받는다. 요컨대 행복의 중요한 요소인 '성장'과 '관계'에 대한 욕구가 게임으로 해소되는 것이다.

'걷기'로도 그런 행복한 중독을 경험할 수 있다. 걷기를 통해서도 레벨 업을 경험할 수 있다. 매일 더 나아지고 건강해진다. 게임은 가상이지만 운동은 진짜다. 혼자 하는 운동이 재미가 없으면 블로그에서 관계를 맺고 성장을 공인받으면 된다. 2만 보를 걷겠다고 공언하고 목표 달성을 공개하니 그 즐거움이 배가 되었다.

매일 걷다 보니 어느 순간 다음과 같은 생각이 들었다.

'돈을 모으는 것도 걷기와 같다. 이번 달에 300만 원 모았으면 다음달에는 400만 원을 모아보자. 올해 1억을 모았으면 내년에는 1억 1천을 모아보자. 나는 할 수 있다. 5천 보밖에 못 걷던 내가 2만 보도 달성하지 않았는가.'

경영의 구루 피터 드러커는 *"측정할 수 없는 것은 관리될 수 없다. 관리할 수 없는 것은 개선할 수 없다"*고 말했다. 걷기 운동과 목돈 모으기의 공통점이 보이는가? 명확하게 수치화된 목표가 있다. 수치화된 목표는 관리될 수 있으며, 목표 달성을 위한 과정을 주기적으로 점검하며 개선할 수도 있다.

걷기 운동을 통해 성공 경험을 쌓아라. 성공 경험을 통해 성취감과 자신감을 찾아라. 목돈 모으기도 걷기 운동과 똑같다는 것을 가슴으로 느끼고 실천하라.

목돈 모으기라는 장기 레이스를 하는 데 걷기가 도움이 되는 이유를 정리하면 다음과 같다.

> 첫째, 걷기 운동을 통해 목돈 모으기의 문제점 '터널 시야'에서 벗어날 수 있다.
>
> 둘째, 사소한 스트레스에 둔감해져 목돈을 모으기 위한 에너지를 보존할 수 있다.
>
> 셋째, 수치화된 목표 달성을 통해 성취감과 자신감을 얻고 그것이 목돈 모으기에 긍정적 영향을 미친다.

운동화를 신고 오늘부터 걷기 라이프스타일을 시작해보는 게 어떤가. 목돈 모으기라는 장기 레이스를 함에 있어 몸과 마음이 지칠 때 훌륭한 치료제가 되어줄 것이다.

열정이 식으면
본 게임이 시작된다

목표를 떠올리면 간절함이 밀려온다.

- 빨리 1년 1억을 모아서 원점으로 돌아가고 싶다.
- 경제적 자유는 대체 언제 이룰 수 있는 걸까?
- 투자에 성공해서 빨리 큰 현금을 손에 쥐고 싶다.

　하지만 현실적으로 한 달에 모을 수 있는 금액과 목표로 하는 금액은 상당히 차이가 난다. 사회 초년생 시절 200만 원이 채 되지 않는 월급을 벌며, 〈텐인텐〉이라는 재테크 카페를 기웃거린 적이 있다. 카페의 여러 글을 읽고 나도 돈을 모아야겠다고 생각하며 돈을 아낀 적이 있다. 하지만 곧 포기했다. 10년에 10억을 모은다는 이상과, 대출 원리금을 상환하고 100만 원이 채 되지 않은 금액밖에 모을 수 없었던 당시의 내 현실과의 괴리가 상당했기 때문이다.

누구든 10년에 10억을 벌고 싶다. 짠돌이 카페에 있는 수기를 읽으면 나도 당장이라도 그렇게 모을 수 있을 것 같다. 하지만 그때뿐이다. 연례행사처럼 하는 신년 초 다짐처럼 열정과 의지는 오래가지 못한다. 1년에 1억을 모으기 위해 야심차게 시작했으나, 3개월 정도가 지나면 확연하게 에너지가 떨어진다. 어떻게 해야 할까?

목표와 현재의 갭이 크면 클수록 달성 과정에서 심리적인 고통을 경험하게 된다. 시작할 때 동기가 있었지만 인간은 망각의 동물이다. 내가 어떤 마음으로 돈을 모으고 싶었는지 기억할 수는 있어도, 처음의 간절한 에너지를 다시 얻을 수는 없다.

목표를 세웠으면 목표 따위는 잊고 매일매일의 루틴에 집중하라는 격언은 그런 의미에서 되새겨볼 만하다. 우리를 끝까지 달릴 수 있게 만드는 힘은 들쑥날쑥한 감정 에너지가 아니라 아무런 감정 없이 매일의 일상을 수행하게 만드는 습관적인 행동에서 나온다.

1억 모으기를 시작한 처음 몇 달은 강력하게 동기부여가 되었지만 이후로는 처음에 비해서 간절함이 확연히 줄었다. 하지만 매월 목돈 인증 금액은 항상 비슷하게 유지되었다. 감정 에너지가 없이도 목돈 모으기를 가능하게 했던 다음과 같은 3가지 루틴이 있었기 때문이다.

고정지출 루틴

돈을 모으기로 결심한 이후 고정지출 50만 원, 변동지출 50만 원으로 총 100만 원 안에서 생활하기로 결심했다. 고정지출을 50만 원으로 만드는 것은 일단 절약과 저축 환경이 세팅되고 나니 크게 어렵지 않았다. 원룸으로 이사해서 전기세와 수도세가 대폭 줄었기 때문이다.

4인가족 보험료(30만 원), 통신비(10만 원)을 합하여 매월 42만 원의 돈이 나가고 있다. 하지만 겨울철에는 기름보일러 비용이 지출되기 때문에(한 드럼당 20만 원, 1~2개월 사용) 결과적으로는 평균 50만 원이 지출된다고 할 수 있다.

이 고정지출 비용은 처음 세팅이 어렵지 한번 시작하면 루틴으로서 자동적으로 실행된다. 목돈을 모으기 위해 큰 틀에서 가장 먼저 실천에 옮겨야 할 전략이라고 할 수 있다.

문제는 변동지출이다. 변동지출을 50만 원으로 끊는 것은 오롯이 노력 여하에 달려 있다. **절약을 루틴으로 만든다**는 이야기의 메인은 이 변동지출, 그중에서도 식비와 관련이 있다.

식생활 루틴

변동지출의 핵심은 식비 조절이다. 돈을 모으고 싶으면 안 써야 한다. 매일 우리를 시험에 들게 하는 지출 욕구에는 무엇이 있을까? 바로 외식이다. 개인적으로 삼겹살을 매우 좋아한다. 힘든 한 주를 마치고 금요일에 아내와 술 한 잔하며 삼겹살을 구워 먹으면 그렇게 행복할 수가 없다. 삼겹살을 한 번 먹으면 얼마가 지출될까? 고기 3인분에 밥 2공기, 찌개까지 시키면 4만 원이 훌쩍 넘는다.

평일에도 반찬거리가 필요하다. 아이 둘을 기르고 있으니 끼니를 거를 수도, 대충 해먹을 수도 없는 노릇이다. 정신 못 차렸던 작년 3월의 마트 영수증을 살펴보자.

짠테크 시작 전인 2019년 3월 5일의 식재료 구입 내역

이것저것 많이도 샀다. 주말에 외식하고 술 한 잔 하고 거하게 장을 보면 20만 원 돈이 나가는 게 한순간이다. 더구나 여기에는 주유비가 포함되어 있지 않다. 어디 먼 곳으로 출장이라도 다녀오면 한 주에만 식비로 30만 원 이상 지출하게 된다

돈을 아끼고 모으며 알게 된 사실이 있다. **식생활 루틴이 변동지출의 성패를 좌우한다**는 것이다. 일단 평일이건 주말이건 외식을 하지 않는 것을 당연하게 생각해야 한다. 외식은 특별한 날에 여유자금으로만 한다. 평소에 먹는 집밥 레시피도 개선해야 한다. 경험을 통해 개발한 3가지 가성비 레시피는 다음과 같다.

돼지고기 뒷다리살 파김치 콤보. 돼지고기 뒷다리살은 3~4근을 1만 원에 살 수 있다. 보통 많이 먹는 목살이 한 근에 1만 원이 넘으니 말도 안 되게 가성비가 좋은 음식이라 할 수 있다. 헬스를 하는 사람들이 닭가슴살 대용으로 찾을 정도로 건강에도 좋은 음식이다.

불고기를 만들어서 먹어도 되고 구워서 먹어도 된다. 나는 보통 구워서 파김치랑 같이 먹는데 맛이 일품이다. 가계부 결산을 할 때 돼지고기 뒷다리살 포스팅을 올리면 그거 맛이 없지 않냐고 물어보는 분들이 종종 있다. 오랜 기간 먹어온 나의 답변은 다음과 같다.

"가격과 건강을 생각하면 맛이 없을 수가 없는 음식입니다."

나는 삼겹살이나 돼지갈비를 좋아하는 육류 마니아다. 처음 뒷다리살을 먹었을 때 당연히 맛이 없다고 생각했다. 하지만 한두 달 먹으니 그 기름기 없는 담백한 맛도 참 매력적이라는 것을 알게 됐다. 선입견이 이렇게 무섭다. 코카콜라를 자주 먹는 사람이 펩시콜라를 찾지 않듯이, 삼겹살만 먹으면 다른 고기가 맛없게 느껴진다.

돼지고기 뒷다리살은 저녁에 먹기 좋은 음식이다. 파김치 등 야채와 함께 먹으면 더욱 맛있다. 돼지고기 뒷다리살과 함께 추천할 수 있는 식재료는 동네 수퍼에서 파는 채소들이다.

대형 마트에서 파는 것보다 값이 저렴하고 더 신선하다. 상태가 조금 좋지 않은 것은 떨이로 싸게 주기도 한다. 부추김치를 해 먹어도 되

채소는 대형 마트보다 동네 슈퍼에서 사는 것이 더 저렴하고 신선하다.

고 파김치를 해 먹어도 된다. 이렇게 뒷다리살 1만 원어치와 1만 원어치도 안 되는 야채로 일주일 저녁을 모두 해결할 수 있다. 단백질과 섬유질이 풍부한 식단으로 말이다.

신선한 야채와 돼지고기 뒷다리살을 주 재료로 식단을 짠 후로 식재료비로 일주일에 5만 원 이상 지출하는 일은 극히 드물게 되었다.

아침 미역국 김치 콤보. 저녁에 고기반찬을 먹었으면 아침은 가볍고 산뜻하게 출발하는 게 좋다. 입이 깔깔한 아침에는 국물 요리가 최고다. 미역국을 만 원어치 사서 밥을 말아 시원한 김치와 함께 먹으면 술술 잘 넘어간다. 미역국이 질리면 김치찌개, 된장찌개도 좋다.

요즘에는 마늘장아찌를 자주 먹는다. 오래 쟁여놓고 먹기 좋은 반찬 중의 하나다. 야채를 많이 먹으면 건강도 지키고 식재료비도 아낄 수 있다.

콩나물, 두부, 계란 요리의 생활화. 두부 요리와 콩나물 요리는 가격도 저렴한 데다가 건강에도 좋다. 여력이 된다면 주말에 밑반찬을 해놓고 평일에 조금씩 먹는 방법도 있다. 손이 좀 가서 그렇지 재료비는 거의 들지 않는다. 특히 두부와 콩나물 요리는 양념만 제대로 해놓는다면 일상을 책임지는 메인 반찬이 된다. 식습관 루틴을 만들 때의 핵심 키워드는 '채소'다.

돼지고기 뒷다리살, 미역국과 찌개류, 각종 채소로 매일을 살아보면 어느 순간부터 외식의 간이 참 짜게 느껴진다. '**나는 건강에도 좋고 가격도 합리적인 질 좋은 음식을 선호하는 사람이다**'라는 정체성을 스스로에게 부여하고 식습관을 바꿔보기 바란다. 다이어트는 덤으로 따라온다.

일상생활 루틴

앞에서 라이프스타일에 관한 이야기를 했다. 글쓰기 라이프스타일과 자기계발 라이프스타일이 목돈 모으기에 좋은 영향을 줄 수 있다는 이야기였다.

조금 더 세부적으로 들어가보자. 아침에 일어나자마자 무엇을 하는가. 스마트폰 검색을 하며 잠을 깨는 사람이 많을 것이다. 하루를 살아가는 모습에 상세한 루틴이 있으면 지출 위험을 방지할 수 있다. 목돈을 모으기 전, 나의 하루 일과를 떠올려본다.

1. 아침에 알람 소리에 맞춰 일어난다.
2. 아침밥을 먹고 출근한다.
3. 근무를 하고 퇴근한다.
4. 저녁을 먹고 집안을 정돈하고 휴식 후 잠자리에 든다.

무언가 엉성하다. 일과가 있기는 한데 구체적이지 못하다. 세부적으로 명시되어 있지 않으니 저녁으로 치킨을 먹을 수도 있고, 술 한 잔을 걸칠 수도 있다. 상세하게 하루 일과를 다시 계획해보았다.

1. 아침 6시에 기상한다.
2. 기상 직후 머리맡에 있는 책을 30분간 읽는다.
3. 잠이 깨면 세면, 양치 후 아침밥을 차리고 둘째를 깨운다.
4. 아침밥을 먹고 설거지를 한 후 둘째를 학교에 등교시키고 직장에 출근한다.

5. 업무 시작 전 블로그에 댓글을 단다.

6. 퇴근 후 둘째가 올 때까지 저녁을 차린다.

7. 저녁을 차리며 틈틈이 턱걸이를 한다.

8. 저녁을 먹고 설거지를 한 후 8시부터 9시까지 글을 쓴다(둘째는 이때 옆에서 공부를 한다).

9. 글쓰기가 끝나면 둘째와 함께 책을 읽다가 잠이 든다.

첫 번째 생활 루틴에 비해서 소비가 들어갈 틈이 없어 보인다. 또한 해야 하는 일이 명확하다. 목돈을 모으는 것만큼 중요한 것이 소비를 하지 않는 것이다. 소비를 하지 않기 위해 의지력을 발휘할 필요가 없도록 하루의 생활 루틴을 명확하게 짜는 것이 중요하다.

이런 **담백한 루틴이 정착되기까지는 최소 2개월이 필요하다.** 루틴이 온전히 정착되면 한 달에 30만 원만 쓰고도 별다른 감흥이 없는 자신을 발견할 수 있다.

돈 모으기에 대한 열정이 식었을 때 당신을 일으켜 세워줄 것은 감정이 아니라 '루틴'이다.

돈 모으기에 대한 열정이 식었을 때 당신을 일으켜주는 루틴을 정리하면 다음과 같다.

첫째, 낮은 고정지출 루틴으로 돈이 새어나가지 않도록 한다.
둘째, 가성비 있고 건강한 식단으로 식생활 루틴을 만든다.
셋째, 소비 습관이 끼어들 틈이 없는 담백한 루틴으로 하루를 생활한다.

절약과 저축 6개월이 지나면 돈 모으기가 당연해진다

절약과 저축을 반년 정도 지속하다 보면 어느덧 돈을 아끼고 사는 것을 당연하게 여기는 자신을 발견할 수 있다. 물론 당연해지기 전까지는 조금 스트레스를 받을 수 있다.

부끄러운 이야기지만 나는 외식을 정말 좋아했다. 일주일에 2~3번씩 외식을 하다가 집밥만 먹으면 어떤 일이 발생할까? 금단증상이 나타난다. 관성이 되어버린 습관적인 행동을 거스르려 할 때 뇌에서 온갖 거부 반응이 일어난다. 그럼에도 꿋꿋하게 목돈을 모으는 삶을 6개월 이상 지속할 수 있다면 이러한 스트레스에서 제법 벗어날 수 있다.

그리고 중요한 변화가 하나 생긴다. 돈을 모으는 것이 당연한 일로 생각되기 시작한다는 것이다. 예전에는 의식적으로 소비 통제를 해야만 돈을 쓰지 않을 수 있었다. 하지만 6개월 정도가 지나면 절약과 저축에 대해 특별한 감흥이 생기지 않는다. 돈을 아끼는 것이 너무나 자연스럽기 때문이다.

이것이 '루틴'의 힘이다. 처음에는 돈을 모으고 싶다는 강렬한 감정으로 시작했다. 하지만 감정에서 유발되는 에너지는 지속력이 떨어진다. 굳건한 의지를 가지고 시작했으나 그 행동이 습관이 되기 전에 그만두는 경우가 비일비재하다.

6개월 정도 돈을 모은 사람이라면 목돈 모으기의 8부 능선을 넘었다고 할 수 있다. 절약과 저축이 습관이 되었기에 큰 스트레스를 느끼지 않는다. 그래서 반년 이상 돈을 모은 사람이라면 웬만한 변수가 발생하지 않는 이상 목표한 그날까지 돈을 모으게 될 확률이 높다.

목돈 모으기를 처음 시작하면서 매일 다음과 같은 글을 썼다고 했다.

나는 오늘 돈을 쓰지 않는다.
나는 한 달 700만 원을 모은다.
나는 1년 1억을 모은다.

쓸 때마다 돈을 쓰지 않겠다는 강한 의지가 솟아났다. 하지만 어느 순간부터 필사를 하지 않았다. 돈을 쓰지 않는 게 당연해졌기 때문이다.

목돈 모으기에서 중요한 것은 매일 반복하는 것이다. 6개월이 지나면 절약과 저축은 루틴이 되어 큰 스트레스 없이 생활의 일부가 된다. 강력한 의지로 3개월 동안 목돈 모으기에 성공하여 자신감을 가져보라. 그리고 그다음 3개월 동안 지속하여 절약과 저축을 하는 데 큰 노력이 들지 않게 만들어보라.

절약과 저축이 밥 먹는 것처럼 당연해진 사람에게 목돈 모으기는 세상에서 가장 쉬운 일이 될 수도 있다는 것을 기억하기 바란다.

4장

1억 모으기를 위한 스몰 스텝

목돈을 모으다 보면 추가 수입이 목마를 때가 있다. 목표로 한 금액을 채우기 위해 중고 물건을 팔기 시작하거나 평소에는 몰랐던 짠테크 팁을 알게 되는 경우도 있다. 4장에서는 지속적으로 목돈을 모으는 데 도움이 되었던 경험담을 나누고자 한다. 잘 팔리지 않던 중고 물건을 팔기 위해, 추가 수입을 올리기 위해 노력하면서 알게 된 노하우가 담겨 있다. '목돈 모으기'의 가장 큰 난관인 사교육비를 어떻게 줄였는지도 소개했다.

돈을 모으면서 삶이 나아진다는 느낌이 들지 않는다면 오래지 않아 목돈 마련을 그만둘 확률이 높다. 이 장을 통해 목돈 모으기라는 장기 레이스를 완주할 수 있는 힌트를 얻길 바란다. 고민하고 노력하는 과정 속에 당신의 인생 또한 긍정적으로 변화하리라고 확신한다.

500만 원어치 중고 물품을 팔고 알게 된 3가지 사실

1년 1억 모으기를 시작하면서 간절했던 것이 추가 수입이었다. 월급만으로 1억을 모으기에는 무리가 있었기 때문이다.

'어떻게 하면 추가 수입을 얻을 수 있을까?'

간절한 마음으로 어떻게 하면 월급 외에 수입을 얻을 수 있을지 끊임없이 생각했다. 그러다가 문득 사고로 손실이 생긴 후부터 모든 관심이 쓰는 것보다 버는 것에 집중되고 있다는 것을 깨달았다.

예전에는 **'오늘 저녁 뭘 먹을까?'**를 고민했다. 하지만 지금은 **'오늘 어떻게 해서 돈을 벌어야 할까?'**를 고민했다. 가계부 관리, 투자 등 돈에 관련된 일에 몰입하다 보니 여태까지 관심을 쏟았던 물건들(TV, 게임기, 이어폰, 잡지 등)의 사용 빈도가 점차 줄어들었다.

미니멀리즘과 관련된 어떤 책의 문구가 떠올랐다. **"설레지 않으면 버려라."** 아까워서 버릴 수는 없었다. 대신 설레지 않는 물건을 모두 팔기로 했다. 실용적인 의미에서 미니멀리즘을 실천하게 된 것이다. 이렇게 결심한 후 반년 동안 무려 500만 원어치가 넘게 물건을 팔았다. 판매 내역은 자전거, 기타, 게임기, TV, 고가 전자기기 등 다양했다.

반년 동안 물건을 팔고 깨닫게 된 사실을 정리하면 다음과 같다.

1. 조바심을 버려라!

중고 거래에서는 판매자는 비싸게 팔고, 구매자는 싸게 사고 싶은 게 인지상정이다. 돈을 모아야만 하는 상황이니 판매자 입장에서만 기술해보겠다.

100만 원 들여서 3년 전 TV를 샀다. 깨끗이 써서 새것과 같은 상태다. 얼마에 팔아야 할까? 시장 가격 조사 후 비교적 상한가인 65만 원에 내놓았다. 거래가 되었을까? 초반에는 당연히 거래가 되지 않았다. 전자제품은 중고를 사는 게 아니라는 심리도 있었을 테고 중고치고는 값이 비싸다는 인식도 있었을 것이다. 하지만 헐값에 팔고 싶지는 않았다. 어떻게 해야 할까?

팔릴 때까지 광고하면서 기다렸다.

중고 거래 사이트에 2주일에 한 번씩 들어가서 물건을 상단으로 올리고, 이번 주에 사면 특별히 할인을 해준다거나 휴가 기간에 한해서 배송을 해준다거나 조건을 내걸며 끈질기게 홍보했다. 때로는 팔릴 뻔하다가도 직전에 구매를 취소하는 등 안타까운 일들도 많았다.

티티새 : 확실하게 구매 의사를 표현해주신다면 다른 분께 팔지 않고 기다리겠습니다.

문의자 : 네 구매의사 있습니다. 꼭 연락드리겠습니다.

(며칠 후)

문의자 : 구매의사 철회하겠습니다. 죄송합니다.

결국 4개월 만에 팔렸다. 요컨대 **빨리 팔고 싶은 조바심을 버리고 지속적으로 광고를 하라**는 것이다. 대부분 빨리 팔고 싶은 마음에 제값을 받지 못하고 싼값에 물건을 넘긴다. 조바심을 가지고 있으면 못 먹는 감 찔러나 본다는 구매자의 반값 후려치기 신공에 당할 수 있다.

문의자 : 안녕하세요?? 기타 판매글 보고 연락드렸습니다.

티티새 : 네 감사합니다. 39만 원입니다. 관심 있으신가요?

문의자 : 네. 근데요, 가격이 너무 비싸서요. 25만 원에 주시면 안 되나요?

안 팔리면 그만이라는 마인드로 자신의 물건에 자신감을 갖고 당당한 태도를 취하는 게 좋다. **협상에 있어 시간의 우위를 점할 때 원하는 거래를 할 확률이 높아진다**는 것을 잊지 말자.

2. 작은 것은 버리고 돈이 되는 것만 판다

돈이 별로 되지 않는 자잘한 물건들은 판매하지 않았다. **중고 거래에는 엄청난 에너지가 소모되기 때문이다.**

힘들게 일을 마치고 돌아온 후 물건을 팔기 위해 여러 장의 사진을 찍고, 광고 글을 작성하고, 거래를 위해 채팅을 하는 것은 결코 쉬운 일이 아니다. 거래라도 잘되면 모르지만 상대가 구매의사를 철회하는 경우도 다반사이며, 심지어는 집 앞까지 왔다가 변심으로 구매를 취소하는 경우도 있다.

그래서 이렇게 품이 많이 드는 중고 거래는 돈이 좀 되는 큰 물건 위주로 해야 들인 노력을 보상받을 수 있다. 고생해서 60만 원을 버는 것과 힘들게 물건을 팔아 2만 원을 버는 데 들인 노력이 똑같다면 허무하지 않겠는가.

큰 금액의 물건이 팔리면 신이 난다. 그래서 나는 수익이 날 때마다 즐거운 마음으로 그다음 물건을 중고장터에 올렸다. 그렇게 500만 원어치의 물건을 팔았고 현재 집에는 더 이상 큰돈이 될 만한 물건이 남아 있지 않다. 정리하면 **큰돈이 되는 물건만 팔자**는 것이다.

3. 미니멀리즘을 통해 현재 행복한 일에 집중한다

중고 거래는 미니멀리즘이 아닌 부수입이 목적이었지만, 결과적으로는 미니멀리즘을 실천하게 되었다. 집 안을 둘러보면 남아 있는 물건이 별로 없다. 평소에 즐겨 사용하던 게임기도 없어지고, 자전거도, 종종 치던 기타도 없어졌다. 삶에 어떤 변화가 있었을까?

우선 현재 가지고 있는 물건을 더 자주 사용하게 되었다. 이런저런 물건을 건드리며 잡다하게 시간을 허비하는 일이 없어졌다. 노트북으로 블로그 글을 쓰고 운동을 하고 독서를 하며 하루를 마감하는 날들이 많아졌다. 삶의 밀도가 높아진 기분이다.

예전에는 레트로 물건들을 모으는 것을 좋아했다. 옛날에 즐겼던 게임팩이나 잡지 따위를 진열장에 장식해놓고 볼 때마다 추억에 젖어

들곤 했다. 힘들게 구한 물건들인 만큼 솔직히 파는 그 순간에는 아까운 마음이 들었다. 하지만 지금은 정말 팔기를 잘했다고 생각한다.

그러지 않았으면 나는 **향수에 얽매여 살아갔을지도 모른다.**

당신이 살고 있는 방이 바로 당신 자신입니다. 당신의 마음의 상태, 그리고 인생까지도. — 마쓰다 미쓰히로(2007), 『청소력』, 나무한그루, 17쪽.

『청소력』이라는 책을 보면 먼지 쌓인 트로피처럼 살지 말라는 구절이 나온다. 과거의 당신은 트로피였을지 모르지만 현재의 당신은 거기 쌓인 먼지일 뿐이라는 것이다. 1억을 모아서 손실을 메우고 당당한 삶을 살고 싶었다. 레트로 게임기에 쌓인 먼지가 되고 싶지 않았다.

중고 거래를 할 때는 다음의 사항을 고려하라.

> 첫째, 빨리 팔고 싶은 조바심을 버리고 지속적인 광고를 통해 거래를 성사시킨다.
> 둘째, 품이 많이 드는 일이니 큰돈이 되는 물건 위주로 거래할 것을 추천한다.
> 셋째, 물건을 팔다 보면 자연스럽게 미니멀리즘을 실천하게 된다. 그리고 그 삶은 결코 나쁘지 않다.

한 번도 중고 물품 판매를 해본 적이 없다면 좋은 기회다. 팔릴 만한 물건들이 많이 남았다는 뜻이기 때문이다. 목돈 모으기 2년 차부터는 팔고 싶어도 팔 물건이 없다. 그러니 올해 안에 다 판다는 마음으로 즐겁게 거래했으면 한다.

여유자금이 없으면
필패한다

아끼고 절약하여 1년 1억을 모은다는 야심 찬 목표는 좋다. 하지만 그 과정이 행복하지 않다면 1억을 모으는 게 의미가 있을까? 절약에는 인내심이 필수다. 쓸 것을 다 쓰면서 돈을 모을 수는 없다. 하지만 반드시 써야 할 돈을 쓰지 않고 가족을 희생한다면 목돈 모으기가 무슨 의미가 있을까 싶다.

돈을 모으는 이유는 저마다 다르다. 하지만 궁극적인 목표는 행복하기 위해서라고 생각한다. 행복은 나 혼자 만들어갈 수 없다. 아끼고 절약하는 과정에서 필연적으로 영향을 주고받게 될 **가족이야말로 목돈 모으기의 목적이자 성패를 가르는 가장 중요한 요인이다.**

가족의 행복을 위해 반드시 써야 할 돈이란 어떤 것들이 있을까? 아이들 학원비 및 방과후 학습비, 가족여행 경비, 인간관계를 위해 필요한 금액 등이 있을 것이다.

1년에 1억 모으기는 여유자금이 없으면 실패한다. 한 달에 필요한 여유자금은 얼마일까? 사람마다 다르지만 나는 30만 원으로 잡았다. 만약 여유자금을 운영하지 않았더라면 돈 모으기를 조기에 그만두었을지도 모르겠다. 그만큼 여유자금은 목돈 모으기에 꼭 필요하다. 왜 그럴까?

1. 목돈 모으기는 온 가족의 지지를 받아야 달성 가능한 목표다

목돈 모으기를 시작하면서 나는 스스로에게 시간이 흘러 과거를 복기했을 때 가족을 배제하고 돈을 모으려 한 행동을 후회하지 않을 자신이 있는지 물었다. 그리고 아이들에게 이렇게 이야기했다.

'얘들아, 아빠와 엄마가 지금부터 돈을 모아야 해. 안타깝게도 예전처럼 풍족하게는 살 수는 없단다. 한 달에 사용할 수 있는 돈은 30만 원이야. 하지만 계획적으로 사용하면 모자라지 않을 거야. 우리 부자가 되기 위해 함께 조금씩 노력해보자. 어때, 도와줄 수 있겠지?'

아이들은 뭐가 문제냐는 듯 선뜻 동의해주었고 스스로 돈을 아끼며 생활해주었다. 의도치 않게 아이들의 경제교육까지 이루어졌다.

매월 30만 원의 여유자금을 확보해놓고 생활했지만 놀랍게도 30만 원을 모두 쓴 적은 거의 없다.

첫째아이와 카페에 가서 맛있는 디저트를 먹어도, 둘째아이가 원하는 연을 사주고 신나게 바깥에서 뛰어놀아도 언제나 돈이 남았다. 가족 구성원 모두가 아껴야 한다는 마음을 공유하고 노력해주었기 때문이 아닌가 한다. 여유자금을 남기면서도 우리 가족은 언제나 행복했다. 요컨대 모두가 사용할 수 있는 여유비를 통해서 **언제든지 원할 때 돈을 쓸 수 있다는 심리적인 안정감을 확보**하고, 그런 안정감을 바탕으로 **함께 아끼**

**자는 마음을 가족끼리 공유하면 행복하게 목돈을 모을 수 있다는 이야기다.

2. 여유자금은 돌발지출에 대한 보험이다

30만 원을 여유자금으로 사용하면서도 돈이 남았다는 이야기를 했다. 30만 원이 그대로 남는 달도 있었고, 10만 원이 남는 달도 있었다. 그런 돈들은 이월하거나 추가로 저축했다. 하지만 때때로 요긴한 돈으로 쓰일 수 있었으니 바로 **돌발지출이다.**

작년에 발생한 돌발지출은 다음과 같다.

1. 자동차 타이어 교체비
2. 월세 투자 아파트 수리비
3. 병원 진료비 등

갑작스럽게 발생하는 돌발지출은 매월 정해진 금액을 모아야 하는 입장에서 큰 부담이 된다. 이때 여유자금이 큰 도움이 된다. **모아야 하는 금액을 건드리지 않고 여유자금에서 해결**할 수 있기 때문이다. 목표로 한 금액이 600만 원이면 600만 원을 모아야지 돌발지출로 인해 570만 원이 되면 힘이 빠진다. **달마다 달성해야 하는 저축액을 유지**하는 데 여유자금은 실로 큰 역할을 한다.

3. 돈을 모으고 싶은 의지를 높인다

여유자금을 마련하기는 쉽지 않다. 힘들게 일해서 번 돈을 가족의 행복을 위해서 사용할 때 어떤 기분이 들까?

정말 행복하다. 예전에는 외식을 하고 싶으면 외식을 하고, 여행을 가고 싶으면 여행을 가고, 사고 싶은 물건이 있으면 별 고민 없이 물건을 샀다. 행복했을까? 물론 행복했지만 그 기쁨이 오래가지 않았다.

하지만 지금은 돈을 사용할 때의 무게와 느낌이 예전과 많이 다르다. 아내와 카페에 가서 커피 한 잔을 하더라도 정말 맛있고 감사하게 마시게 된다. 돈의 가치를 피부로 느끼게 된 것이다.

여윳돈은 한정되어 있고 한정되어 있기에 돈의 가치를 생각하면서 소비하게 된다. 같은 외식, 같은 여행, 같은 소비일지라도 더 행복하다. 또한 여유자금은 **돈을 더 모으고 싶다는 강력한 동기**를 부여한다.

"지금은 한달에 30만 원밖에 사용할 수 없지만, 올해 돈을 모으면 내년에는 70만 원, 내후년에는 110만 원이 될 수 있어. 올해 우리가 노력하는 만큼 매년 더 윤택한 삶을 살 수 있게 되는 거야."

아내와 종종 하는 이야기다. 사실 아내는 나만큼 돈을 모으고 싶다는 의지가 강하지 않다. 그럴 때마다 우리는 매년 나아질 것이고 **5년 안에 아파트 월세나 이자만으로 여유자금을 200만 원 이상씩 쓰게 될 것**이라고 이야기해주면 고개를 끄덕인다.

매년 삶이 이렇게 윤택해진다는데 어떤가. 돈을 모으고 싶지 않은가?

오늘보다 더 나은 내일이 있어야 살아가는 재미가 있다. 나아진다는 것이 무엇인가? 그것을 어떻게 측정할 수 있을까? **수치화된 목표가 있**

다면 가능하다.

처음에는 여유자금이 30만 원이었지만 매년 40~50만 원씩 늘어난다면 돈을 모으고 싶은 의지가 충만해지지 않을까?

매일 돈을 아끼면서 매년 사용할 수 있는 여유자금을 늘리는 것이야말로 절약을 통해 삶의 질을 진정으로 레벨업하는 행위다.

목돈 모으기에서 여윳돈을 따로 빼놓지 않으면 실패할 확률이 높다. 여유자금이 다음과 같은 역할을 할 수 있음을 기억하기 바란다.

첫째, 온 가족이 행복한 목돈 모으기를 할 수 있도록 해준다.
둘째, 매달 발생하는 돌발지출에 대한 보험이 된다.
셋째, 돈을 모으고 싶은 강력한 동기를 부여한다.

여유자금은 꼭 미리 마련하고 목돈 모으기를 시작하자.

돈도 모으면서
누릴 것도 누리고 싶다면?

'스몰 럭셔리'는 불황에 작은 사치품(립스틱 등)이 많이 팔리는 현상을 가리키는 말이다. 돈은 없는데 비싼 명품은 사고 싶고, 고민 끝에 부담이 되지 않는 선에서 작은 사치를 한다. 스몰 럭셔리의 영역은 천차만별이다. 해외여행 대신 호캉스, 명품가방 대신 명품 화장품, 이번 주 고생한 나를 위한 고급 레스토랑에서의 식사도 해당한다.

그렇다면 목돈 모으기에 스몰 럭셔리가 무슨 도움이 되는가. 작은 힐링이라는 명목하에 목돈을 야금야금 긁어가는 마이너스 요인이 아닌가? 하지만 **스몰 럭셔리는 목돈 모으기에 제법 도움이 된다.**

1. 스몰 럭셔리로 목돈 모으기를 지속할 힘을 얻는다

명품 가방, 명품 자동차를 좋아하는 여러 가지 이유가 있겠지만 **아무나 그 물건을 살 수 없는 것도 그 중 하나가 아닌가 한다.** 너도 나도 루이비통을 들고 벤츠를 타고 다닌다면 과시욕이나 만족감이 떨어질 것이다.

명품을 구입하는 이유는 타인과 차별을 두고 싶은 인간의 본능 때문이다. 이런 본능은 억누른다고 되는 게 아니다. 돈을 모으다가 자신의 개성을 살리고 싶은 마음, 남들과는 차별화되고 싶은 본능이 고개를 들 때 가끔 이런 감정을 풀어주어야 스트레스를 덜 받는다.

나도 스몰 럭셔리를 즐긴다. 바로 '스타벅스'에 가는 것이다. 나는 사실 스타벅스 커피를 그리 좋아하는 사람이 아니었다. 처음에는 무슨 커피가 이리 비싸냐고 볼멘소리를 했던 생각이 난다.

그랬던 내가 지금은 주말마다 스타벅스에 가는 단골손님이 되었다. 2018년에 스타벅스를 간 횟수와 2019년에 스타벅스를 간 횟수를 비교하면 무려 3배 이상 차이가 난다. 도대체 왜 이런 일이 생긴 것일까?

나는 돈을 아끼기 위해 평일에 시골 원룸에서 열심히 집밥만 먹으며 살다가 주말이면 가족이 살고 있는 도시로 이동한다. 금요일 밤 도심지의 스타벅스에 앉아 아메리카노 한 잔을 들이키는 순간이 그렇게 좋을 수가 없다. 아마 본능은 이렇게 말할 것이다.

'그래. 평일에 그렇게 고생했는데 이런 분위기에서 비싼 커피 한 잔 할 자격이 충분하지. 이 순간을 마음껏 즐기라고.'

물론 스타벅스 커피 맛이 훌륭한 것도 있고 눈치 보지 않고 글을 쓸 수 있는 공간을 제공해주는 장점도 있다. 하지만 그것만으로는 스타벅스를 이렇게까지 좋아하는 것이 설명이 되지 않는다. 블로그에 스타벅스 이야기를 얼마나 많이 했는지, 한 이웃이 스타벅스 마시는 티티새를 블로그 대문으로 선물해줬을 정도다.

돈을 모으는 삶을 살면서 나도 모르게 작은 사치를 원하게 되었고 그 대상이 스타벅스가 되었다는 것이 결론이다. 감정의 실체를 파악하게 되었으니 앞으로는 스타벅스에 갈 필요가 없을까?

절대 그렇지 않다. 비록 그것이 위장된 감정의 실체라 하더라도 스타벅스 커피 한 잔은 **목돈 모으기를 지속하는 데 필요한 에너지를 제공한다.** '스몰 럭셔리'를 통해 행복감을 느끼고 한 주 혹은 한 달의 팍팍함을 풀 에너지를 얻을 수 있다면 결코 손해보는 것이 아니라는 생각이다. 오히려 스몰 럭셔리 전략 없이 돈을 모으다가 지쳐 엉뚱한 곳에 돈을 지출해 버리는 것보다는 나은 선택일 것이다.

2. 실제로 목돈 모으기에 큰 부담이 되지 않는다

실제 스몰 럭셔리는 목돈 모으기에 큰 무리가 되지 않는다. 스타벅스를 자주 가기는 했지만 한 달에 약 5만 원 정도 지출했기에 가계 재정에 큰 타격을 주지 않았다.

스타벅스가 너무 소박하다고 생각한다면 호캉스를 갈 수도 있다. 해외여행에 드는 항공 요금을 절약하고 적은 금액으로 가성비 있는 힐링을 즐길 수 있다. 여행에서 많은 돈이 드는 부분이 숙박요금이니 3박 4일 일정을 1박 2일로 줄여 굵고 짧은 여행을 다녀오는 것도 좋은 방법이다. 일정은 줄어도 여행에서 좋은 추억을 쌓고 왔다는 사실은 변하지 않는다. 우리 가족은 작년과 올해 1박 2일 국내여행을 다녀왔는데 만족감이 상당히 높았다.

3. 스몰 럭셔리 업그레이드도 돈을 모으는 즐거움이다

가끔씩은 아메리카노 대신 다른 비싼 음료를 마신다. 자바칩 프라푸치노 혹은 그린티 프라푸치노가 그런 음료들이다. 스타벅스 아메리카노가 4천100원인데 프라푸치노류는 6천 원대로 가격이 상당하다. 보통 이런 비싼 음료들은 무료 쿠폰이 생길 때 마시고는 한다. 밥값만큼 비싼 이런 음료들을 사 먹는 것은 아무래도 마음이 편치가 않다. 하지만 매년 돈을 모으면서 사용할 수 있는 여유자금이 늘어나고 더 여유로워지게 되면 이런 음료를 사 마시더라도 조금 덜 부담스러워지지 않을까?

『세이노의 가르침 SAY NO』에서 인상적이었던 내용은 소비에 대한 저자의 생각이다. 돈에 대한 민감성을 가지고 짠돌이처럼 아끼고 모아서 종잣돈을 만들어야 한다는 생각은 여타의 부자들과 동일하다. 하지만 소비관은 조금 차이가 있다.

저자는 돈을 모아 어느 정도 부자가 되었으면 자신의 수준에 맞는 사치를 할 줄도 알아야 한다고 이야기한다. **경제적인 자유를 이룩해 소비의 자유를 누리고 싶은 사람이라면** 이 말에 동기부여를 받을 수 있을 것이다.

올해는 호캉스, 내년에는 국내여행, 내후년에는 해외여행이 부담스럽지 않아진다면 그 또한 돈을 모으는 기쁨이 될 것이다. 올해는 스타벅스 아메리카노가 스몰 럭셔리였지만 내년에는 자바칩 푸라푸치노가 스몰 럭셔리가 될 수도 있다는 뜻이다.

어떤 사람에게는 소형 외제차가 사치이지만 돈이 많은 사람에게는 스몰 럭셔리다. 자본주의 사회의 축복은 노력하면 돈을 더 많이 모을 수 있다는 것이다. 돈이 많아진다는 것은 재정적으로 여유로워지고 나아진다는 것이다. 나아짐을 구체적으로 느낄 수 있는 방법으로 스몰 럭셔리 업그레이드를 추천하고 싶다.

이 전략을 활용하면 다음과 같은 효과를 얻을 수 있다.

첫째, 작은 사치를 통하여 목돈 모으기를 지속할 수 있는 힘을 얻을 수 있다.

둘째, 목돈 모으기에 별 타격을 주지 않으면서도 효과가 좋다.

셋째, 스몰 럭셔리를 매년 업그레이드하면 돈을 모으는 보람과 성취감을 느낄 수 있다.

절약과 저축을 즐겁게 하기 위한 나만의 스몰 럭셔리를 하나 만들어보는 게 어떨까? 스몰 럭셔리는 목돈 모으기의 윤활유가 되어줄 것이다.

늦게 알면 땅을 치고
후회하는 3가지 짠테크 팁

앱테크라고 들어보았는가? 휴대폰 앱을 통해 돈을 버는 방법을 말한다. 유명한 것으로 돈 버는 만보기 '캐쉬워크'나 '토스'가 있다. 블로그 이웃들 중에는 상당한 내공을 지닌 앱테커가 많다. 앱테크 고수의 말이 기억난다. "앱테크를 하다 보니 작은 돈을 소중히 생각할 줄 알게 되고 그런 마인드가 큰돈을 지켜낼 수 있는 원동력이 되었다."

작은 돈에 민감해야, 큰돈 역시 소중히 다룰 수 있다. 앱테크는 사람의 돈 그릇을 키워준다.

여기서는 목돈 모으기를 진행하며 경험한 다양한 짠테크 팁들에 관한 이야기를 해보려고 한다. 시중에 나와 있는 짠돌이 서적을 보면 앱테크에서부터 대가족 전기 요금 할인, 탄소 포인트제 등 깨알 같은 절약 팁들이 많다. 목돈을 모으는 데 가장 효과적이었던 팁 3가지를 소개하고자 한다.

1. 운전자 보험 만기 1달 전 네이버페이 이벤트 참여 및 다이렉트 보험 가입

차가 있다면 운전자 보험에 가입했을 것이다. 지인을 통해 가입한 사람도 있고 인터넷을 통해 가입한 사람도 있을 것이다. 네이버페이 홈페이지 이벤트 게시판에 가면, 만기 1달 전부터 보험료를 확인만 해도 네이버페이 포인트를 지급해준다는 홍보글이 많다.

나는 개인정보를 넘겨주는 대가로 현금을 주는 행사를 좋아하지 않는다. 하지만 절약과 저축 관련 서적들을 읽어보니 이런 발상이 참 어리석고 편협한 것이었음을 알게 되었다. 이유는 2가지다.

첫째, 운전자 보험은 비교 견적을 내봐야 가장 싼 견적을 알아낼 수 있다.
둘째, 그런데 돈까지 받을 수 있다면 이건 안 받는 게 오히려 어리석은 일이다.

유독 많은 이벤트 주최 회사 중에 네이버를 고른 이유는 단 하나다. 네이버페이가 가장 활용도가 높기 때문이다. 플랫폼이 크다 보니 결제가 안 되는 게 없어 준 현금이라고 할 수 있다. 다양한 회사들의 OO페이가 있고 더 좋은 조건을 제시할 수도 있다. 하지만 범용성 때문에 지급률이 낮더라도 무조건 네이버페이로 통일했다.

그래서 한 번은 날을 잡아서 네이버페이의 이벤트란 이벤트에는 모두 참여해보았다. 한번 참여할 때마다 평균 1만 원 정도의 네이버페이 포인트가 들어온다. 증권계좌 개설이 지급 금액이 높은데 가입에 시간이 조금 걸린다는 단점이 있다. 주식을 하지 않는 사람들도 있으니 운전자 보험 견적으로 네이버페이 포인트를 받는 방법을 추천한다. 시간도 생각보다 많이 걸리지 않는다. 다만 보험회사에 따라 갱신 한 달 전에만 견적을 내주는 회사가 있으니 잘 살펴보기 바란다.

이렇게 이곳저곳 견적을 받다 보니 현재 내고 있는 보험료가 비싼지 싼지 알 수 있었다. 같은 특약, 같은 조건으로 해도 10만 원 이상 차이가 났다. 이런 차이가 생기는 이유는 과거 사고 경력에 따른 할증요율, 보험사 자체 내의 규정 등 복합적이다. 그러나 다이렉트 보험이 아닌 경우 **보험설계사에게 지급되는 수당 때문일 경우가 많다.**

이곳저곳에서 네이버페이를 받으며 견적을 받은 후 기존에 가입한 보험설계사에게 전화를 걸어 아래와 같은 조건으로 견적을 넣어달라고 부탁했다.

대인 배상 무한
대물 배상 1사고당 5억 원 한도
자동차 상해 사망/부상/장해 모두 5억
무보험자 상해 5억
자기 차량 손해 가입
긴급 출동 서비스 6회, 긴급 견인 40km

설계사가 보내준 견적서를 받아들고 순간 눈을 의심했다. 최저로 견적을 받은 다른 업체보다 20만 원 가까이 비쌌기 때문이다. 솔직하게 다이렉트 보험 견적 비용보다 비싸다고 얘기했다. 여러 논의와 협상 끝에 최저가에 맞춰주는 조건으로 기존 설계사를 통해 갱신을 했다. 설계사도 이렇게 솔직하게 말해주었다.

다이렉트를 통해 가입하면 저렴한 게 사실이다. 설계사의 경우 의무적으로 가입자 수를 채워야 하는(채우면 수당이 더 떨어지는) 구조다. 최저금액에 맞춰드릴 테니 가입해달라. 이번 달 할당받은 자동차 보험 가입자 수가 부족해서 사정이 힘들다.

보험설계사의 고충을 느낄 수 있었다. 가입 금액이 차이가 나지 않으면 기존에 거래하던 곳에서 하는 게 편하기도 하다. 알겠다고 하고 갱신을 했다.

갱신할 때 요금 할인을 받을 수 있었던 다른 요인으로 UBI 특약이 있다. 일명 안전운전습관 특약이라고 하는데 T맵 안전운전습관 점수를 보험료 할인에 반영하는 것이다. 현재 KB손해보험, 동부화재, 삼성화재에서만 실시하고 있다. **이 특약에 의해 보험료가 11퍼센트 이상 절감**될 수 있다. UBI 특약을 설정해서 보험료를 낮출 수 있는지 반드시 확인해보기 바란다.

2. 인터넷 해지 방어

인터넷이나 인터넷 TV의 약정 기간이 끝나갈 때 재약정을 조건으로 사은품이나 상품권을 받는 것을 말한다. 해지 방어라는 이름이 붙은 이유는 서비스 이용자가 인터넷 **계약을 종료하려고 할 때 '해지 방어팀'이 출동**하여 다양한 사은품 및 현금으로 재약정을 유도하기 때문이다.

통신사에 특별한 요구를 하는 법 없이 핸드폰과 인터넷을 사용해온 지 10여 년이 된 나는 이 해지 방어팀의 존재를 알고 허탈했다. 오래 사용한 고객에게 자발적으로 혜택을 제공하기는커녕 우는 소리를 하는 사람들에게만 돈을 더 준다는 뜻이기 때문이다.

인터넷 약정 만기 후 해지 방어를 실천에 옮겼다. 재약정을 하는 조건으로 15만 원이라는 돈이 생겼다. 현재 인터넷 약정이 얼마 남지 않았다면 통신회사 고객센터에 전화를 걸어 상담을 받아보기 바란다.

해지 방어를 정말 잘 이용하는 사람들은 50만 원까지 받기도 한다고 한다. 밀당을 계속하며 통신사가 더 좋은 조건을 제시하도록 만드는 것이다. 하지만 통신사도 어느 선을 넘으면 그냥 해지하라고 한다.

상담원과의 통화 결과 5년 전에 인터넷 약정을 하면서 10만 원 상당의 상품권을 받은 적이 있다는 사실을 알게 되었다. 고객이 어느 정도의 사은품을 받았는지 회사가 기록하고 관리한다는 뜻이다. 상품권을 받은 기억이 없으면 조금 세게(?) 요구하고 매년 받아왔다면 적당한 선에서 협상을 마무리하는 게 좋다.

3. 보험 리모델링

고정지출을 50만 원으로 세팅하고 한도 내에서 지출하고 있다고 이야기했다. 50만 원에는 보험료, 통신비, 기름값이 포함되는데 이중 보험료가 30만 원이니 비중이 크다.

처음에는 어떻게든 이 보험료를 낮추고 싶었다. 너무 과하게 대비하는 것이 아닌가 하는 생각이 들었기 때문이다. 하지만 보험 리모델링은 하지 않기로 했다. 2가지 이유 때문이다.

첫째, 4인 가족의 월 보험료가 30만 원 정도라면 보험 리모델링을 통해 얻을 수 있는 금전적 이익이 크지 않다.

둘째, 생산성이 가장 높은 지금 나이대야말로 보험의 효용이 가장 큰 시기다.

짠테크 서적을 읽다 보면 보험 리모델링에 관한 이야기가 많이 나온다. 보험료만 100만 원 넘게 지출하다가 불필요한 특약을 삭제함으로써 수십만 원 상당의 보험료를 줄였다는 이야기를 심심치 않게 들을 수 있다.

하지만 상담을 받아 보니 현재 보험 특약에 불필요한 항목이 있긴 하지만 그런 것들을 제한다 해도 보험료에 큰 변동이 없었다. 애초에 내고 있던 보험료가 그리 큰 금액이 아니었던 것이다. 오히려 이런 경우에 섣불리 보험을 건드리면 더 문제가 된다. **납입 기간이 제법 지났는데 얼마 되지 않는 돈을 아끼자고 해지를 해버리면 보험회사 좋은 일만 시키는 것이기 때문이다.**

보험의 효용이 가장 큰 시기라는 것은 **생산성과 관계가 있다.** 현재 40대 초반으로 한창 돈을 벌 나이다. 그런데 이런 내가 만약 암에 걸려 쓰러지면 어떻게 될까? 돈을 벌지 못하고 큰 병원비가 나간다. 치료비도 문제지만 **치료받는 동안 수입이 없는 기회비용의 손실이 더 문제다.**

그래서 생산성이 높은 젊은 나이에 보장금액을 넉넉하게 해두어 중대 질환이 생겼을 때 마음 편히 치료를 받을 수 있도록 해야 한다. 만약 지금 병원에 누워 있고 치료를 받고 있다면 몸이 아픈 것도 괴롭지만 **수입을 만들어내지 못한다는 사실이 더 힘들 것이다.**

앞으로 아이들에게 들어갈 돈도 많은데 아내가 온전히 가정 생계를 책임질 생각을 하면 마음이 무거워진다. 더구나 20년 가까이 중증 류머티즘으로 고생하고 있는 어머니를 보니 보험은 함부로 건드리면 안 된다는 생각이 들었다.

보험 리모델링을 하지 않았음에도 이 이야기를 하는 이유는 만일 **과하게 보험료를 지출하고 있지 않다면 보험을 건드리는 데 신중했으면 하기 때문이다.**

아픈 기간 동안 편하게 치료받을 수 있으려면 보장금액이 현재 벌어들이고 있는 1년치 월급만큼 되어야 한다. 치료 기간을 보통 1년으로 잡기 때문에 1년치 월급이다.

목돈 모으기를 위한 짠테크 팁이 많이 있지만 내가 효과를 크게 본 것은 다음의 3가지 전략이다.

> 첫째, 자동차 보험 비교 견적을 통한 네이버페이 포인트 적립 및 실제적인 보험료 낮추기
> 둘째, 인터넷 해지 방어를 통해 상품권 받기
> 셋째, 기회비용과 관련하여 생산성이 높은 연령대의 보험의 필요성 인지

이외에도 대학교 미용실을 이용하라든지, 스타벅스 e프리퀀시 기간에는 스탬프를 받는 족족 팔아서 커피값을 아낀다든지 하는 자잘한 팁들이 있으나 짠테크 팁은 여기서 마무리하겠다. 다소 반전이 될 수도 있는 이야기지만 이런 기술을 많이 안다고 해서 목돈 모으기에 성공하는 것은 아니기 때문이다.

목돈 모으기는 내가 **돈을 모으고 싶다**는 간절함에서 출발하여 반복적으로 소비를 하지 않는 담백한 루틴을 유지하는 데 성공의 여부가 달려 있다. 짠테크 팁과 같은 기술에 집중하다 보면 정작 중요한 포인트를 놓칠 수 있

다. 목돈 모으기 과정에서 **짠테크 팁이 수단이 될 수는 있으나 목적이 되면 쉽게 지친다.** 고수들의 앱테크를 따라하다가 그만두는 경우가 많은 이유다.

중요한 것은 들어온 돈을 많이 저축할 수 있는 촘촘한 수비 능력, 그리고 벌어들인 돈을 지속적으로 그물에 걸리게 할 수 있는 절약 루틴이다.

자기계발로 돈 모으기의
가속페달을 달아라

앞에서도 말했지만 목돈을 모으다 보면 누구나 간절해지는 바람이 있다.

조금 더 많이 벌어서 더 모으고 싶다.

버는 돈이 정해져 있으니 조금이라도 더 많이 벌 수 있는 방법이 없는지 고민하게 된다. 일과 시간 이후에 부업이라도 하고 싶지만, 가족이 있을 경우 여의치 않은 경우가 많고 겸직을 금지하는 직장도 많다.

일과 시간 이후에 내 시간을 할애하지 않고도 돈을 버는 방법이 없을까? 월급 외 수익의 다른 이름. 우리는 그것을 '파이프라인'이라고 한다.

나의 재능이 만든 가치 있는 결과물로 인하여 월급 외의 수익이 따박따박 들어올 수 있다면 모으는 금액도 점점 많아질 것이다.

하지만 **파이프라인을 건설하는 데는 오랜 시간과 노력이 요구된다.** 다른 사람이 사줄 만한 컨텐츠를 만든다는 것이 결코 쉬운 일은 아니다. 실질적인 수익을 만들어낼 수 있는 **재능을 개발하기 위해 필수적으로 필요한 것은 무엇일까?** 목돈 모으기를 가속시키는 자기계발 방안 3가지를 살펴보자.

1. 높은 수익을 가져다주는 기술의 개발

상상력을 발휘해보자. 어느 날 외환위기가 터지고 구조조정을 당해 실직자가 되었다. 당장 내일부터 무슨 일을 해서 돈을 벌겠는가? 현재 인천에 거주하고 풀타임을 뛰어 돈을 벌어야 하니 '인천, 풀타임'을 조건으로 구직 사이트에서 검색을 해보았다.

택배 배송, 포장, 단순 업무 관련 직종이 검색되었다. 택배 배송업체가 많이 검색된 이유가 궁금했다. 일이 힘들어서 지원자가 부족하기 때문일까?

일거리가 없다면 노동량이 많건 적건 가리지 말고 뛰어들어야 할 것이다. 하지만 평소 체력을 단련하지 않았다면 며칠 만에 몸져누울지도 모른다. 한 달 월급도 못 받고 해고된다면 풀타임을 뛰는 의미가 없다. 먹여 살려야 할 가족이 있는데 전전긍긍하고 있을 모습을 생각하면 등골이 서늘해진다.

하지만 만약 바로 수익화할 수 있는 자신만의 재능이 있다면 어떨까? 직장에서 해고된다 해도 당장 먹고살기에 큰 문제가 없을 것이다. 바로 수익화가 가능한 재능에는 어떤 것이 있을까? 재능마켓 사이트 '크몽'에서 단가가 높은 일을 검색해보았다.

영상 제작 관련 일을 하면 홍보 영상 소스를 촬영, 편집만 해주고도 77만 원을 받을 수 있고 창의적인 기획까지 들어가면 250만 원 이상을 받을 수 있다. 영상 제작을 해본 사람은 알겠지만 시간이 오래 걸리는 일이다. 3~4일 밤을 새워야 할지도 모른다. 하지만 노동량을 감안하더라도 수입이 많은 것을 알 수 있다. 영상 제작은 창의성을 필요로 하

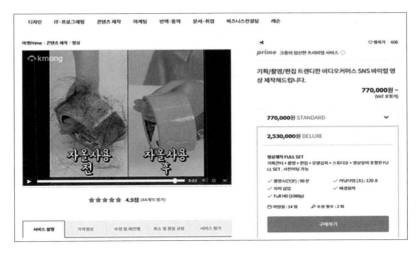

영상 제작이 수입이 많은 고부가가치 업무임을 보여주는 크몽의 웹사이트

는 고부가가치 일인 것이다.

　이런 기술들은 직장을 그만두지 않고도 부수입을 올릴 수 있는 파이프라인이 될 수 있다. 처음부터 잘할 수는 없다. 영상 제작 기술을 익힌 후 매일 작업 결과물을 블로그나 유튜브에 올리다 보면 어느 순간부터 작업 의뢰를 받을 만큼 신뢰를 얻게 될 것이다. 처음에는 물론 힘들겠지만 노력은 배신하지 않는다. 유튜버 'N잡하는 허대리'의 영상을 보다가 내가 가진 콘텐츠를 다양한 상품으로 만든다는 의미를 가진 '원소스 멀티 유즈'라는 용어를 알게 되었다.

　영상 제작 기술을 익히는 순간 '원소스 멀티 유즈'를 할 수 있는 새로운 세계가 열린다. 내가 가진 콘텐츠를 영상으로 만들어 팔 수 있는 길이 열린다는 뜻이다. 콘텐츠만 풍부하다면 질 좋은 영상을 지속적으로 게시하여 유튜브 크리에이터가 되는 길을 선택할 수도 있다.

영상 제작 기술을 배워 원소스 멀티 유즈를 할 수 있는 기반을 마련하려면 기술을 배워야 한다. 비단 영상 제작 기술이 아니더라도 지금 당장 수익화할 수 있는 많은 기술들이 있다. 배움에 과감히 투자하기 바란다.

2. 창의적인 콘텐츠를 만드는 실용 독서

기술을 익혔으면 **기술이라는 용기에 담을 콘텐츠**가 있어야 한다. 앞선 영상 제작 사례에서 보듯 단순 편집을 넘어선 창의적인 콘텐츠의 단가가 더 높다. 2년 가까이 블로그를 해보니 글을 쓰기 어려운 날들이 있었다. '오늘은 대체 무엇을 써야 하지?' 막막할 때가 있다. 콘텐츠가 바닥난 것이다.

양질의 정보를 담은 콘텐츠를 생산하기 위해서는 인풋(Input)이 많아야 한다. 경험하고 듣고 읽은 것이 있어야 내용물을 생산할 수 있다. 인풋을 위한 가장 효과적인 방법은 실용 독서다. 실용 독서라고 이름 붙인 이유는 제작할 콘텐츠와 직간접적으로 연관이 있는 책을 읽어야 실질적으로 수익에 도움이 된다는 뜻이다.

나는 짠테크를 통한 1억 만들기라는 콘텐츠를 생산하고 있다. 큰 틀에서 보았을 때 '돈'이라는 주제와 연관된 글이 생산된다.

글을 쓰다 보면 여태까지 읽은 책의 내용에서 콘텐츠가 재생산될 때가 많다. '돈에 강력한 감정의 자물쇠를 채우는 법'이라는 포스팅을 올릴 때에는 롤프 도벨리가 쓴 심리 서적 『**불행 피하기 기술**』에서 언급한 **'심리 계좌'**를 인용하는 식이다.

책을 읽고 중요한 구절을 자신의 경험과 연관 지어 리뷰를 쓰면 그냥 책을 읽었을 때보다 아웃풋(output)이 잘 되는 것을 느낀다. 그런 의미에서 꾸준히 책을 읽고 자신의 경험과 연관 지어 인상 깊은 부분을 정리해볼 것을 추천한다. 나는 한 주에 한 편 정도씩 블로그에 서평을 작성한다. 책의 모든 내용을 기억할 수 없으니 꼭 기억하고 싶은 부분을 3~4 꼭지 정해서 경험과 관련지어 글을 쓴다.

흥미로운 것은 이렇게 정리한 것만 나중에 써먹을 수 있다는 것이다. **의미 있는 구절을 떠올리고 자신의 경험과 연결짓는 과정에서 비로소 그것이 써먹을 수 있는 지식으로 변환**되는 느낌이다. 물론 이렇게 책을 읽고 글로 정리하기까지는 시간이 꽤 오래 걸린다. 하지만 자신만의 콘텐츠를 제작하기 위해서는 꾸준히 독서하고 정리하는 것이 결국 가장 빠른 길이다. **수준 높은 양질의 정보를 단시간 내에 습득하게 해주는 매체로는 책이 독보적**이다.

3. 방향성 있는 노력을 하기 위한 강의, 스터디, 컨설팅 찾아다니기

나만의 콘텐츠를 만들기 위해 독서도 하고 글쓰기, 영상 제작과 같은 표현 기술도 익혔다. 하지만 2% 아니, 20%가 부족한 느낌이 든다. 블로그에 열심히 양질의 콘텐츠를 올리고 몇 시간씩 걸려 영상을 찍어 유튜브에 올려도 조회수가 그저 그럴 수도 있다. 꾸준히 콘텐츠를 만들어도 언제 돈을 벌 수 있는지, 대체 어떻게 해야 돈을 번다는 것인지 알 수가 없다.

열심히 독서하고 글도 쓰고 영상도 찍었는데 무엇이 잘못된 것일까? 노력한 것은 좋았다. 콘텐츠를 쌓기 위해 노력한 경험은 헛되지 않다. 단 **'방향성 없는 노력'**을 한 것이 문제다. 전문가들은 여러 가지보다 한 가지 주제를 깊게 공부하는 것을 추천한다. '먹방'처럼 레드오션의 주제일수록 특화된 대상이 필요하다. '떡볶이'만 전문적으로 찾아다니며 먹고 평가하는 등 섬세하게 파고드는 기획이 필요하다.

그런데 이런 조언은 대체 누가 해줄까? 바로 이 대목에서 강의, 컨설팅, 스터디가 필요한 이유를 알 수 있다. 무엇인가 열심히 하고 있기는 한데 **열심히만 하면 안 된다.** 결과물 없는 노력으로 끝날 가능성이 크기 때문이다. 다만 **컨설팅은 아무래도 해당 주제에 대해 준비가 되어 있는 상태에서 받는 것이 효과적이다.** 유튜브 편집 기술도 없는 사람이 유튜브 수익화 컨설팅을 받는다면 비용에 비해 얻어 갈 수 있는 것이 적을 수밖에 없다. **해당 콘텐츠와 관련해 준비가 많이 되어 있지 않다면 강의나 스터디를 통해서 해당 분야의 지식을 쌓아갈 것을 추천한다.**

목돈 모으기를 가속화하기 위해서는 3가지 자기 투자가 필요하다.

> 첫째, 높은 수익을 가져다주는 기술의 개발
> 둘째, 관심 분야의 콘텐츠와 관련된 실용 독서
> 셋째, 수익화하고 싶은 분야에 대한 강의, 스터디, 컨설팅 찾아다니기

이런 자기 투자를 통해서 파이프라인을 꾸준히 개설하고 월급 외에 추가 수입을 만들어나가길 바란다. 초반에 제법 많은 자기계발 비용이 지출될 수도 있다. 그러나 이 돈을 아까워해서는 월급 외의 수입을 만들기 어렵다. 월급 외의 수입에 대한 갈증이 있다면 과감히 자기자신에게 투자해보기 바란다.

돈과 효과, 두 마리 토끼를 잡다
사교육비 재테크

처음 목돈을 모으기로 결심했을 때 가장 고민이 되었던 것이 사교육비였다. 돈을 모으기 전에도 사교육을 많이 시킨 것은 아니었다. 그래도 초등학교 4학년, 6학년인 두 딸에게 운동, 예체능, 영어 등 제법 사교육비가 지출되었다.

가정에 따라 지출하는 금액이 천차만별이지만 일반적으로 얼마 정도 지출될까? 생활비를 아끼기 위해 집에서 아이들 공부를 봐주었지만, 아무리 노력해도 100만 원은 넘더라는 교육 유튜버 이은경 작가의 이야기가 생각이 난다.

1년에 1억을 모으기 위해서는 사교육비라는 산을 넘어야만 했다. 돈을 모으는 1년 동안 학습지, 피아노학원, 방과후 학교(농구)만 보냈다. 영어학원에서 매일 열심히 공부했던 첫째를 학원에 보내지 않으니 이게 과연 잘하는 일인지 불안하기도 하고 걱정도 되었다.

아이들의 학습 능력은 어떻게 되었을까? 다행히도 뒤처지지 않았고 그 나름의 성장이 있었다고 생각한다. 특히 어머니 댁에서 사는 첫째가 많이 발전했다. 상대적 박탈감과 외로움을 느꼈을지도 모르는 첫째가 뒤처지지 않을 수 있었던 이유는 자기주도학습을 바탕으로 한 홈스쿨링 덕분이라고 생각한다.

사교육비에 대한 지출을 최소화하고 아이들을 성장시킬 수 있는 홈스쿨링 노하우 2가지를 공유하고자 한다.

1. 자기주도학습 홈스쿨링 시스템을 만든다

사교육비를 아끼기 전에 해결해야만 하는 문제가 있었다. 바로 학원을 보내지 않는 데 대한 부모의 불안감을 버리는 일이다. 다른 아이들은 학원에서 매일 새로운 것을 배우고 발전하는데 내 아이만 뒤처지면 어쩌나 하는 마음 말이다. 이 불안감을 어떻게 해소할 수 있을까?

첫째는 한 달 정도 영어학원을 다닌 적이 있는데 그때 학원이 어떤 식으로 가르치는지 보았다. 파닉스 공부를 통해 철자를 읽는 방법을 익히고 시험을 봐서 단어를 꾸준히 외우도록 했다. 학원이 가깝지 않아 20~30분 정도 학원버스를 타고 다녔다.

'꼭 학원에서만 공부를 해야 할까? 학원 오가는 시간을 아껴서 집에서 더 열심히 공부를 시키면 안될까?'

홈스쿨링을 시키기로 결정했을 때 해결해야 할 과제는 2가지로 압축된다.

1. 집에서는 집중을 못하고 학원에 가야만 공부하는 아이의 학습 패턴

2. 학원의 커리큘럼을 파악하여 집에서도 양질의 과제를 제시하는 부모의 역할

바로 이 지점에서 자기주도적 학습이 필요해진다. 아이들은 공부에 대해서 수동적인 생각을 가지고 있는 경우가 많다. 언젠가 아이에게 물어본 적이 있다.

"공부를 왜 하니?"

이 질문에 대답을 명확하게 한다면 자기주도학습이 가능한 아이다. 하지만 대부분 대답을 잘하지 못할 것이다. 공부란 학교에 가서 매일 하는 것이고, 열심히 하면 부모님에게 칭찬받는 것이지, 그것을 왜 해야 하는지 고민해보지 않았기 때문이다.

초등학교 4학년 이상이면 이런 대화가 가능하다. 조금 조숙한 아이라면 3학년도 가능할 것이다. 공부는 학교나 학원에서 하는 것이라는 생각에서 한 단계 나아가 **공부를 왜 해야 하는지 스스로 깨우친다면** 홈스쿨링이 가능하다. 특히 맞벌이 부부의 경우 아이가 집에 혼자 있는 시간이 많은데 이때 유혹을 이겨내고 스스로 공부할 수 있으려면 공부를 하려는 의지가 있어야 한다.

아이와 왜 공부를 해야 하는지에 대해 수시로 대화한다.

티티새 : 왜 공부한다고 생각해?

아기새 : 글쎄? 대학교에 가기 위해서?

티티새 : 평소에 네가 치는 피아노는 어떻게 생각해? 피아노 못 쳐도 대학 가는 데는 지장이 없잖아?

아기새 : 그것도 그렇네. 피아노는 공부가 아닌 것 같기도 하고.

티티새 : 대학을 가기 위한 공부와 농구, 피아노 이런 공부의 차이는 뭐라고 생각해?

아기새 : …

아이는 대화를 통해서 공부라는 것의 정의를 내리게 되고, 내가 지금 하고 있는 공부가 입시용 공부인지 나의 삶을 위한 공부인지 차츰 구분하기 시작한다. 중요한 것은 도전하고자 하는 의지를 심어주는 것이다.

티티새 : 어려운 수학문제를 풀지 못한다고 해서 네 인생에 문제가 생기지는 않아. 하지만 최선을 다해 공부하고 자신의 실력을 점검해보며 더 나아지기 위해 노력하는 사람은 공부뿐 아니라 무슨 일을 해도 잘할 수 있다고 생각해. 학생으로 살아가는 너의 12년 인생 동안 공부를 해야 한다면, 기왕 하는 거 최고가 되기 위해 노력해보는 것은 어떨까? 실패해도 상관없어. 중요한 건 도전하는 것이고 노력하다가 실패하는 인생이 아무것도 하지 않는 인생보다 훨씬 값지다고 생각해.

물론 평소에 자식이 아빠의 말을 경청할 정도의 신뢰는 쌓아놓아야 한다. 또한 부모의 모델링은 홈스쿨링이 성공하기 위한 전제조건이다.

아이들은 매일 긴 시간 동안 스마트폰을 하고 허구헌날 술만 마시는 아빠가 하는 말은 잘 듣지 않는다. 부모의 말을 경청할 수 있는 상태가 되지 않으면 홈스쿨링 대신 사춘기 반항을 걱정해야 할지도 모른다. 공부에 대한 진지한 대화를 통해 아이가 스스로 도전해보겠다고 한다면 그때부터 본격적인 홈스쿨링이 시작된다.

아이는 매일 정해진 분량의 문제집을 풀기 시작했다. 채점을 스스로 하고 이해가 안 가는 문제는 물어본다. 직장에 다녀와서 아이 공부를 봐주고 있으면 사실 피곤할 때도 있다. 하지만 몰랐던 것을 알게 된 아이의 밝은 표정을 볼 때, 피곤함이 사라져버리는 경험을 하곤 한다.

내가 매일 글을 쓰듯 아이도 매일 공부를 한다. 오늘 공부해야 할 분량을 채우지 않으면 절대로 놀지 않는다는 원칙을 정했다. 둘째는 보상 시스템을 통해서 공부 습관을 들이고 있다.

자기주도학습에서 중요한 것 3가지를 정리하면 다음과 같다.

> 1. 부모의 모델링을 통한 신뢰 구축
> 2. 고학년이라면 공부에 대한 도전 의욕 고취
> 3. 저학년이라면 보상을 통한 공부 습관의 확립

부모가 노력해야 할 부분은 커리큘럼을 짜는 것과 피드백을 주는 일이다. 학원의 장점은 양질의 교육 과정과 피드백이다. 학원 교재를 파악하고 『잠수네 공부법』 같은 학습 안내서를 통해 아이가 매일 공부할 문제집을 정한다. 서점에 가서 문제집을 고를 때 아이와 함께 선택하면 일정한 범위 안에서 자율성이 생기니 아이의 자기주도학습에 조금 더 도움이 된다.

여기까지 오면 홈스쿨링이 안정적으로 실시된다. 말이 거창해서 홈스쿨링이지 아이가 스스로 공부하고 잘했는지 점검하고 피드백해주는 것이 전부라서 어렵지도 않다. 다만 고학년으로 올라갈수록 어려운 문제들이 많아져 수학 같은 경우 어른도 공부를 해야 한다. 아이가 중학교에 올라가면 모르는 문제도 많이 나올 것 같다. 그래서 **현실적으로 홈스**

쿨링이 가능한 시기는 **초등학교까지**가 아닌가 한다.

2. 콘텐츠를 담을 수 있는 그릇, 표현기술
- 글쓰기, 말하기, 독서, 개인 브랜딩

공부라는 것은 집중력과 자제력이 필요한 일이다. 이런 자제력은 타고나는 면도 있다. 또한 입시에는 많은 변수가 있어서 안타깝지만 노력만으로 성공을 담보할 수는 없다. 만약 입시에 실패한다면 어떤 비전을 제시해야 할까? 미래에는 대학이라는 것이 지금처럼 중요하지 않을지도 모른다.

미래 사회의 아이들에게 필요한 핵심 기술을 하나만 정한다면 '**표현기술**'이라고 생각한다. 유튜브 크리에이터가 자신만의 콘텐츠를 세상에 공유하는 게 돈이 되는 시대가 왔다. 이런 사회에서는 내가 경험한 내용이 많으면 많을수록, 경험을 바탕으로 만든 콘텐츠를 다른 사람에게 전달하는 능력이 탁월할수록 가치를 인정받는다. 공부를 하고 경험을 쌓는 것은 게으르지 않으면 누구나 할 수 있는 일이다. 하지만 표현능력은 다르다. 말하기를 못하는 사람이 말하기 연습을 한다고 한순간에 잘하게 되지 않으며 글쓰기도 마찬가지다. 첫째아이에게 글쓰기 미션을 주었다.

100일 동안 매일 글을 쓰는 프로젝트를 완료했다. 횟수를 채우는데 급급한 글도 상당수 있었지만 매일 글을 쓰도록 하고 하루도 빠지지 않고 해냈다는 성취감을 심어주고 싶어 그냥 넘어갔다. 이렇게 100일 동안 책을 읽고 글을 쓰게 하니 말투에서 제법 생각이 성장한 게 느껴지고 글도 그럴듯하게 쓰게 되었다.

다음으로 말하기 연습을 해서 성취감을 느낄 수 있도록 '전교 어린 이 회장 되기' 프로젝트를 제안했다. 다른 사람의 입장에서 공감할 수 있는 연설문을 작성하기 위해 첫째는 부단히 글을 고쳐가며 피드백을 받았다. 그리고 대중이 앞에 있다고 생각하고 몇 날 며칠 말하기 연습을 했다. 아이는 실제로 간절하게 전교 어린이 회장이 되고 싶어 했고 실제로 '부회장'에 당선되었다. 이는 말하기 연습과 성취감 2가지 모두를 잡은 좋은 경험이 되었다.

둘째아이 역시 매일매일 주제를 정해서 글쓰기, 말하기 연습을 시킨다. 입시공부와 관련이 없을 수 있겠지만 사실 이런 공부가 아이들이 세상을 살아가는 데 더 도움이 되리라고 생각한다.

목돈 모으기에서 사교육비는 피해갈 수 없는 산이다. 사교육비를 최소화하고 아이들의 성장과 발전을 도모하기 위해 다음과 같이 홈스쿨링을 실시할 수 있다.

1. 모델링, 학습 동기 고취, 학습 습관 형성으로 이어지는 자기주도형 홈스쿨링 시스템 만들기
2. 표현기술(글쓰기, 말하기, 개인 브랜딩) 연습을 통해 미래사회에서 필요한 역량 기르기

6학년이 된 첫째의 머릿속에는 입시를 위한 공부와 내 인생에 실제적인 도움을 줄 수 있는 공부가 나누어져 있다. 아이가 간절하게 바란다면 다소 부담이 되더라도 입시공부를 위한 학원에 보내야 할 것이다. 언젠가

아이는 나보다 수학문제를 더 잘 풀고 영어도 더 잘하게 될 것이다. 안타깝지만 그때부터는 피드백해줄 수도 없고 도와줄 수도 없다. 온전히 홀로서는 연습을 해야 한다.

아이와 놀아줄 때만 정이 쌓이는 것은 아니다. 주말에 아이들과 놀러 나가는 대신 평일에 공부를 봐주면서도 정이 쌓인다. 아이들에게는 피드백이 필요하다. 피드백 중 부모의 피드백이 가장 효과가 좋다. 내 말은 안 듣는데 선생님의 말은 잘 들어서 상담을 받아봐야겠다고 하는 지인들이 있다. 그러나 부모가 아이에게 영향력을 미치지 못하는데 대체 누가 아이에게 영향력을 미칠 수 있을까.

좋은 선생님을 만나는 것은 내 마음대로 되는 것이 아니다. 대신 내가 오늘 아이에게 좋은 영향력을 미치기 위해 할 수 있는 모든 것을 다 해야겠다고 다짐한다. 부모의 강점을 아이에게 전수하는 것, 이것이야말로 부모만이 해줄 수 있는 최고의 인생 선물이라고 생각한다.

목돈 모으기를
온라인 게임처럼 할 수 있다면?

예전에 친구들과 온라인게임을 하면서 스트레스를 풀곤 했다. 원래부터 한 가지 일을 파고드는 성향이 있었다. 월드 오브 워크래프트라는 게임을 즐겨했는데 한 서버의 대마법사로 이름을 날린(?) 기억이 난다.

온라인 게임이 재미있는 이유는 내가 시간을 투자한 만큼 강해지고 더 좋은 보상을 받을 수 있는 레벨업 시스템 때문이다. 그렇다면 **이 레벨업 시스템을 1년 1억 모으기 과정에 적용해보면 어떨까?** 1년 1억을 모으면 1레벨, 그 후로 2레벨, 3레벨. 계속 올라가서 각 **레벨별로 할 수 있는 일이 다른 보상체계를 만드는 것이다.**

티티새 가정의 1년 1억 모으기 레벨업 시스템 사례를 통해 어떻게 돈을 모으면서 성장과 행복을 느낄 수 있는지 살펴보도록 하자.

돈을 의미 있고 행복하게 사용할 수 있는 영역 설정

이지영의 『심리계좌』에는 소비 영역을 주제별로 분류해놓은 챕터가 있다. 여기서 착안하여 행복뿜뿜, 사람도리, 자기계발, 미용, 여행, 아내 행복비라는 항목을 만들어보았다. 게임 캐릭터에 비유하면 능력치에 해당하는 항목이라고 할까?

1. 사람도리 : 경조사, 고마운 지인에 대한 선물, 부모님 생신, 설날 세뱃돈 등 인간으로서 지켜야 하는 도리와 관련된 비용이다.
2. 행복뿜뿜 : 아이들 체험 활동, 가족 문화 생활, 인근 지역 나들이, 아이들 간식비, 스타벅스 커피값 등 가족이 행복해지는 데 필요한 비용이다.
3. 자기계발 : 도서 구입, 강의 수강료, 방과후 학교 수강료, 시험 응시료 등 자기 발전과 관련된 비용이다.
4. 미용 : 펌, 커트, 피부 관리 등 다른 사람들에게 불쾌감을 주지 않기 위한 품위 유지 비용이다.
5. 여행 : N박 N일로 긴 여행을 갈 때 지출하는 여행 경비다.
6. 아내 행복비 : 옷을 사고 친구를 만날 때 사용하는 비용이다. 일상생활에 필요한 휴대폰 교체 비용이나 아이들 옷 구입비도 포함된다.

이렇게 우선 여섯 개의 영역을 만들어 1년 동안 사용할 돈을 각 영역에 배분한다. 만약 돈이 남으면 사용하지 않고 다음해로 이월하고 분기별로 사용 내역을 점검한다. 한 영역에 다른 영역보다 돈이 많이 필요하다고 판단되면 융통성을 발휘하여 다른 영역에서 돈을 끌어온다.

1년 동안 소비를 절제하며 살아보니 정말 간절한 비용이 무엇인지 알게 되었다. 그것이 바로 위에 이야기한 항목들이다. 아이들 문화생활비야 결혼 예물을 팔아서라도 해결했지만 여러 가지 어려움이 있었다.

　특히 사람도리 및 아내 관련 비용이 많이 모자라서 고생했다. 소중한 사람들을 위해 돈을 쓰지 못하는 삶에 자괴감이 밀려오면서 우울해졌다. 하지만 그럼에도 불구하고 1년 차(1레벨)에는 어떻게든 살았고 2년 차(2레벨)부터 각 영역에 돈을 배분하고 본격적으로 사용하기 시작했다.

　올해 초 어머니 생신이 있었는데 모처럼 가족이 모여 행복한 시간을 가졌다. 이런 자리에서는 사람 된 도리를 하기 위해 제대로 돈을 써야 한다. 동네 한정식집에서 푸짐하게 음식을 시켜 친척분들에게 대접했다. 물론 케이크도 샀다. 맛있는 음식을 즐겁게 드시는 모습을 보니 뿌듯했다. 물론 어머니도 행복해하셨음은 두말할 나위가 없다. 1억의 손실을 해결하고 2레벨이 된 기쁨을 제대로 느낄 수 있었다.

티티새 가정의 레벨업 시스템

1레벨은 돈을 처음 모으는 단계이기 때문에 어떤 항목이든 돈이 풍족하지 않다. 여유자금 30만 원으로 위의 모든 금액을 충당하려고 했으니 부족할 수밖에 없었다. 아내의 경우 미용, 옷가지 등 기본적으로 드는 자기 관리비가 있다. 하지만 아이들 문화 체험비 등 다른 우선순위에 밀려 자신을 위해서 돈을 사용하지 못해 마음이 아팠다.

　온라인 게임에 만약 '거지'라는 직업이 있다면 목돈 모으기 1년 차는 딱 그 이름에 걸맞는 단계가 아닌가 생각한다. 티티새 가정의 사례를 통해서 레벨업이 어떻게 이루어지는지 구체적으로 살펴보자.

사람도리

- 1레벨(책정 금액 0원) : 반가운 친구를 만나도 밥값을 내기가 어렵다. 어머니께 용돈 한 번 드리지 못했다. 모든 경조사 비용은 생활비에서 쪼개 지출했다. 고마운 사람들에게 선물을 보내지 못했다.
- 2레벨(책정 금액 100만 원) : 오랜만에 만난 친구에게 맛있는 음식을 사주었다. 어머님 생신에 친척들을 불러 한정식을 대접했다. 경조사가 있어도 생활비를 건드릴 필요가 없다. 오랜만에 만난 조카에게 세뱃돈을 주었다.

행복뿜뿜

- 1레벨(책정 금액 50만 원) : 아이들 문화 체험을 위해 결혼 예물을 팔아 마련했다. 맥주를 좋아하는 아내를 호프집에 데려간 적이 손에 꼽는다. 예물을 팔아 돈을 마련했어도 1주일에 5만 원 이상 사용하면 돈이 모자랐기에 항상 신경이 쓰였다.
- 2레벨(책정금액 100만 원) : 아이들이 치킨을 사달라고 할 때 마음 편히 사줄 수 있었다. 아내가 길을 가다가 쭈꾸미를 먹고 싶다고 해서 음식점에 들어갔는데 값이 제법 비쌌다. 그럼에도 마음 편히 먹을 수 있었다. 아내가 스타벅스 커피를 텀블러 대신 머그잔에 마시고 싶다고 했을 때 쾌히 그러라고 말할 수 있었다.

자기계발

- 1레벨(책정 금액 0원) : 〈짠돌이 부자되기〉 서평 이벤트에 참여해 받은 신간을 읽었다. 자기계발 컨설팅을 받고 싶은데 돈이 부족하여 어머니에게 돈을 빌렸다. 중고 물품 거래를 해서 아이들 방과후 학교 수강료를 냈다.
- 2레벨(책정 금액 100만 원) : 영상 편집 프로그램 라이선스를 구매했다. 최신간 책을 바로바로 구입해서 읽게 되었다. 갑자기 아이들이 한국사능력시험에 응시하기 위해 돈이 필요하다고 해도 당황하지 않게 되었다. 아내와 딸이 아파트 단지 내 독서실에 등록하고 싶다고 했을 때 흔쾌히 승낙했다.

미용

- 1레벨(책정 금액 0원) : 아내가 스스로 머리를 자르고 최대한 미용실 이용을 자제했다. 나 역시 미용실 비용을 아끼기 위해 커트를 최대한 미루다 보니 자기관리가 안 되는 게 느껴졌다. 아내는 사람 많은 곳을 피해 다녔다.
- 2레벨(책정 비용 50만 원) : 아내가 1년에 6번 뿌리염색을 할 수 있게 되었다. 나도 파마를 해서 버섯돌이 머리에서 벗어나고 주변 사람들에게 불편함을 주지 않게 되었다.

여행

- 1레벨(책정 비용 30만 원) : 여행비를 최소화하기 위해 1박 2일로 일정을 줄였다. 맛집을 가더라도 음식값이 비싸면 마음이 편하지 않았다. 숙

박비가 언제나 여행의 최대 관건이었다.

- 2레벨(책정 비용 100만 원) : 여름에 한 번, 가을에 한 번씩 1년에 두 번 1박 2일로 여행을 갈 수 있게 되었다. 숙박비는 여전히 신경이 쓰이지만 1레벨보다는 마음이 덜 불편하다. 1레벨에서는 하루에 한 번 맛집을 갔다면 2레벨에서는 하루에 두 번 맛집에 갈 수 있었다.

아내 행복비

- 1레벨(책정 비용 60만 원) : 지인 접대를 위해 사용하는 한 달 용돈 5만 원 외에 아내가 사용할 수 있는 돈이 없었다.
- 2레벨(책정 비용 250만 원) : 아내가 고장나기 직전인 5년 된 휴대폰을 바꿨다. 분기별로 가족이 필요한 옷을 사 입을 수 있게 되었다. 용돈은 기존대로 60만 원으로 하기로 했다(아내 용돈 : 60만 원, 가족 의류비 : 150만 원, 휴대폰 교체 : 40만 원)

만약에 1억 모으기에 또 다시 성공한다면 3레벨이 될 것이다. 3레벨이 되면 없던 항목이 추가될 수도 있고 기존에 배정된 금액이 상향될 수도 있다. 현재로서는 건강 관련 항목이 없다. 건강 검진이라든지 비타민 구입비라든지 건강 증진 관련 항목이 추가될 수도 있다. 또한 국내 여행이 2박 3일이 될 수도 있고 레벨이 올라감에 따라 해외여행으로 업그레이드될 수도 있다.

그래서 삶이 점점더 나아져 **10레벨이 될 때 즈음에는 더 많은 사람들에게 사람도리를 하고 가족에게 더 많은 기쁨과 행복을 줄 수 있을 것이다.** 이것이 바로 목돈 모으기의 레벨업 시스템 즉, **노력을 통해 삶이 나아지는 구체**

적인 과정이다.

레벨업을 하면 정말 기쁜가?

1억이라는 손실을 메우기 위한 목돈 모으기 1년 차에 아내에게 자주 들은 이야기가 있다.

"언제까지 이러고 살아야 해?"

2레벨에 해당하는 항목을 몇 가지 실천하고 있다. 돈을 쓰기 시작하는 내 모습을 보고 아내가 믿기지 않는다는 표정을 짓는다. 너무 사람이 독해서 돈이 생겨도 절대로 쓰지 않을 것 같았다고 한다. 아내가 레벨업 시스템을 별로 신뢰하지 않은 모양이다.

꿈도 희망도 없던 아내의 표정이 온화하게 바뀌었다. 2레벨의 행복은 생각보다 컸고 성장의 기쁨이 이렇게 크다면 앞으로도 더욱 힘내서 돈을 모을 수 있겠다는 생각이 들었다.

몸이 건강해지는 것, 어제보다 더 많은 것을 알게 되는 것, 인간관계가 발전하는 것, 그리고 돈을 모아 나아진 삶을 살게 되는 것은 우리에게 행복과 기쁨을 준다. 목돈 모으기를 레벨업이라고 생각해보기 바란다. 지금 당장 쓸 돈이 넉넉하지 않아 우울할지도 모른다. 하지만 매년 나아진다면 돈을 모으는 과정 자체가 인생의 행복이 되리라고 확신한다.

아침에는 죽음을
생각하는 것이 좋다

"아침에는 죽음을 생각하는 것이 좋다"는 어떤 책의 제목이다. 나는 '죽음'에 대해 종종 생각한다. 죽음에 대해서 관심을 갖게 된 계기는 아버지 때문이었다.

스스로 질문을 던져본다.

'내일 죽음이 온다면 그동안의 네 삶을 후회하지 않을 자신이 있는가?'

이런 생각을 하면 항상 마음이 불편했다. 노력하며 열심히 살고 있고, 아이들도 잘 크고, 아내와도 큰 문제가 없는데 이렇게 아무것도 이루지 못한 채(왜 아무것도 이루지 못했다고 생각했을까?) 만약 내일 죽는다면 억울하고 인생이 허무할 것 같은 느낌이 들었다.

만약 이대로 내 삶이 끝난다면 '그래 이 정도면 잘 살았고 괜찮은 삶이었다. 다만 가족을 먼저 두고 떠나는 게 미안하다'는 후회 없는 마음으로 눈을 감을 수 있을까?

어느 날 일흔을 앞둔 아버지가 말씀하셨다.

"한때는 열심히 한학을 했으나 최선을 다하지 못해 이루어놓은 것도 없고 죽는 날만을 기다리니 내 인생이 허무하고 안타깝구나."

아버지는 굉장히 프라이드가 강하고 자존심이 센 분이다. 자신의 프라이드와 명예를 최우선으로 생각하며 사신 아버지. 평생 아버지의 힘없는 모습을 본 적이 없는데 어느 날 이런 말씀을 하시는 것을 보고 적잖이 충격을 받았다.

내가 보기에 아버지는 남부러울 것 없이 사신 분이었다. 언제나 가족보다는 술과 친구와의 관계가 우선이었기에 사실 어머니나 자식과의 관계는 좋지 못했다. 가족에게서 찾지 못한 것을 친구들에게서 찾고 한때 한학에 심취하셨던 것을 큰 자랑으로 삼으며 긍지를 가지고 사셨다.

비록 가족적이지는 않았지만 사람은 모두 생각하는 바와 뜻이 다르니 자신의 삶을 후회 없이 살고 있다면 그 또한 아버지의 행복이겠거니 하고 생각했다.

그런 마음으로 아버지를 이해하며 살다가 당신의 인생을 송두리째 후회하는 아버지의 모습을 보며 나는 말할 수 없는 갑갑함과 답답함을 느꼈다. 아버지는 언제나 강조했다.

"송충이는 솔잎을 먹고 살아야 해. 과유불급. 지나친 욕심은 화를 부른다. 안분지족. 분수에 맞게 살아라."

하지만 말년에 당신의 살아온 삶을 힘들어하고, 괴로운 삶을 살고 계신 아버지를 보며 아버지의 삶을 따라가서는 안되겠다는 생각이 들었다.

아버지 나이가 되었을 때 삶을 후회하지 않을 자신이 있는가? 아니, 그런 먼 훗날이 아니더라도 당장 내일 죽는다 해도 나는 후회하지 않을 자신이 있는가?

나는 아버지와는 반대의 삶을 살기로 했다. 만약 안분지족, 과유불급의 결과가 후회스러운 삶에 대한 눈물이라면 나는 절대로 그렇게 살고 싶지 않았다.

나 역시 아버지 밑에서 자랐기 때문에 그런 가치관을 은연중에 마음속에 받아들였다. 학문에 뜻을 두고 재물을 탐하면 안 된다는 그런 이야기들이었다.

아버지의 가치관과 반대되는 지점에 자본주의가 있었다. 잘 알지도 못하는 자본주의를 비판해왔던 과거를 뒤로 하고 자본주의라는 게임판 위에서 살아보기로 했다. 평소에 읽던 책들은 돈과 관련 없는 책들이었다.

다양한 투자 관련 서적, 돈과 자본주의에 관련된 책들을 읽기 시작하자 늦게 배운 도둑질이 무섭다고 돈에 대한 관점이 송두리째 바뀌었다. 돈이란 밝히면 안 되는 무엇이라는 생각에서 내 노력에 대한 결과물이라는 인식이 생겼다.

그리고 나의 가치가 커지면 커질수록 그 결과물도 커진다는 사실을 알게 되었다. 시간이 돈으로 보이기 시작했다. 감정적인 쾌락을 위해 소비하는 시간들이 갑자기 너무나 아깝게 느껴졌다.

돈으로 할 수 있는 많은 일이 있다. 내가 이해한 자본주의의 관점에서 돈으로 할 수 있는 일 중에 가장 가치 있는 일은 생산수단을 소유하는 것이었다. 돈이 돈을 굴러가게 만든다는 것은 생산수단을 소유하는 것을 위미했다.

대체 불가능한 능력을 지닌 일인자가 되는 것, 책을 출판하거나 플랫폼을 소유하는 것, 임대업을 통해 황금알을 낳는 거위를 만들어내는 것, 이런 삶에 관심을 가지게 되었다.

생각보다 자본주의를 공부하는 것은 재미있었고 삶에 활력이 생기기 시작했다. 그러던 중 집안에 큰 사고가 생겨 빚을 지게 되었다. 투자를 본격적으로 시작하려던 시점에 큰 좌절을 느꼈으나 굳건히 장착된 투자자 마인드 덕분에 오히려 좋은 핸디캡이라 생각하고 이를 악물고 빚을 갚고 손실을 메우기로 했다. 투자자의 마인드를 갖게 되었는데 손실이 생기니 버는 돈을 한 푼도 쓰고 싶지 않았다.

100원 단위의 돈의 가치를 느끼게 되었다. 내 기준에서 말도 안 되는 금액을 저축하기 시작했다. 소비를 하지 않으면 과거에는 답답함과 괴로움을 느꼈다면 지금은 알지 못하는 무엇인가와 싸워 이겼다는 승리의 기쁨을 느끼게 되었다.

이렇게 살다 보니 어떻게 지금까지 안분지족하며 살았는지 쓴웃음이 나오기도 했다. 뭘 하든 삶에 의미가 생겼다.

매일 만보를 걸으며 근력운동을 하는 것, 블로그 글쓰기에 몰입하면서 관심 분야를 찾아내는 것, 시골로 이사 와 돈을 쓸 수 없는 환경을 만들어내고 악착같이 돈을 모으는 것, 이 모든 것들이 무력했던 삶을 극복하고 자본주의 노예의 사슬을 끊을 수 있도록 도와주는 도전이라는 생각이 들었다.

똑같은 질문을 지금의 내게 다시 던져본다.

'너는 내일 죽어도 후회하지 않을 자신이 있는가?'

나는 지금 죽어도 후회가 없다. 아직 부자가 되지도 않았고, 아무것도 이룬 게 없는데도 말이다. 아마도 그 후회 없음의 정체는 자본주의가 만들어놓은 세상에 안주하기보다 알지 못할 그 무언가와 힘껏 부딪혀

싸우려는 시도는 해봤다는 안도감이 아닐까 생각한다.

내일 죽어도 여한이 없는 인생이란 정말 무엇일까. 그에 대한 답은 지금 내가 삶을 살아가는 목적과 간절함에 따라 달라질지도 모른다.

5장

단계별 목돈 만들기 가이드라인

따라만 하자, 실전! 목돈 만들기 프로세스 10단계

1. 목돈 모으기
의지 고양하기

목돈을 모으기 위한 첫 단계는 돈을 모으고 싶다는 의지를 고양하는 것이다. 돈을 모으고 싶어야 기나긴 목돈 모으기 과정을 완수할 수 있다. 돈을 모으는 데 동기가 되는 감정은 2가지다. 바로 결핍감과 희망이다.

결핍감은 다음과 같은 상황에서 생긴다.

1. 아파트 대출금이 많아 삶이 팍팍하다.
2. 사업 실패 혹은 불의의 사고로 빚이 생겼다.
3. 세입자 전세금을 빼줘야 하는데 돈이 모자란다.

희망은 다음과 같은 상황에서 생긴다.

1. 가족과 해외 여행을 가고 싶은데 자금이 부족하다.
2. 부모님께 넉넉히 용돈을 드리며 효도하고 싶다.

3. 어머니까지 다섯 식구를 위해 방 4칸짜리 조망이 좋은 아파트로 이사를 가
   고 싶다.

어떤 감정을 활용해야 하는지 정해진 답은 없다. 자신의 상황에 맞
는 에너지를 찾아라. 결핍감이 희망보다 훨씬 강한 감정인 것은 분명하
다. 하지만 편안하고 즐거운 마음으로 돈을 모을 수 있는 에너지는 결핍
보다는 희망에서 나온다.

두 에너지가 무 자르듯이 정확히 구분되지는 않는다. 내 경우 세입
자의 전세금을 빼주어야 한다는 불안한 마음으로 돈을 모으면서도, 이
렇게 모으면 언젠가 부자가 되어 가족을 행복하게 해줄 수 있겠다는 희
망 또한 같이 느꼈다.

'다만 왜 굳이 돈을 모으지, 그냥 있는 대로 살면 되지'라고 생각하
는 안분지족형은 동기부여가 어렵다. 내가 안분지족형이었기 때문에 잘
안다. 그런 마음가짐을 가지고 있을 때는 재테크 이야기, 부자가 된 사
람들의 이야기, 돈에 관한 이야기가 전혀 귀에 들어오지 않는다. 큰 재
정적인 위기를 겪어야 돈 모으기의 필요성을 깨닫는데 이는 실로 안타
까운 일이다.

만약 과거로 돌아가서 현재의 삶에 만족하고 있는 나를 만난다면
다음과 같이 이야기하고 싶다.

"지금 네가 누리고 있는 이 재정적인 행복은 한순간에 깨질 수 있다. 인간
의 수명을 70, 80년으로 잡았을 때 앞으로 한 번도 재정적인 위기가 찾아오지
않으리라고 단언할 수 있을까? 만약 당장 1년 뒤에 어떤 이유로 1억 빚을 갚아
야 한다면 너는 지금 무엇을 하겠는가?

현재의 삶에 안분지족하는 것과 네 능력을 발휘하는 것은 별개의 문제다. 너의 끈기, 성실함, 우직함을 발휘해서 돈을 모아라. 그리고 위험한 순간에서 네 가족을 지켜라. 즐기기 위해서만 돈을 모으는 게 아니다. 소중한 것들을 지키기 위해서도 돈을 모아야 한다. 빠르면 빠를수록 좋다. 부디 일찍 깨닫기 바란다."

어떤 계기로 돈을 모을 수 있는 간절한 에너지를 얻는다면 운이 좋은 것이다. 그것이 고통으로 인한 결핍이든 미래에 대한 희망이든 말이다. 돈을 모으고 싶다는 동기가 생겼다면 1단계는 성공이다. 다음 단계로 넘어갈 준비가 된 것이다.

2. 명확한 목표 금액 및 기한 설정하기

돈을 모으겠다는 의지가 생겼으면 이제 구체적으로 얼마를 모아야 할지 정해야 한다. 단순히 큰돈을 모으겠다는 불확실한 목표보다는 2022년 2월 22일까지 7천만 원을 모으겠다는 식의 목표가 좋다. 구체적일수록 달성 가능성이 높아지기 때문이다.

목표를 설정할 때 중요한 것은 가정의 재정 상태를 파악하는 것이다. 수입은 얼마고 지출은 얼마인지 구체적으로 알아야 한다. 그리고 지출은 어떤 항목에서 얼마씩 되고 있는지도 점검해야 한다. 구체적인 목표 금액 및 기한을 설정하기 위해 실태를 파악하는 방법을 알아보자.

1. 맞벌이 부부로 남편의 월급은 매달 평균 330만 원, 아내의 월급은 평균 340만 원이다.

2. 연말 보너스 및 연말 정산, 명절 휴가비, 출장비 등 추가적인 수입이 700만 원 정도 발생한다.

3. 아이들 영어 학원비로 매달 50만 원을 지출한다.

4. 아파트 관리비로 매달 20만 원을 지출한다.

5. 보험료를 매달 30만 원씩 낸다. 가을에는 운전자 보험으로 100만 원을 지출할 예정이다.

6. 자동차세, 부동산 보유세 등 연간 100만 원이 나간다.

7. 주유비를 따져보니 1년에 300만 원 정도가 된다.

8. 가족 여행 및 외식비, 문화 생활비, 미용실비, 의류 구입비로 500만 원을 썼다.

9. 인터넷 및 휴대폰 사용료가 매달 10만 원이 나온다.

10. 경조사, 직장 친목회비, 접대비로 100만 원을 썼다.

이런 재정 구조를 갖고 있는 가정에서 1년에 모을 수 있는 금액은 얼마일까? 순서대로 1년 동안 들어가는 비용을 계산하는 식을 만들면 다음과 같다.

(670만 원×12개월)+700만 원-(50만 원×12개월)-(20만 원×12개월)-(30만 원×12개월+100만 원)-100만 원-300만 원-500만 원-(10만 원×12개월)-100만 원 = 6천320만 원

1년 동안 통장 지출 및 수입 내역을 살펴보면 아파트 관리비, 공과금 등 정기적으로 빠져나가는 비용과 운전자 보험, 세금 등 돌발적으로 빠져나가는 비용을 미리 계산할 수 있다. 목돈 모으기 플랜을 구체적으로 세워보지 않은 사람들은 외식비와 문화 생활비로 생각보다 많은 돈을 지출하고 있다는 사실에 놀랄 것이다.

하루 날을 잡고 진득하게 입출금 내역을 확인해보기 바란다. 좀 더 아낄 수 있는 항목과 어쩔 수 없이 지출할 수밖에 없는 항목을 명확하게 구분하면 그다음부터는 의지의 영역이다.

'이 항목에 이렇게나 많은 돈을 써왔다고? 정말 심각하다. 좀 더 아껴야 겠어.'

우리는 행복하기 위해서 소비를 한다. 자식 공부를 위해 필요한 문제집을 사거나 가족이 추억을 만들기 위해 여행비를 지출하는 것은 아깝지 않은 소비다. 그러나 언제 먹었는지도 기억나지 않는 외식을 위한 돈은 가치 있는 소비라고 하기 어렵다. 가성비 있고 행복감을 오래 지속시킬 수 있는 소비를 해야 한다.

매년 3월부터 그다음 해 2월까지를 목돈 모으기의 기한으로 잡고 있다. 특별한 이유는 없다. 연초 목표를 세우기 좋은 1월부터 12월까지를 목표로 삼아도 되고 3개월 단위로 목표를 잡아도 좋다. 그러나 언제가 되었든 반드시 마감 시한을 정하기 바란다. 그래야 긴장감을 가지고 속도감 있게 돈을 모을 수 있다.

모은 목돈을 어디다 쓸 것인지 명확한 사용처도 함께 정해라. 3개월간 1천만 원을 모아 가족 여행을 간다든지 6개월 동안 대출금을 3천만 원 상환한다든지 1년 1억을 모아 투자를 한다든지 하는 식으로 말이다.

이렇게 해보면 생각보다 재미있는 작업임을 알 수 있다. 돈을 통제하는 느낌이 들고 미래에 대한 희망이 생기기 시작한다. 얼마를 언제까지 모아야 한다는 객관적인 판단이 섰으면 이제 3단계로 넘어갈 차례다.

3. 신용카드를 자르고 체크카드와 현금 사용하기

신용카드를 많이들 쓴다. 포인트도 쌓이고 주유 할인도 되는 여러 가지 이점이 있다. 하지만 목돈 모으기에 성공하고 싶다면 신용카드를 과감하게 정리하기 바란다.

신용카드는 바로 돈이 지출되는 구조가 아니라 한 달 뒤에 청구되는 시스템을 갖고 있다. 돈을 아끼고 모으기 위해서는 **이번 한 달간의 재정을 계획대로 통제할 수 있어야** 한다. '지금 얼마를 썼으니 얼마가 남았군.' 이렇게 바로 머릿속에 입력이 되어야 하는데 신용카드는 이러한 통제를 근본적으로 불가능하게 한다.

그래서 혜택과 관계없이 신용카드는 사용하지 말아야 한다. 정기적으로 지출하는 보험료나 공과금, 통신비를 신용카드로 결제해야 하는 경우도 있다. 신용카드 월별 사용 한도 유지나 자동이체를 조건으로 은행 대출 금리를 낮게 유지하는 경우도 있다.

이런 경우 해당 금액을 정확히 계산해서 월급날마다 바로 신용카드 인출 계좌로 보내는 방법을 추천한다. 신용카드에서 나가는 비용이 고정적이라면 신용카드 지출 내역도 통제가 가능하다.

돈을 모으려면 신용카드 대신 체크카드를 사용하는 것이 좋다. 돈이 계좌에 없으면 인출이 되지 않는 불편함을 만들어라. 결제할 때마다 잔고 알림이 뜨는 문자 메세지 서비스에 가입하고 현재 얼마가 남아 있는지 항상 확인할 수 있게 해놓아라. 돈이 모자라 결제가 되지 않는 등 다소 번거로운 상황이 발생할 수 있지만 그 불편함 덕분에 내 계좌에 잔고가 얼마가 남았는지 의식적으로 신경 쓰게 되는 효과가 있다.

카드로 소비했을 때 지출에 대한 고통이 무뎌진다는 연구 결과가 있다. 이를 방지하기 위해 현금으로만 생활을 유지하는 것도 좋은 방법이다. 다이소에 가면 '생활비 달력'이라는 좋은 아이템이 있다.

생활비 달력

매일 현금을 꽂아놓고 한도 금액 내에서만 살아가는 연습을 하기 좋은 도구다. 전날 돈을 사용하지 않았으면 남은 돈을 함께 사용할 수 있도록 규칙을 만드는 등 절약을 통한 재미도 느낄 수 있으리라고 생각한다.

한 달 50만 원으로 살고 있지만 부족하다고 느낀 적이 별로 없다. 심지어는 30만 원으로 한 달을 살고 남은 20만 원을 여유자금으로 사용하며 행복해한 적도 있다. 한 달에 책정된 금액이 남을 경우 그 돈으로는 무엇을 하든 자유라는 생각을 가지면 성취감을 느낄 수 있을 것이다.

신용카드 대신 체크카드를 사용하기가 쉽지는 않을 것이다. 1월부터 지출되는 모든 금액을 체크카드로 결제하고 싶다면 적어도 신용카드 사용은 11월로 끝을 내고 12월부터 체크카드를 사용한다. 12월은 11월 신용카드 사용분과 12월 체크카드 사용분이 모두 지출된다. 체크카드로 전환하기 한 달 전이 가장 힘들다는 것을 알고 그에 대비해야 한다.

이 과도기를 잘 넘기고 체크카드로만 재정을 통제할 수 있다면 비로소 3단계 프로세스를 완료한 것이다. **한 달 재정을 통제할 수 있는 자, 1년 재정을 통제할 수 있다**는 말을 하고 싶다. 체크카드 혹은 현금 결제로 한 달 재정을 온전히 관리하기 시작하면 '돈을 모을 수 있겠다'는 희망이 생긴다. 꼭 성공했으면 좋겠다.

4. 고정지출 최저금액 세팅하기

예산을 통제할 수 있는 구조를 만들었다면, 이제 매월 지출되는 돈의 흐름을 개선할 차례다. 매월 지출되는 금액은 공과금, 보험료, 관리비처럼 고정적으로 지출되는 고정지출과 외식비, 문화생활비 등 개인의 의지와 관련된 변동지출이 있다.

고정지출은 줄이기 어렵다는 편견이 있다. 가족의 안전을 위해 정기적으로 지출하는 보험료를 내지 않기도 어렵고 아파트 관리비를 내지 않을 수도 없다. 아긴다고 해보았자 전기세, 수도세를 아끼기 위해 생활습관을 개선하는 정도일 것이다.

하지만 관점을 전환한다면 고정지출을 획기적으로 줄이는 것이 가능하다. 과감한 목돈 모으기를 위한 과감한 제안 3가지를 했다. 아파트 관리비를 줄이는 것을 넘어서 아파트 관리비를 아예 내지 않을 수 있는 방법은 없을까? 주유비를 아끼는 것을 넘어 주유비가 아예 나오지 않게 하는 방법은 없을까?

나의 경우 발상의 전환 끝에 '사택 이사' 및 '본가 합가'라는 방법을 찾아냈다. 이를 통해 고정지출을 획기적으로 줄일 수 있는 발판을 마련했다. 물론 이것은 극단적인 경우다. 시골 이사와 시댁 합가라니 엄두가 나지 않을지도 모른다.

하지만 좀 더 작은 평수로 집을 줄여가는 방법도 있다. 그것이 어렵다면 직장에서 가까운 곳으로 이사해서 주유비를 줄이는 방법도 있다. 현재 우리 가족의 고정지출은 다음과 같다.

1. 4인 가족 보험료 : 매달 30만 원

2. 4인 가족 통신비 : 매달 10만 원

3. 사택 난방비 : 매달 5만 원

4. 공과금(전기세, 수도세) : 매달 5만 원

이렇게 매월 50만 원 돈이 지출된다. 보험 리모델링을 통해서 수십만 원의 금액을 절감하는 사례도 많다. 보험료를 너무 많이 지출하고 있다는 생각이 든다면 리모델링을 실시하라.

이사를 가기 전에는 아파트 관리비가 20만 원 넘게 나왔다. 직장과 집의 거리가 멀어 주유비도 하이패스 비용 포함 매월 40만 원 가까이 나갔다. 인터넷은 빠른 게 좋다고 체감도 하지 못하는 비싼 기가랜을 사용했다. 가성비가 좋지 않은 운전자 보험을 10년째 이용하며 갈아탈 생각조차 하지 못했다.

돈을 모아보면 알겠지만 '버는 것보다 쓰지 않기가 훨씬 쉽다.' 퇴근 후 투잡을 뛰는 것보다 조금 불편하게 살면서 비용을 아끼는 게 더 쉽다.

고정지출을 획기적으로 줄이기 위해서는 어느 정도 불편함을 감수할 수 있는 의지가 있어야 한다.

　불필요하게 나가는 고정지출은 없는지 흐름을 점검하고 개선할 방법을 찾아라. 고정지출을 최저로 세팅했으면 이제 변동지출을 줄일 차례다.

5. 변동지출
최저금액 세팅하기

고정지출을 세팅했으면 변동지출을 줄일 방법을 고민한다. 변동지출은 의지에 따라 줄이고 늘릴 수 있는 비용을 말한다. 식재료비, 문화생활비, 간식비, 외식비, 여행비와 같은 금액을 말한다.

변동지출은 개인의 역량에 크게 좌우된다. 1년에 1억을 모으겠다는 목표를 세우면서 변동지출을 50만 원으로 책정했다. 생활비, 주유비, 그 외 들어가는 금액을 모두 합하여 50만 원 이내에서 생활하기로 했다.

생활비의 대표적인 항목은 식비다. 1년 동안 가성비 있는 집밥으로 살아가다 보니 일주일을 살기 위한 4인 가족 최저 생활비가 대략 7만 원 정도라는 사실을 알게 되었다. 하루에 지출하는 돈이 대략 1만 원이라고 할 수 있다. 물론 처음부터 이렇게 아낄 수 있었던 것은 아니다. 많은 시행착오가 있었다.

나름 아낀다고 장을 봐왔는데 10만 원이 훌쩍 넘어가는 일이 비일비재했다. 주로 대형마트에서 장을 볼 때 이런 일이 발생했다. 같은 채소라도 대형마트와 동네 채소가게의 단가가 많이 차이 났다. 발품을 팔아 좀 더 저렴하고 가성비 있는 식재료를 찾아다녀야 한다.

삼겹살보다 돼지고기 뒷다리살이 가성비가 좋다. 계란 요리와 김치 요리, 두부 요리도 가성비 식단이다. 배불리 먹는 습관 대신 소식하는 삶을 산다는 관점의 전환도 한몫했다. 실제로 가성비 있는 식단을 유지한 덕분에 살도 많이 빠지고 더 건강해졌다. 식비를 아끼기 위해서는 한식 위주로 살아가는 것이 포인트라고 할 수 있다.

초반에는 외식비를 줄이기가 어려울 것이다. 나 역시 담백한 시골 사택 생활을 하다가 주말에 도시에 가면 짜장면 생각이 난다. 추천하고 싶은 것은 외식 습관을 다른 습관으로 치환하는 전략이다. 외식 절제가 어려운 이유는 습관처럼 외식을 해서인 경우가 대부분이다. 퇴근하면 밥하기도 귀찮고 쉽게 시켜 먹을 수 있는 자극적인 음식이 생각나기 마련이다.

하지만 외식이 언제나 즐겁기만 할까? 단점도 있다. 일단 외식하러 나가기가 번거롭다. 배달시킨 음식이 도착하기까지 기다리는 지루함도 단점이다. 배가 어느 정도 차면 외식에 대한 욕구도 급속도로 식는다. 그래서 외식을 하고 싶을 때는 고민하지 말고 빨리 밥을 한 숟가락 떠서 뱃속에 넣어라. 그리고 먹는 즐거움을 다른 즐거움으로 치환하라.

저녁 시간 커피 한 잔을 마시며 글을 쓰는 것을 좋아한다. 이런 즐거운 시간을 빨리 갖기 위해서는 외식보다는 집밥을 먹는 게 나은 선택이다. 외식을 하러 나갈까 고민하다가도 '아니야. 빨리 집밥을 먹고 커피 한 잔하며 글이나 쓰자'라고 하며 욕구를 다른 쪽으로 돌린다.

반복하다 보면 습관적으로 하던 외식 횟수가 상당히 줄어드는 것을 확인할 수 있다. 커피를 자주 먹는 것은 좋은 생활 습관은 아니지만 외식의 즐거움을 어느 정도 보완해준다. 외식의 유혹을 이겨낼 수 있는 나만의 즐거운 행동을 찾아보기 바란다.

여행 경비, 문화 체험비를 쓰며 변동지출 50만 원을 유지하기는 상당히 어려울 것이다. 이런 경비는 여유자금을 만들어 지출해야 한다. 여유자금이 없으면 목돈 모으기가 팍팍해진다. 그러나 여유자금의 유무와 관계없이 1년 차에는 가능한 한 변동지출을 최소화하라. 목돈 모으기 2년 차에는 좀 더 넉넉한 여유자금을 바탕으로 1년 차보다 훨씬 편안하게 돈을 모을 수 있다. 1년 차에서 고생을 해야 레벨업을 할 수 있다.

주유비는 변동지출에 포함시켰다. 차를 타기보다는 걸어 다니며 주유비를 아껴보겠다는 의지가 들어 있다. 가정마다 사정이 다르니 주유비를 고정지출 항목으로 넣을 수도 있을 것이다.

변동지출 금액이 초과되지 않고 잘 운영된다면 성공이다. 3개월 정도 지출해보면 평균적인 변동지출 내역이 나올 것이다. 분명 시행착오가 생긴다. 당연한 수순이라고 생각하고 너무 스트레스 받지 않았으면 한다. 포기하지만 않으면 목돈 모으기는 모든 사람이 완주할 수 있는 레이스다.

6. 주별 가계부 작성하기

고정지출, 변동지출을 세팅했으면 이제 본격적으로 목표한 금액을 모으는 과정에 들어간다. 정해진 예산 안에서 잘 살고 있는지 점검할 수 있게 해주는 도구는 단연 가계부 정리다. 가계부를 작성하는 이유를 한 문장으로 정리하면 다음과 같다.

'이번 주 이만큼 썼으니 다음주에 얼마를 써야 하는지 기억하기 위해서'

변동지출이 50만 원인데 이번 주 생활비로 10만 원을 썼다. 남은 3주를 40만 원 안에서 살아야 하는 상황이다. 그러면 다음주를 대충 얼마로 살아야 하는지 답이 나온다.

1. 지난주 사용 금액 10만 원(생활비 3만 원, 주유비 5만 원, 기타 2만 원)

2. 한 달 남은 금액 40만 원

이렇게 간단하게 매주 한 번씩 기록해가며 남은 돈이 얼마이고 다음주는 얼마로 살아야 한다는 감을 잡는다. 그러면 변동지출 잔고가 얼마가 남았는지 기억하기가 쉽다.

공책이나 메모장에 적는 것이 번거롭다면 온라인 블로그에 기록하는 것도 좋은 방법이다. 매주 토요일 블로그에 가계부 기록을 올리고 있다. 가계부 내역을 올리고 사람들과 소통하다 보면 피드백도 받을 수 있다.

"이번 주는 5만원어치의 장을 보았는데 채소가게에서 떨이로 싸게 구입할 수 있어서 행복했다."

경험을 함께 기록하다 보면 추억도 쌓인다. 한 주 동안 어디에 돈을 썼는지 기록이 남기 때문에 추후 예산을 짜거나 소비 패턴을 점검하기 위한 자료로 활용할 수 있다.

가계부를 한 번도 써본 적이 없다면 다음 3가지 항목으로 정리하는 것을 추천한다.

1. 생활비 : 식재료비, 외식비, 간식비 등 음식에 관련된 비용 정리
2. 주유비 : 차량 유지에 관련된 비용
3. 기타 : 그 외 모든 잡다한 지출 비용

1년 동안 위 항목으로 정리해본 결과 큰 무리 없이 가계부를 운영할 수 있었다. 생각보다 너무 간단하지 않은가? '이 정도면 나도 가계부 정리를 할 수 있겠는걸?' 이런 생각이 든다면 당신은 분명 가계부를 지속적으로 작성할 수 있을 것이다. 단순하게 정리한다고 해도 가계 재정 운영에 문제가 없다.

그러니 자신이 지속할 수 있는 방식으로 목표한 돈을 모으는 그 날까지 가계부를 작성해보기 바란다.

7. 월급의 일정 퍼센트 모으기

고정지출과 변동지출 금액이 세팅되었으면 본격적으로 돈을 모을 차례다. 월급이 300만 원인데 고정지출과 변동지출이 100만 원이라면 200만 원을 모을 수 있는 구조가 된다. 세팅한 고정지출과 변동지출의 금액에 따라 모을 수 있는 퍼센티지가 달라진다.

작년 목돈 모으기 월별 인증을 하며 1년 동안 사용한 문구가 있다.

"맞벌이 부부 월급의 85퍼센트를 저축하여 530만 원을 모았습니다."

항상 이 문구를 쓸 수 있었다는 것은 12개월 동안 변함없이 530만 원을 모았다는 뜻이다. 아내와 내 월급을 합하면 세후 630만 원 정도가 된다. 여기에 고정지출, 변동지출 금액 100만 원을 제외하면 530만 원이다. 630만 원의 약 85%가 되는 금액이다.

매달 고정적으로 들어오는 근로소득에서 고정지출, 변동지출을 제외하면 내가 월급의 몇 퍼센트를 모을 수 있는지 알 수 있다.

신용카드를 사용하지 않아서 계산도 복잡하지 않을 것이다(3단계)

지출하는 모든 금액을 통제하고 있을 터이니 목표한 퍼센티지를 유지하기만 하면 된다. 거주 환경을 바꾸는 등의 획기적인 환경 변화가 아니라면(4단계) 월급의 85%를 모으기는 현실적으로 어렵다고 생각한다.

50~60% 정도가 삶을 크게 바꾸지 않으면서 달성할 수 있는 현실적인 퍼센티지가 아닌가 한다. 흔히 말하는 맞벌이 부부 한 사람의 월급은 저축하고 다른 한 사람의 소득은 지출하는 식으로 재정을 관리하는 것이다. 50%의 절약만으로도 재정이 일순간에 흑자로 전환되는 놀라운 경험을 하게 될 것이다.

정말로 독한 사람들은 월급의 90%를 저축한다고 한다. 이 정도의 퍼센티지는 자녀가 없는 상태여야 가능하다. 아이가 없는 맞벌이 부부가 젊은 시절 의기투합하여 90%를 저축할 수 있다면 중년이 되기 전에 경제적 자유를 이루고 진정한 파이어족이 될 수 있을 것이다.

40대가 되어서야 이 일을 시작한 것을 후회하지만 이미 지나간 일은 어쩔 수가 없다. 지금부터 모아가면 된다. 매월 모을 수 있는 월급의 퍼센티지가 나오는 순간 비로소 재정 루틴이 만들어진다. 매월 이 퍼센티지를 유지해야 한다. 1단계부터 차근차근 절차를 밟아왔다면 월급의 일정 퍼센티지를 매월 모을 수 있을 것이다.

하지만 일이 언제나 뜻대로 되지는 않는다. '돌발지출'이라는 복병이 존재한다. 교통사고가 날 수도 있고 갑자기 병원비가 들어갈 수도 있다. 예정에 없던 금액이 지출되면 목표로 한 퍼센티지가 깨지기 때문에 큰 스트레스가 발생한다. 그래서 8단계가 중요하다.

루틴을 유지하기 위한 윤활유. 목돈 모으기 프로세스의 8단계인 '여유자금'을 준비할 때가 되었다.

8. 여유자금으로 윤활유 뿌리기

고정지출과 변동지출 세팅을 꼼꼼하게 완료했어도 살다 보면 이런저런 곳에 돈이 들어간다. 예상대로 재정 관리가 되지 않으면 스트레스를 받을 수 있다.

이때 도움을 줄 수 있는 비상금이 '여유자금'이다. 여유자금은 예상치 못한 지출이 발생했을 때 돈 모으기가 꾸준히 유지될 수 있도록 하는 윤활유 역할을 한다. 돈을 모으기 시작했을 때 처음부터 여유자금을 확보해놓았던 것은 아니다. 여유자금을 마련하는 것 자체가 왠지 빠져나갈 구멍을 만들어놓는 것 같았고 목돈 모으기의 절실함을 떨어뜨리는 요인이 될 수 있다는 생각이 들었다.

그러나 돈을 모아보니 그게 아니었다. 지속적으로 변동지출, 고정지출을 관리하기 위해서는 돌발지출이 생겼을 때 잘 대처해야 한다. 돌발지출이 한번 생기면 이런저런 금액에서 돈을 끌어와 틀어막느라 진땀을 빼게 되는데 그래서 여유자금은 목돈 모으기 프로세스에서 필수라고 할 수 있다.

블로그를 운영하며 '가계부에 여유자금 지출을 포함시켜야 하느냐', '여유자금은 얼마로 계획하는 게 좋느냐,' '여유자금이 남으면 이월하느냐'는 질문을 받았다. 여유자금은 가계부 기록에 포함하지 않는다. 여유자금은 말 그대로 돌발지출에 관한 비용이기 때문에 가계부에까지 기록해가며 타이트하게 관리할 필요가 없다. 계획된 고정지출, 변동지출 금액에 여유자금까지 더하면 계산이 복잡해지고 힘들어진다.

단, **여유자금을 공돈처럼 사용하면 안 된다.** 어디까지나 돌발지출을 막는 비용이라고 생각해야 허튼 곳에 쓰지 않는다. 처음에는 여유자금을 30만 원으로 잡았고 큰 무리 없이 돌발지출을 감당하고도 돈을 남길 수 있었다. 남은 금액은 이월하지 않고 추가 저축 금액으로 활용했다. 혹은 변동지출이 초과되었을 때 메꾸는 용도로도 활용했다.

가정의 상황에 따라서 발생하는 돌발지출의 항목이 다를 것이다. 문제는 돌발지출 비용을 어디에서 마련하느냐다. 목돈 모으기 1년 차에는 여유자금을 만들기가 힘들었다. 그래서 중고 거래 수입 중 일부를 떼어놓거나 소소한 여유자금 적금을 들기도 했다.

목돈 모으기 2년 차에는 미리 여유자금을 떼어놓고 목돈 모으기를 시작할 수 있다. 언제나 처음이 힘들다. 1년 동안 목돈 모으기에 성공하면 2년 차에는 모든 면에서 안정적으로 돈을 모을 수 있다는 사실을 기억하길 바란다.

여유자금으로 목돈 모으기에 윤활유를 뿌렸다면 굳히기 단계에 들어간다. 돈을 사용하지 않는 라이프스타일을 정착시키는 단계다.

9. 라이프스타일 세팅하기

지금까지 이야기한 8단계의 목돈 모으기 프로세스가 정확한 진단을 처방으로 한 양방과 같은 것이었다면 9단계는 증상의 근본 원인을 치료하는 한방과 같다고 할 수 있다. 변동지출을 줄이는 단계에서 가장 힘든 것은 소비하고 싶지만 이를 억제하는 데서 발생하는 스트레스다.

그동안 견지해온 소비적인 라이프스타일을 바꾸기는 매우 어렵다. 의지가 강한 사람이라면 모르지만 '난 도저히 그렇게는 못하겠어', '이렇게 참고 사는 것은 행복이 아닌 것 같아' 이런 생각이 자주 들면 변동지출 통제에서 무너질 확률이 높다.

그렇다면 어떻게 해야 할까? 답은 '관점의 전환'에 있다. 인생에서 행복을 가져다주는 것이 비단 '소비'에만 있는 것은 아니다. '생산'에서도 행복을 찾을 수 있다. 돈을 쓰는 것에서 행복을 느끼는 것만큼 돈을 버는 삶에서도 행복을 느낄 수 있다는 이야기다.

3천만 원짜리 풀옵션 자동차를 구매하면서 행복한 사람이 있고 3천만 원짜리 원룸 오피스텔에서 월세를 받으며 기뻐하는 사람도 있다. 매일 온라인 게임을 하며 최고 실력을 뽐내는 사람이 있고 온라인 게임을 하는 방송을 하면서 광고 수익을 얻는 사람이 있다. 전자가 '소비'의 행복이라면 후자는 '생산'의 기쁨이다.

돈을 쓰는 일은 언제나 즐겁다. 맛있는 것을 사 먹고, 가지고 싶은 물건을 사는 게 어찌 즐겁지 않을 수 있을까. 하지만 돈이 많은 상황에서 자유롭게 소비하는 것과 없는 돈을 의식하며 소비하는 것에는 차이가 있다. 『더 해빙』의 이서윤 작가는 '있음'을 느끼는 삶이 운을 불러들인다고 말한다. 예를 들어 내 수중에 이번 달 마음대로 쓸 수 있는 돈 50만 원이 있다고 가정해보자. 치킨을 먹고 싶어 가격을 확인해보니 2만 원이다. 2만 원은 가진 돈 50만 원에 비하면 작은 돈이다. '치킨이 2만 원이라니 왜 이리 비싸?' 이런 생각에서 벗어나 '나는 지금 50만 원이 있어. 2만 원을 사용하는 것은 큰 부담이 아니야' 라고 감사한 마음으로 돈의 '있음'을 느끼며 소비할 때 마음이 편해지고 운도 좋아진다는 것이다.

하지만 실제로 돈이 별로 없는데 '있음'을 느끼기는 쉽지 않다. 공돈 50만 원이 수중에 생겼더라도 가진 재산이 넉넉하지 않으면 편하게 돈을 쓰기가 어려운 것이 인지상정이다. 자산을 불려감으로써 진짜 부자가 되고 마음 편하게 소비하는 자유를 느끼고 싶지는 않은가?

인생에서 좋아하는 일이 하나쯤은 있기 마련이다. 운동을 좋아한다면 운동 라이프스타일, 책을 좋아한다면 독서 라이프스타일을 견지해보기 바란다. 꼭 생산적인 라이프스타일이 아니어도 괜찮다. 소비와 거리가 먼 라이프스타일을 선택하는 것만으로 변동지출 통제가 한결 수월해질 것이다.

라이프스타일이야말로 소비지향적인 삶 자체를 근본적으로 바꿔 놓을 수 있는 강력한 무기다. 나는 글쓰기 라이프스타일을 선택했다. 아끼고 모으는 인생이 재미있는데 이런 삶을 글로까지 표현하니 더 즐겁다. 글쓰기 바빠서 소비할 시간이 없다. 당신은 어떤 라이프스타일을 선택하겠는가?

10. 반복하고 점검하며 시스템화하기

목돈 모으기 프로세스 9단계까지 왔다면 매우 순조롭게 돈이 모여간다는 것을 체감할 것이다. 10단계는 모든 단계가 큰 스트레스 없이 잘 이루어지고 있는지 점검하고 확인하며 시스템화하는 단계다.

인생이 평탄한 길만 걷는 것이 아니듯이 목돈 모으기도 언제나 순조로울 수만은 없다. 그래서 내가 지금 돈을 잘 모으고 있는지, 왜 돈을 모으려고 했는지 끊임없이 자기성찰하고 반성하며 단계별로 문제점을 해결해나가야 한다.

- 1단계: 처음에는 목돈 모으기에 대한 의지가 불타올랐으나 지금은 그 에너지가 떨어졌다면 결핍 에너지와 희망 에너지를 점검해야 한다.

- 2단계: 기한 내에 목표 금액을 달성하기가 힘들어 보인다면 계획을 수정해 현실적인 목돈 모으기 플랜을 마련해야 한다.

- 3단계: 신용카드를 사용하며 지출을 통제할 수 있다고 생각했지만 자꾸 문제가 생긴다면 신용카드 대신 체크카드를 사용하는 것을 진지하게 고려해야 한다.

- 4단계: 공과금, 통신비, 거주비 등 고정지출을 줄이기 위해 최선을 다했는지 점검해야 한다.

- 5단계: 의지가 너무 부족하여 변동지출 금액보다 많은 돈을 썼다면 다음달에는 이런 일이 없도록 특단의 각오와 실행력을 발휘해야 한다.

- 6단계: 가계부를 작성하는데 어느 순간 기록을 위한 가계부 작성을 하고 있다면 예산 내에서 살기 위한 가계부 작성을 할 수 있도록 스스로를 돌아봐야 한다.

- 7단계: 월급의 일정 퍼센트를 모으기로 하였으나 더 적은 금액을 모았다면 그 이유가 무엇인지 면밀하게 분석하여 새어나가고 있는 지출 금액을 잡아야 한다.

- 8단계: 나름 여유자금을 마련하여 목돈 모으기 시스템을 유지하고 있었으나 가족이 너무 힘들어한다면 여유자금의 비율 조정을 진지하게 고려해야 한다.

- 9단계: 돈을 모으는 게 너무 스트레스가 된다면 현재의 라이프스타일에 문제가 있는 것은 아닌지 성찰해야 한다.

- 10단계: 돈 모으기의 의지와 에너지, 성과가 잘 나지 않을 때 항상 위의 시스템을 점검해야 한다.

목돈 모으기는 장기 레이스다. 마라톤을 완주하기 위해서는 달리는 과정에서 컨디션도 좋아야 하고 물도 마셔가며 갈증을 해소해야 한다. 힘든 구간과 그렇지 않은 구간에 대한 사전 정보도 필요하다. 그래야 완주할 수 있다.

목돈 모으기 10단계 프로세스는 당신이 기나긴 레이스를 완주할수 있도록 도와주는 도구이자 길잡이가 되어줄 것이다. 현재 내가 어떤 단계에서 문제를 겪고 있는지 점검해보고 하나씩 해결해나간다면 어느순간 원하는 돈이 모여 있을 것이다.

지금까지 각 단계에서 일어나는 문제점들을 해결하기 위한 방안을 이야기했다. 하지만 개개인의 상황이 다를 수 있고 글에서 담아내지 못한 부분도 분명 있을 것이다. 그럴 때는 내가 운영하는 블로그 〈1년 1억 짠테크 이야기〉의 '티티새 짠테크 상담 게시판'에 글을 올려주기 바란다. 부족하지만 최선을 다해 답변하도록 하겠다.

기나긴 레이스를 모두 완주했으면 좋겠다. 먼저 가보니 가시밭길일 것 같다고 지레 겁을 먹고 가지 않았을 뿐 누구나 갈 수 있는 길이었다. 항상 옆에서 모두 완주할 수 있도록 응원하고 싶다.

20대 맞벌이
1년 3천만 원 모으기

지금까지 40대 맞벌이 1년 1억 모으기라는 주제로 이야기를 해왔다. 만약에 타임머신을 타고 20대로 돌아간다면 1년에 얼마를 모을 수 있을까? 티티새의 〈1년 1억 짠테크 이야기〉 블로그를 운영하며 다양한 연령대의 사람들과 소통하고 있다. 40대가 운영하는 블로그지만 감사하게도 20대 중후반의 젊은 사람들도 많은 관심을 보여준다.

20대가 글을 읽고 돈을 모으고 싶어졌다는 이야기를 해줄 때마다 고맙기도 하면서 한편으로 '**젊은 나이에 저렇게 경제관념이 깨어 있다니. 내 젊은 시절이 부끄럽다. 나도 더 일찍 돈을 모았으면 좋았을걸**' 하고 부러움을 느낄 때도 많다.

20대 사회 초년생이 1년에 1억을 모으는 것은 무리다. 절약과 저축에 눈뜬 20대가 현실적으로 모을 수 있는 목표 금액은 얼마일까? 맞벌이를 전제하고 아이가 없다고 가정했을 때 1년에 3천만 원 정도 모을 수 있지 않을까 생각한다.

20대 중반에 취직을 하고 결혼을 한 후의 재정적 상황을 시뮬레이션해 재정 계획을 세워보겠다.

한 달 수입 400만 원에서 월세, 고정지출, 변동지출 150만 원을 제하니

1. 월급 세후 200만 원으로 가정한다. 맞벌이부부 400만 원이 월수입이다.

2. 보증금 500만 원 월세 50만 원인 오피스텔에서 살림을 시작한다.

3. 관리비 20만 원, 통신비 10만 원, 보험료 20만 원, 총 50만 원을 고정적으로 지출한다.

4. 생활비 30만 원, 주유비 20만 원, 변동지출 50만 원을 지출한다.

250만 원이 남는다. 250만 원을 12개월 동안 모으면 정확히 3천만 원이다.

물론 여기에는 결혼 후 아내와 데이트하는 비용도 포함되어 있지 않고, 휴가 기간에 드는 여행 경비 같은 것도 잡혀 있지 않다. 신혼 초 달달한 일상을 즐기고 싶은데 조금 팍팍할 것이다. 하지만 목돈 모으기 1년 차가 힘들지 2년 차, 3년 차가 될수록 점점 여유가 생길 것이다.

이렇게 3천만 원씩 모아 5년을 모으면 1억 5천이 될 것이다. 근무연수가 쌓이면 당연히 월급도 올라간다. 그래서 실제로 모으는 금액은 훨씬 더 많을 것이다. 7년 정도가 지나 35세가 되었을 때 2억 정도가 모이면 무주택 청약 혹은 대출을 받아 내 집 마련에 도전할 수 있다. 물론 내 집 마련이 우선이므로 신혼부부 특별공급 등 쓸 수 있는 청약카드는 부지런히 사용해야 한다.

자기 자본이 2억 정도가 되면 3억을 대출받아 시세 5억 상당의 아파트 매수가 가능하다. 물론 부동산 공부를 병행해 입지가 괜찮은 매물을 매수해야 한다. 여기서도 2가지 선택지가 생긴다. 살던 대로 계속 오피스텔에 살면서 매수한 집을 전월세를 주는 방법이 있고 매수한 집에 들어가서 사는 방법이 있다.

나라면 계속 오피스텔에 살면서 매수한 집은 월세를 놓겠다. 그리고 계속 돈을 모으며 들어오는 월세 또한 모두 아파트 대출금을 갚는 데 쓰며 온전히 내 집 마련을 가속화한다. 과거로 돌아간다면 꼭 해보고 싶은 20대 맞벌이 1년 3천만 원 모으기 플랜이다.

물론 근로 소득이 200만 원보다 많은 사람은 이 시간이 훨씬 단축될 것이다.

30대 맞벌이
1년 6천만 원 모으기

35세에 3억 대출을 받아 5억짜리 아파트를 매수했다고 하자. 이제부터는 아파트 대출원리금이라는 추가 지출이 발생한다. 그래도 자기 집이 있다는 것은 인플레이션을 헤지할 수 있다는 뜻이니 이 빚은 좋은 빚이다.

3억을 대출받아 35년 원리금 균등 분할 상환 방식으로 연리 2.5퍼센트를 지불한다면 한 달에 갚아야 할 금액이 107만 원 정도 된다. 월세를 얼마에 놓을 수 있느냐에 따라 다르겠지만 시세가 5억 정도인 아파트라면 보증금 3천만 원에 월세 100만 원 이상은 받을 수 있다.

물론 약 한달치의 월세에 해당하는 임대소득세를 국가에 납부해야 하지만 재정 구조에 큰 변화가 생기지는 않는다.

35세 맞벌이 부부의 재정 상황을 다음과 같이 가정하여 시뮬레이션 해보자.

1. 35세 맞벌이 부부의 근로소득을 각각 300만 원씩 합계 600만 원으로 잡는다.
2. 매월 나가는 변동 및 고정지출은 150만 원이다.

3. 한달 450만 원을 모을 수 있으며 12개월을 곱하면 5천400만 원이다.

4. 이 5천400만 원을 대출금 상환에 사용한다.

5. 대출금이 상환될 때마다 월세 순수익이 증가한다(5천400만 원을 갚으면 내야 할 대출 원리금이 88만 원이 된다)

6. 5년 동안 상환하면 2억 7천을 갚을 수 있다. 월세 보증금 3천이 있었기에 보증금까지 합하면 빚이 모두 청산된다.

40대가 되면 월급도 늘어날 것이고 월세 순수익도 더욱 늘어날 것이다. 직전 5년보다 빨리 목돈이 만들어질 것이다. 월세 수입을 대출금 상환에 쓰면 빚이 더 빠른 시간 안에 청산될 것이다. 하지만 대출금 상환 대신 자녀 교육비 등 여유자금으로 활용하면서 경제적 자유의 기쁨을 느껴보는 것도 좋겠다.

이전처럼 오피스텔에서 살면서 월세를 받으며 자산을 불리는 것도 좋다. 하지만 아이들 때문에 집을 넓혀가야 할 것이다. 세를 놓았던 집이 값이 제법 올랐으면 시세 차익을 내고 매도하는 것도 좋은 방법이다. 돈을 조금 더 보태 현재보다 더 나은 입지로 집을 갈아탈 수 있다면 부동산 상승기에 더욱 크게 자산을 불릴 수 있다.

내 집 마련이 된 상태에서 본격적으로 돈을 모으면 맞벌이 부부는 1년 1억 모으기가 가능하다. 방법은 똑같다. 조금 불편한 곳에서 살면서 월세라는 기회비용을 발생시키고 근로 소득을 모아 1년 안에 큰 목돈을 만드는 것이다. 이런 식으로 돈을 모으며 살아가면 40대 후반에는 어떤 삶이 펼쳐지게 될까?

경제적 자유를 위해 오늘도 최선을 다해 돈을 모으고 있는 이 시대의 모든 20, 30대를 진심으로 응원한다.

절약과 저축 9개월이 지나면
진작 모으지 못한 삶을 후회한다

목돈 모으기를 큰 변수 없이 9개월 정도 진행하면 끝이 보인다. 목표금액을 달성할 수 있을지 예측할 수 있는 것도 이 시기다. 달성 여부와 관계없이 9개월 동안 절약과 저축을 실천해왔다면 다음과 같은 감정이 들 것이다.

'이렇게 모으고 살 수 있었는데… 그동안에 모으지 못한 것이 후회스럽다.'

반년이 넘는 시간 동안 돈을 모아보면 아끼고 모으는 것이 생각보다 어려운 일이 아님을 알게 된다. 외식에 대한 욕구나 갖고 싶은 물건에 대한 소비를 절제하기 위한 스트레스도 시간이 지나면 줄어든다. 오로지 모으고 불리는 패턴이 반복되는 이 시기에는 목돈 모으기가 이렇게 쉬운 거였느냐는 허탈한 기분이 들기 마련이다.

비장하고 장렬한 마음으로 목돈 모으기를 시작했다. 그러나 막상 실천해보니 그리 어렵지 않다는 것을 깨닫게 된다. 이런 삶이 편해지고 자연스러워질수록 '조금 더 빨리 시작했으면 좋았을걸' 하는 아쉬움이 생긴다.

절약과 저축은 현재를 희생에서 미래에 대비하는 일이라고 생각했지만 목돈 모으기는 그런 거창한 것이 아니었다. 돈을 모으면 다음과 같이 소비의 즐거움과는 다른 의미에서 행복을 찾고 새로운 인생을 살게 된다.

1. 외식을 하지 않아도, 물건을 사지 않아도 인생에 아무런 변화가 없다

오히려 외식을 하지 않아서 살이 찌지 않고 다이어트에 큰 도움이 되었다. 짠테크에는 집밥이 필수다. 한식은 칼로리가 낮아 체중을 유지하기에 좋다. 물건을 사기 위해서 이리저리 웹사이트를 기웃거리는 시간이 사라졌다. 그 시간에 다른 의미 있는 일을 하니 삶이 더 풍성해진다.

2. 시골집에서 살아가는 인생이 의외로 만족스럽다

나는 편의시설이 갖추어진 도시를 선호하는 사람이다. 환경적인 인프라가 부족한 시골생활이 불편할까 봐 걱정했다. 그러나 요즘 이런 생각이 든다.

'언젠가 과거를 회상할 때 지금 이 시골길을 걸으며 하루를 마무리하는 이 순간이 사무치게 그리워질 것 같다'

고요한 시골에서 새소리를 들으며 기상한다. 커피 한 잔과 독서, 글쓰기가 유희의 전부인 고즈넉한 삶. 이 순간이 도시에서의 삶보다 정신적으로 풍요롭고 더 만족스럽다. 아이들만 아니라면 아내와 둘이 평생 이런 곳에서 살고 싶다는 생각까지 든다.

3. 돈을 쓰는 삶도 행복하지만 모으는 삶도 그에 못지않게 행복하다

소비를 하지 않으니 월급날 들어오는 근로소득이 그대로 모인다. 신용 카드를 사용하지 않으니 빠져나가는 돈도 없다. 체크카드로 모든 재정을 통제한다. 모은 돈을 그대로 자동이체하여 정기예금을 개설한다. 눈덩이가 불어나듯 커지는 목돈을 보면서 행복하지 않을 사람은 없을 것이다.

저축은 인간의 근원적인 욕망 중 하나라고 한다. 저축을 한다는 것은 미래에 대비해 나의 생존률을 높이는 행위이기 때문이다. 진화심리학적인 관점에서 보면 인간은 자신의 생존률을 높이는 행위를 할 때 행복감을 느낀다. 즐거워야 그 행위를 반복하고 그 결과 생존확률이 높아진다.

돈을 모으는 것은 재미있다. 이 재미있는 인생을 이제야 알게 되었으니 아쉽다. 절약과 저축이 정말 재미있을까? 의구심을 갖는 사람들도 있으리라 생각한다. 왜 사람들이 10원, 100원을 벌기 위해 앱테크를 하며 출석체크를 하겠는가? 푼돈일지언정 모으는 과정 자체가 즐겁기 때문이다. 그리고 그 즐거움의 본질은 성취감에 있다.

목돈 모으기의 즐거움을 나누고 싶다. 이 재미있는 인생을 모른다는 것은 삶에서 한번쯤 해볼 만한 즐거운 경험 하나를 놓치는 것이다. 그 행복감을 확인해보기 위해서라도 최소 9개월 동안 짠테크를 실천해보기 바란다. 만에 하나 재미가 없더라도 돈이 남을 테니 손해볼 일은 없을 것이다.

6장

목돈 모으기
상담 사례

블로그에서 '티티새 짠테크 상담 게시판'을 운영하고 있다. 절약과 저축, 종잣돈 마련, 투자 등 다양한 질문이 올라온다. 짠테크 상담을 하다 보니 알게 된 사실이 있다. 대부분의 고민이 '우선순위'에 관한 문제라는 것이다. 가령 돈을 모으고 싶은데 직장 스트레스 때문에 자꾸 소비를 하게 되어 고민이라는 사례의 경우, 돈도 모으고 싶고 현재의 삶도 포기하기 힘들어 생기는 갈등이다. 목돈을 모으고 싶다면 목돈 마련 이외의 선택지를 포기하고 확실하게 노선을 정해야 한다.

투자로 돈을 불린 사람들의 이야기를 들어보면 종잣돈 모으기가 가장 힘들었다는 이야기를 한다. 단기간에 목돈을 마련하고 싶은 사람이라면 더더욱 우선순위를 절약과 저축에 두어야 할 것이다. 이번 장에서는 짠테크 상담 게시판에 올라온 내용 중 대표적인 사례를 소개하고자 한다.

1. 절약과 투자에 대한 의견이 배우자와 달라요
2. 어머니의 노후 걱정 때문에 돈을 모으기가 어렵습니다
3. 살고 있는 집 매도가 먼저인가요? 새 집 매수가 먼저인가요?
4. 조금 늦게 시작하는 사람들을 위한 재테크 계획이 궁금합니다
5. 목돈 만들기 Q&A

1. 절약과 투자에 대한
의견이 배우자와 달라요

나는 열심히 절약해서 모은 돈으로 투자를 하고 싶은데, 배우자와 의견이 달라 힘든 경우입니다. 저도 경험한 일이기 때문에 곰곰이 과거를 되짚어가며 이 문제를 어떻게 해결했는지 생각해봤습니다.

투자에 대한 생각이 다른 경우와 절약에 대한 생각이 다른 경우, 이 2가지 경우로 나누어 해결방안을 제시하겠습니다.

1. 투자에 대한 생각이 다른 경우

아직까지 생각나는 씁쓸한 장면이 있습니다. 2015년 아내가 송도 국제도시 신축을 프리미엄을 주고 매수하자고 했을 때의 일입니다. 그때 재테크의 '재'자도 몰랐던 저는 아내에게 이렇게 이야기했습니다.

"그 아파트가 얼마인데? 뭐? 프리미엄이 2천?? 세상에… 그 아파트를 매도하는 사람은 공짜로 차 값을 버는 거잖아. 그런 호구짓은 절대로 할 수 없어."

지금 그 아파트는 그때보다 몇 억이 넘게 올라 '그때 내 말 좀 듣지 쯧쯧' 하는 아내의 원망을 평생 듣고 살게 만들어줬습니다. 금융, 재테크 지식이 있는 사람과 없는 사람과 만나면 이토록 불행한 사건이 생길 수 있습니다. 그렇다면 다시 물어봅니다.

빚을 지면 큰일난다고 생각하며 살아온 재테크 지식이 전무한 사람을 바꾸려면 어떻게 해야 할까?

저는 '책' 외에는 답이 없다고 생각합니다. 특히 자본주의의 실상을 깨닫게 해줄 영화 〈메트릭스〉의 '빨간약'과 같은 효과가 있는 책 말이지요. 사람이 생각을 바꾸기는 정말 쉽지 않습니다. 하지만 평소 가지고 있던 관점이 바뀌면 생각도 바뀔 수 있습니다.

관점을 바꾸기 위해서는 기존 사고체계에서 벗어나야 하는데 논리적으로 설득되는 사람이 있고, 감정적으로 설득되는 사람이 있습니다. 그래서 책도 다양하게 접해야 합니다. 배우자에게 책을 권해보는 게 어떨지요. 물론 책을 정말 싫어하고 읽지 않는다면 과감하게 당근을 제시하면서 권하기 바랍니다.

책을 잘 안 읽는 사람일수록 머릿속이 백지 상태이기 때문에 의외로 효과가 클 수 있습니다. 선입견을 깨는 것은 정말 어렵습니다. 저도 빚지고 살면 큰일나는 줄 알았습니다. 프리미엄을 주고 아파트를 사면 호구임을 인증하는 것이라고 생각했습니다. 하지만 지금은 대출도 열심히 알아보고 벤츠 값 이상의 프리미엄을 주고도 아파트를 매수합니다.

배우자의 성향에 따라 객관적인 데이터나 팩트 기반의 자료를 제시하는 것도 도움이 될 것입니다. 하지만 제 아내는 제 이야기보다도 책에 있는 말을 더 신뢰하더군요. 똑같은 이야기를 했는데 억울할 때가 많습니다. 저자의 권위라는 게 있는 모양입니다.

2. 절약에 대한 생각이 다른 경우

나는 아끼고 모아서 투자도 하고 경제적 자유도 이루고 싶은데, 배우자는 현재를 즐기며 사는 유형인 경우 서로 큰 스트레스를 받기 마련입니다. 현재를 즐기는 수준까지는 아니더라도 아이 사교육은 시켜야 하고 부모님 용돈도 얼마는 드려야 하는 등 가치관이 다른 경우도 문제가 됩니다.

절약 문제에서 가치관이 다른 경우 저는 설득보다는 상대가 나를 응원해주고 싶게끔 만드는 전략을 권합니다. 배우자와 대화하면서 내가 왜 저축을 하고 싶고, 왜 그렇게 살고 싶은지 진심을 담아 이야기를 나누는 것입니다.

'**나 그 물건 정말 갖고 싶어. 좀 사주면 안 될까?**' 이런 심정과 똑같은 '**나 절약을 너무 하고 싶어. 좀 아끼면 안 될까?**'라는 심정을 전달하는 것입니다.

죽은 사람 소원도 들어준다는데 절약하자는 말을 들어주지 않을 배우자가 있을까요? 논리적으로 설득하기보다는 내 간절한 바람을 이루어줄 수 있는 것은 당신뿐이라는 느낌으로 설득하면 좋겠습니다. 그리고 절약해 돈이 쌓이니 너무나 행복하다는 것을 온몸으로 표현하고 보여주세요. 이번 주는 이만큼 아꼈다고 가계부를 보여주고 중고 물건을 팔아 부수입이 이만큼 들어왔다고 자랑도 하고 말입니다. 나와 생각이 다를지언정 배우자가 이렇게 기뻐하는데 그 삶을 지지해주고 싶지 않을까요?

　내가 돈을 모으고 싶은데 당신 때문에 돈을 모으지 못해 답답하다는 뉘앙스를 풍기면 설득이 더 어려워집니다. 논리적으로 싸우려 들 것입니다. 그러다가 이렇게 말하겠지요.

　'거봐, 당신이 절약하려고 하니까 가족이 이렇게 불행해지잖아!'

　배우자가 이렇게 생각하게 만들면 좋겠습니다.

　'그래, 까짓 거 나랑 생각은 다르지만 저렇게 좋아하는데… 노력해보지 뭐.'

　오스트리아의 심리학자 아들러에 따르면 우리는 상대방에게 '공헌'할 때 행복을 느낀다고 합니다. 내가 한 행동으로 인해 사랑하는 사람이 행복감을 느낀다면 그렇게 하고 싶을 것입니다.

2. 어머니의 노후 걱정 때문에 돈을 모으기가 어렵습니다

20대 후반의 여성이 상담을 요청한 내용입니다.

1. 티티새님의 글을 읽고 소비 통제에 눈을 떴습니다.

2. 20대 후반이 될 때까지 한 달 벌어 한 달 동안 카드로 다 쓰고 사는 삶을 살았습니다.

3. 주변의 잘사는 지인들 때문에 상대적 박탈감이 심합니다.

4. 카드 소비의 악순환을 끊어내기 위해 생활비 명목으로 빌린 신용대출을 갚고 싶습니다.

5. 다만 경제활동이 점점 더 어려워지는 홀어머니가 계신데 이 생각만 하면 마음이 답답합니다.

6. 현재 상황에서 제게 어떤 마음가짐이 필요한지 알려주세요.

소비적인 삶을 살아온 지난날이 후회되지만 앞으로는 절약과 저축을 하면서 살고 싶다. 하지만 홀어머니 문제로 마음이 답답할 때가 있다는 내용입니다.

이에 대한 제 대답은 이렇습니다.

1. 20대에 절약을 시작하는 것만으로도 성공이다

제 블로그에는 30대~50대의 여성이 자주 방문합니다. 대부분 절약 저축에 관심이 많고 알뜰살뜰 하루를 열심히 사는 사람들이지요. 그런데 가끔씩 궁금해질 때가 있었습니다.

'방문하는 사람들 중 왜 20대는 별로 없을까? 아끼고 살아야 하는 이유가 많은 시기인데.'

제 자신의 모습을 돌이켜보니 답을 찾을 수 있었습니다.

'너는 20대에 무엇을 하고 살았는가? 절약에 관심이 있었는가? 돈을 모으고 살았는가? 관심사가 무엇이었는가?'

네, 솔직하게 고백하자면 관심사는 연애였고 온라인 게임에 빠져 살았습니다. 절약은커녕 하루하루 감정적인 만족을 추구하며 외식을 하고 전자제품을 구입하며 소비적인 삶을 살았습니다. 사회 초년생 시절에는 일이 너무 피곤해서 저녁에 쓰러지듯 잠을 자고 아침에 간신히 일어나서 출근했습니다.

그래서 월급이 들어오면 '이 돈은 나를 위해 써야겠다. 나에 대한 작은 보상이야'라고 하면서 소비를 했습니다.

그런 의미에서 20대에 이렇게 절약을 시작하려는 마음을 먹었다는 것은 진심으로 대단한 일이라고 생각합니다. 저와 가깝게 지내는 20대 이웃이 몇 명 있는데 이들은 절약하고 저축하는 실행력이 저보다 훨씬 뛰어납니다.

모두 재정적으로 여건이 좋은 편이 아닌데 공통점은 실행력이 뛰어나다는 점입니다. 항상 무엇인가를 하고 있으며, 좋은 에너지를 받으면 바로 행동으로 옮깁니다. 젊기에 에너지와 열정이 넘쳐서 그런 것 같습니다.

친구가 더 잘사는 것 같고 돈도 더 많이 모은 것 같아 상대적 박탈감을 느낄 수도 있지만 금방 따라잡을 수 있습니다. 생각보다 아끼고 모으고 불리는 삶을 계속 유지할 수 있는 사람은 많지 않습니다. 꾸준한 실행력만 뒷받침된다면 지인들이 부러워하는 삶을 살 수 있을 것입니다.

2. 체크카드로 바꾸고 신용대출은 반드시 갚는다

카드 대출 빚을 갚기로 한 것은 정말 잘한 일입니다. 체크카드로 전환하는 과도기만 잘 이겨낸다면 반은 성공한 것입니다. 소비하는 모든 돈을 체크카드로 결제하는 시스템을 갖추고 있는지 여부가 지출 통제의 1순위라고 생각합니다. 그만큼 중요합니다.

사람이 머리가 좋아서 다음달 결제될 신용카드 금액까지 다 기억할 것 같지만 그렇지 못합니다. 지금 통장에 얼마가 남았고 이번 주에 얼마를 써야 하며 그러면 한 달 동안 어느 정도의 금액으로 살아야 한다는 명확한 계산이 나올 수 있어야 합니다. 그런 계산이 가능하도록 만들어주는 것이 바로 체크카드 사용 시스템입니다.

3. 홀어머니 문제는 돈을 모으면 자연스럽게 해결된다

돈을 모아도 홀어머니 문제가 걱정되어 앞날이 불안하다고 했는데 결론부터 말하면 홀어머니로 인한 걱정은 돈을 모으면 자연스럽게 해결될 것입니다.

『세이노의 가르침 SAY NO』라는 책에 다음과 같은 내용이 있습니다. 세이노님이 사장으로 있을 때 능력이 출중한 부하직원이 있었는데 항상 돈에 쪼들리는 생활을 하는 듯해 그 이유를 알아보니 부모님에게 보태드리느라 돈을 잘 모으지 못하는 것이었습니다. 세이노님은 자식을 대하는 심정으로 부하직원을 불러 부모에게 용돈을 주지 말고 악착같이 돈을 모으라고 조언합니다. 목돈이 생겨야 불릴 수 있고 금융소득과 자본소득을 만들 수 있는데 아끼는 직원이 돈을 모으지 못하는 상황이 얼마나 답답했겠습니까. 다행히 그 직원은 그 말을 새겨듣고 성실하게 돈을 모아 경제적 기반을 탄탄하게 다질 수 있었다고 합니다.

다른 사람과 자신을 비교하지 않기는 쉽지 않습니다. 나보다 남들이 경제적 상황이 좋은 것 같아 '그동안 나는 뭐 했지, 나는 왜 좋은 부모를 만나지 못했지' 하면서 처지를 비판하기 쉽습니다. 하지만 비교해서 나아지는 것은 아무것도 없습니다. 부자들은 감정에 관계없이 해야 할 일을 하는 사람들이라는 말이 있습니다. 절약과 저축은 쉬운 일은 아니지만 확실하게 부자가 될 수 있는, 내 감정과 관계없이 해야만 하는 일입니다.

아끼고 모으고 불려서 어머니에게 행여라도 경제적 위기가 닥치면 도와드릴 수 있도록 하는 게 어떨까요? 저 역시 그런 생각으로 하루하루 돈을 모으며 살고 있습니다. 당장 어머니에게 용돈을 드리는 것도 좋은 일이지만 모으기 단계에서 용돈을 드리는 것은 현명한 생각이 아닙니다. 목돈 모으기에는 우선순위가 있습니다. 드릴 상황이 못 되는데 드리면 주는 사람과 받는 사람이 모두 불편하고 미안합니다.

그러니 너무 걱정하지 말고 돈을 모으는 데 집중했으면 합니다. 이것저것 신경 쓰면서 모을 수 있을 만큼 절약과 저축이 호락호락하지 않습니다. 1년에 얼마를 모으기로 목표를 잡고 성공하면 또 2년 차, 3년 차로 가면서 단계적으로 목표치를 높여가기 바랍니다.

3. 살고 있는 집 매도가 먼저인가요? 새 집 매수가 먼저인가요?

10년 동안 전세를 살다가 세를 5천 올려달라는 집주인의 요구에 2017년 다가구 주택을 매입한 이웃의 이야기입니다. 2017년 처음 내 집 마련을 하였으나 다가구를 매입하는 과정에서 상담을 요청한 아내의 의견이 제대로 반영되지 못했습니다. 결국 현재 서울 집값이 폭등하는 상황에서 아파트를 선 매수하고 이 다가구 주택을 처분하는 것이 나은지 아니면 주택을 정리한 후 아파트를 매입해야 하는지 부부간에 의견충돌이 있는 상황이었습니다.

3가지 질문을 했는데 하나하나 답변해보겠습니다.

1. 선 매수 후 다가구 주택 매도, 다가구 주택 매도 후 매수 어떤 것이 좋을까요?(남편의 의견과 상관없이 매수를 먼저 하고 싶은 마음이 큰 상태)

정답은 없지만 저라면 어떻게 할지 알려드리겠습니다. 우선 둘 중 어떤 방식을 정하기 전에 이 문제에 대해서 부부간에 많은 대화가 필요합니다. 한쪽의 의견만으로 결정한 투자는 잘되었을 때는 문제가 없지만 잘못되었을 경우 부부뿐 아니라 다른 가족에게도 부정적인 영향을 미칩니다.

만약 저라면 먼저 다가구 주택을 매도하고 아파트를 매입할 것입니다. 이유는 다가구가 매도되지 않은 상태에서 아파트를 전세를 끼고 매수하면 자금 문제가 발생할 수 있습니다.

전월세를 놓아본 입장에서 얘기하면 만약에 다가구 주택이 매도가 되지 않고 다가구 전세금을 빼주어야 하게 되면 자금 융통에 큰 문제가 발생할 수 있습니다.

투자는 모든 리스크에 대한 준비가 되어 있을 때 안정적으로 할 수 있습니다. 집을 사지 못한 상황에서 집값이 천정부지로 치솟을까 봐 걱정하는 마음도 이해하지만 내 집이 날아갈 수 있는 최악의 상황 또한 염두에 두고 투자하는 게 좋습니다. 예를 들어 다음과 같은 상황을 가정해봅시다.

1) 전세를 끼고 샀는데 나중에 세입자에게 빼줄 전세금을 현금으로나 대출금으로 확보할 수 있는가?(전세퇴거자금의 확보 가능 여부)

2) 2주택자가 되었을 때 대출로 인해 발생할 문제점은 없는가?(추후 아예 대출이 나오지 않을 경우를 가정해봄)

3) 다가구 주택이 매도가 안 되도 문제가 없는가?(앞으로 평생 매도가 안 될 수도 있다고 가정)

4) 만약 세입자 퇴거 및 자금 융통을 위해 2년에 얼마라는 현금이 필요하다면 모아서 마련할 수 있는가?

5) 7·10 부동산 규제로 취득세 8%를 내야 할 수도 있다 등등

이런 문제를 고민해보고 자금 융통에 큰 문제가 없다면 지금 사든 나중에 사든 큰 문제가 없습니다. 다주택자에 대한 징벌적 규제에 대한 뉴스가 연일 보도되고 있는 상황이니 최악의 상황을 가정하고 꼼꼼히 대비하는 게 좋습니다. 참고로 저는 보유하고 있는 아파트 대출금을 몇 년이 걸리든 모두 갚을 계획입니다. 조금 늦게 가는 길일 수는 있으나 지금 분위기에서는 오히려 안전하고 확실한 방법이라고 생각합니다.

2. 현재 재정 상태로 어떻게 계획을 세워야 할지 막막합니다

맞벌이 부부이고 월 490만 원 수입에 한 사람분의 몫을 저축하고 있는 상황이라고 하셨는데 저라면 부부 용돈을 없애고 양가 부모님께도 돈이 모아지면 용돈을 드리겠다고 양해를 구하겠습니다.

그리고 다가구 주택이 팔리지 않는다고 전제하고 다가구를 월세로 돌리는 방안을 고민하겠습니다. 세입자의 전세금을 빼줄 만큼 돈을 모아야 월세 전환이 가능하겠지요. 지역이 낙후되어 있어서 월세를 찾지 않는다고 했지만 저는 그보다 더 입지가 좋지 않은 곳에서도 월세를 놓아본 적이 있습니다.

월세를 잘 놓는 방법은 인테리어 및 홍보입니다. 그럴듯하게 인테리어를 한 후 사진을 예쁘게 찍어 지역 카페 및 부동산 50곳 정도에 내놓으면 세입자가 구해집니다. 시세차익을 얻지 못하는 애물단지라고 생각할 수도 있지만 수익형 부동산으로서의 역할만 해준다면 효자 노릇을 톡톡히 할 것입니다.

이상한 세입자도 있고 자주 수리하느라 고생도 하겠지만 따박따박 월세를 받을 수 있다면 앞으로 투자할 아파트에 큰돈이 들어가도 현금흐름이 생기니 큰 도움이 될 것입니다. 물론 무조건 이 집을 정리하고 싶다면 이 이야기는 필요가 없게 되겠지요.

투자를 함에 있어서 시세차익도 중요하지만 시세차익은 운에 많이 좌우되기 때문에 현금흐름용 월세 투자도 결코 나쁜 전략이 아닙니다. 그리고 만약 아파트를 매수했는데 운이 좋게 큰 수익이 났다면 이 다가구 주택을 싸게 매도해도 양도차손으로 절세가 되기에 일찍 파는 것이 능사가 아닐 수도 있습니다.

3. 내 집 마련을 위해 매일매일 확인하고 준비해야 하는 일들에는 어떤 것이 있을까요?

관심 지역, 관심 아파트의 KB시세를 금요일마다 확인하는 것입니다. 부동산 중개소에 매도자, 매수자 입장으로 수시로 전화를 걸어 분위기를 파악해야 합니다. 다만 돈을 들고 있으면 조바심에 비싼 물건을 잡을 수도 있으니 평소에 내가 매수하고 싶은 아파트를 정해 시세를 추적하는 것이 중요합니다.

물론 지역 분석과 입지, 교통 호재, 매수 심리, 공급량 등은 부동산 강의와 책을 통해 공부하며 확신을 갖는 게 중요합니다. 남의 말만 듣고 투자하면 후회합니다. 내공이 쌓여 들은 정보를 종합하여 스스로 판단할 수 있을 때까지는 투자하지 않는 것이 좋습니다.

4. 조금 늦게 시작하는 사람들을 위한 재테크 계획이 궁금합니다

20~30대에 돈을 모으지 못해 지금이라도 재테크에 입문하여 돈을 불리고 싶은 40대 여성의 상담 내용입니다.

1. 돈을 쓰기 좋아해 한창 돈을 모을 시기에 모으지 못했습니다.
2. 부부가 서로의 재정 상태를 알지 못합니다.
3. 초조해서 재테크 서적을 읽어보고 유튜브도 보고 하지만 실천이 쉽지 않습니다.
4. 더 늦기 전에 재테크 플랜을 짜고 싶습니다.

제게 보내주신 것과 같은 지출 상황으로는 돈을 모으기 어렵습니다. 공과금과 생활비를 합하면 250만 원 정도 되는데 그것의 절반인 120만 원으로 생활해야 합니다. 어떤 이유도 대지 말고 이렇게 딱 1년만 살아보기 바랍니다. '어떻게 이렇게 살아?'라고 할 수도 있지만 살아집니다.

만약 1년 동안 이렇게 살았는데 스트레스만 가득하고 전혀 행복하지 않았다면 원래의 지출 패턴대로 돌아가면 됩니다. 다시 돌아가더라도 1년 동안 모은 돈이 남으니 손해보는 일은 아닙니다.

용돈? 쓰지 않습니다. 옷? 사지 않습니다. 무엇에 관한 렌탈료인지 알 수는 없지만 해지해야 합니다. 이렇게까지 해야 하는 이유는 원하는 월 300만 원의 현금흐름을 만들기 위해서입니다. 그러기 위해서는 투자를 해야 합니다. 투자를 위해서는 종잣돈이 필요합니다. 종잣돈은 '목숨'을 걸고 모아야 합니다.

재무 버킷리스트 실현 방법

빚을 내 투자하는 방법도 있겠지요. 운이 좋아 시장 흐름을 잘 타면 한 번에 큰돈을 벌지도 모를 일입니다. 하지만 저는 운이 좋기 위해서는 심리적인 안정감이 필수라고 생각합니다. 자기자본으로 투자를 해야 시장 상황이 좋지 않을 때 버틸 체력이 생기며 결국 좋은 운을 맞이할 수 있습니다.

제게 보여준 재무 버킷리스트는 정말 훌륭하다고 생각합니다. 특히 1번이 마스터키입니다.

1) 가계 저축률 50~60퍼센트 이상 유지하기

현재 70만 원 정도를 저축하고 있는데 매월 지출금이 평균 650만 원 정도 되니 250만 원 정도 추가로 저축할 수 있다면 달성이 가능한 목표입니다. 2가지 방법이 있는데 첫 번째는 변동지출과 고정지출을 줄여 남은 돈으로 저축 퍼센티지를 높이는 방법. 두 번째는 현재 코로나로 인해 잘 운영되고 있지 않은 자영업의 매출을 올리는 방법입니다.

후자보다는 전자가 훨씬 쉽습니다. 물론 가장 좋은 것은 2가지가 함께 가는 것입니다. 현재는 코로나로 인해 어렵지만 분명 극복될 것이고 차후 사업소득이 다시 늘어나면 그때 버는 돈을 모으는 것이 좋겠습니다.

'내 브랜드 갖기' 등 자기계발에도 관심이 많으니 얘기한 대로 블로그도 운영하고 책 출판, 강연활동도 해서 부수입을 늘려갔으면 좋겠습니다. 현재의 재정 상황이 좋지 않지만 앞으로 이렇게 돈을 모을 것이고 결국 경제적 자유를 이루겠다는 이야기도 멋진 강연 스토리가 될 것입니다.

2) 아이 입학 전에 1차 이사 가기, 2차로 서울과 가까운 곳으로 이사 가기

이 목표 하나만을 바라보며 돈을 모아도 될 거라고 생각합니다. 대출받는 금액 외에 자기자본금이 있어야 할 테니 종잣돈 만들기는 더더욱 필수입니다. 6억짜리 아파트로 이사를 가고 대출이 나온다고 가정했을 때 약 2억 원의 자기자본금이 필요합니다. 현재 아파트를 매도하면 대략 1억 원이 필요하겠네요. 종잣돈 1억을 모으는 것을 최우선으로 하는 것이 좋겠습니다.

3) 현금흐름 300만 원 만들기

생각보다 만만치 않은 목표입니다. 배당주 투자 혹은 월세를 놓아 파이프라인을 늘려가야 합니다. 일단 좋은 지역, 좋은 동네로 이사하는 것을 최우선 목표로 두고 달성했을 때 하나둘씩 늘려가는 것이 좋습니다. 파이프라인을 늘린 다음 그 수익으로 집을 매수하는 것보다는 일단 야무진 자기 집 한 채가 있어야 합니다. 그래야 그 집을 월세로 주고 내가 원룸으로 들어가든 시세차익을 내서 매도하든 선택이 가능합니다.

아이가 어려서 많이 힘들겠지만 초등학교 입학 전까지가 돈을 모으기 쉬우니 부디 이 시기를 잘 활용하기 바랍니다. 지금은 교육비를 아낄 수 있지만 초등학교 중학년이 되는 순간부터 사교육비를 쓰지 않기가 정말 어려워집니다.

단 하나만 조언하라고 한다면 '**다른 모든 것을 배제하고 하나의 목표에만 집중해보기**'라고 하고 싶습니다. '가계 저축률 50~60퍼센트' 유지하기가 다른 모든 목표의 마스터키가 될 거라고 생각합니다. 투자도 해야겠고 이사도 가야겠고 스트레스 관리도 해야겠고 아이 교육도 신경 써야겠지만 '다른 모든 것을 포기하더라도 이것 한 가지는 올해 달성하겠다'는 마인드로 접근했으면 합니다.

5. 목돈 만들기
Q&A

'1년 1억 모으기'를 하면서 받은 다양한 질문들에 대한 답을 정리했습니다. 이웃들의 좋은 질문들 덕분에 절약하고 아끼는 삶의 가치에 대한 제 생각을 좀 더 가다듬을 수 있었습니다.

Q 부동산 투자 규제가 심한데 앞으로 돈을 어떻게 불려가실지 궁금합니다.

A 종부세, 취득세 인상 등 종잣돈을 마련한다 하더라도 섣불리 집을 취득하기 어려운 시기라고 생각합니다. 하지만 규제 내용을 자세히 살펴보면 공시지가 1억 미만의 주택은 주택 수로 포함하지 않는 등 소형 아파트 월세 투자는 예나 지금이나 별다른 규제가 없다는 것을 확인할 수 있습니다. 오히려 예전에는 1억 미만이든 아니든 주택 4채를 매수할 때부터 취득세가 4.6% 인상되었는데, 지금은 공시지가 1억 미만의 소형 주택은 주택 수에 포함하지 않아 취득세가 낮아진 상황이 되었습니다. 정부가 이런 규제의 예외 사항을 둔 것은 지방 경기 활성화 때문인데요.

바꿔 생각해보면 1억 미만인 주택에 투자하는 전략은 여전히 유효하다는 것을 알 수 있습니다.

저 같은 경우 이미 이런 전략을 활용하고 있어 월세 수익이 제법 있는 편인데 앞으로도 기회가 된다면 이런 집들을 계속 매수할 생각입니다. 다만 너무 한쪽으로 자산이 치우치는 것은 리스크가 크기 때문에 주식, 달러, 채권 투자도 공부해 분산시키고자 합니다.

Q 절약만으로는 돈을 모으기 어렵다고 생각하는데, 이 부분에 대한 생각이 듣고 싶습니다.

A 보통 인플레이션으로 인해 현금의 가치가 낮아지므로 실물자산에 투자해야 한다는 이야기를 합니다. 절약만 해서는 말씀하신 대로 돈을 모을 수 없습니다. 다만 절약을 하면 종잣돈도 늘어나고 투자할 기회도 많아지는 게 사실입니다. 돈을 불릴 수 있는 투자를 하기 위해서는 절약이 꼭 필요하다고 생각합니다.

Q 블로그 잘 읽고 있습니다. 여태까지 말씀하신 내용 중에서 돈을 모으고 불리는 데 가장 도움이 된 방법을 한 가지만 고른다면 무엇인가요?

A 34평 거주 주택을 매도하고 원룸으로 이사한 것입니다. 제가 사는 집은 비싸고 좋은 집일 필요가 없다는 사실을 깨달았습니다. 설령 그런 집이 필요하다고 하더라도 돈을 모으고 불린 다음에 집을 넓혀가도 늦지 않습니다. 종잣돈을 빠른 시간에 만드는 것이 가장 중요합니다. 보통 살고 있는 집을 매도할 생각은 잘하지 못하는데 그런 불편한 선택일수록 큰 기회를 가져다줍니다.

Q 30대 중반의 맞벌이 부부입니다. 경제적인 관점에서 아이를 낳는 것이 손해라는 생각을 가지고 살았습니다. 하지만 티티새님이 살아가는 모습을 보니 조금 마음이 흔들리는데요. 오로지 경제적인 문제와 관련하여 자녀를 갖는 것에 대해 어떻게 생각하십니까?

A 아이가 생기면 돈을 모으기 어려운 것이 사실입니다. 하지만 이렇게 말씀드리고 싶습니다. 자식이 있기 때문에 돈을 모아야 하는 당위성이 생긴다고 말입니다. 나는 다소 부족하게 살아도 자식은 배불리 먹이고 싶은 게 부모 마음입니다. 나라 빚이 많다는 뉴스가 연일 보도되는데 결국 우리 아이들이 다 갚아야 한다는 이야기입니다. 아이가 없으면 이런 이야기가 귀에 잘 들어오지 않습니다. 무엇을 위해 돈을 모으는 것일까요? 저는 가족의 행복을 위해 돈을 모으고 불립니다. 자식이 있으면 누구보다 강한 마음으로 돈을 모을 수 있습니다. 자식이 부모에게 주는 행복은 돈과 바꿀 수 없습니다. 그만큼 자식은 그 존재 자체로 부모에게 선물입니다.

Q 아직 사회 초년생이어서 그런지, 1년에 1억은 너무 높은 허들이라는 생각이 듭니다. 저도 40대가 되면 티티새님처럼 돈을 모을 수 있을까요? 힘이 되는 조언 한마디 부탁드립니다.

A 모을 수 있습니다. 다만 대기업, 전문직이 아닌 이상 외벌이 1년 1억은 힘이 듭니다. 경제적 관점에서 마음이 맞는 배우자와 결혼을 하고 맞벌이를 하면 40대 이전에도 1년 1억을 모을 수 있으리라 생각합니다. 소비에서 행복을 찾기보다 자산을 모아가는 삶에서 행복을 찾는 게 중요합니다. 관점의 전환은 받아들이는 사람에 따라 말장난이 될 수도 있고

인생을 바꾸는 키포인트가 될 수도 있습니다.

Q 빚을 지기 전에도 절약과 저축을 하고 사셨는지 궁금합니다.

A 지금처럼 생활비를 100만 원 이하로 유지하면서 살지는 않았지만 과소비를 하는 성격은 아니었습니다. 어느 시점부터는 아파트 대출금을 갚으며 살았습니다. 그때부터 빚을 갚으며 나아지는 인생의 즐거움을 어렴풋이 깨달았던 것 같습니다. 지금과 같은 근검절약하는 생활을 조금 더 일찍 시작했으면 좋았겠다는 아쉬움은 있습니다.

Q 경제적 자유를 이룬 후에도 지금처럼 근검절약을 할 것인지, 아니면 소비를 하면서 즐기실지 궁금합니다.

A 행복한 고민입니다. 오랜 시간 절약을 하고 살던 사람이 소비를 하는 게 어색할 것 같기도 합니다. 그러나 열심히 돈을 모으고 불린 만큼 의미 있는 곳에 쓸 수도 있어야 한다는 생각입니다. 어머니, 아내, 자식, 소중한 사람들을 위해 소비하는 연습도 해야 합니다. 그래야 돈을 모으면서 사는 삶의 진짜 행복 또한 배울 수 있다고 생각합니다.

Q 개인적인 질문일 수 있지만, 티티새님이 해본 최고의 사치는 무엇인지요?

A 부끄러운 답변입니다만 결혼 10년 차에 외제차를 구입한 것입니다. 지금도 타고 다니는데요. 그 이후로 차량 구입에 비싼 돈을 들이면 부자에서 멀어진다는 내용을 재테크 서적에서 읽을 때마다 몹시 부끄러웠습니다. 감가상각이 심하여 팔 수도 없고 돌이킬 수 없는 선택이 되어버린지라 평생 바꾸지 않고 탄다는 마음으로 갖고 있습니다.

Q 아내분의 빚을 알게 되었을 때 그것을 이겨낼 수 있었던 힘에 대해서 듣고 싶어요. 제게 그런 일이 생긴다면 솔직히 그렇게 할 자신이 없어서요.

A 저도 그때 그 순간으로 돌아가면 똑같은 선택을 할 수 있을지 솔직히 자신이 없습니다. 그만큼 마음이 힘들긴 했습니다. 하지만 사람은 생각보다 강합니다. 막상 나는 저렇게 못할 것 같지만 실제 그런 일이 닥치면 해냅니다. 의지 반, 환경 반이라고 할까요? 절망만 하고 있기엔 인생이 너무 아깝지 않습니까. 부부가 살아가는 과정에서 문제가 생길 수 있지만 그런 문제 또한 인생의 한 부분이고 함께 이겨낸다는 마음으로 받아들이면 해결하지 못할 것도 없는 것 같습니다.

Q 티티새님의 글을 읽으니 집을 깔고 앉아 있을 필요가 없다는 생각이 들어서 이사를 고려하고 있습니다. 다만 제 주변에는 출퇴근할 수 있는 거리에 있는 집값이 저렴한 시골이 없어서요. 현실적인 조언 부탁드립니다.

A 가족과의 협의가 많이 필요하겠지만 원룸형 아파트 혹은 오피스텔, 너무 좁다면 전월세가 저렴한 방 2개짜리 구축 아파트를 추천합니다. 좋은 집은 매수하여 세를 주고 자발적으로 좁은 집에서 산다고 생각하면 힘든 일도 아닙니다.

Q 티티새님의 최종 목표가 궁금합니다.

A 최종 목표는 정해놓지 않았습니다. 경제적으로 얼마를 모은 후에는 현재와 같은 생활을 하지 않기로 결심할 수도 있겠죠. 하지만 그런 논리라면 현재를 희생해서 미래를 가꾸는 삶을 산다는 뜻이 되기 때문에 그것은 제 목표가 아닙니다. 1년에 1억씩 돈을 모으는 것을 기본 원칙으로

하고 모은 돈은 소중한 사람들을 위해 사용할 계획입니다. 노력을 통해서 발전하는 삶을 사는 게 제 가장 큰 목표라고 할 수 있습니다.

Q 노후 계획이 궁금합니다. 저는 60세까지 돈을 번다고 생각하고 그때까지 10억을 모아 그걸로 아파트를 두 채 사서 그 중 한 채에서 월세를 받겠다는 목표를 가지고 있는데 티티새님은 어떤 계획이 있는지 궁금합니다.

A 노후 재테크와 관련한 부분은 저도 끊임없이 공부하고 있는 중이라 명확한 답변은 어렵지만 아파트 3채에서 월세 수익을 거둘 수 있으면 좋겠다는 생각은 해보았습니다. 금융위기가 오든 IMF가 오든 흔들림 없이 월세 수익이 나오는 대출 없이 구매한 아파트 3채면 좋겠네요. 그 외의 여윳돈은 주식이나 금, 달러를 사서 자산가치의 하락 리스크를 헤지하고 싶습니다.

Q 목표가 있지만 사람이니까 '내가 이렇게까지 아껴야 하나' 하는 자괴감이나 스트레스가 있지는 않았나요?

A 아이들 관련 비용을 아껴야 할 때 그런 마음이 들었습니다. 저렴한 치킨 한 마리조차 사주지 못했을 때 많이 괴로웠습니다. 여유자금을 확보해서 가급적 이런 일은 없도록 했지만 여유자금이라는 게 항상 있는 것은 아니어서 종잣돈을 모을 때 가장 힘든 부분이 아닌가 생각합니다. 개인적으로 안 쓰고 안 먹는 것은 괜찮습니다.

Q 원래 절약하는 스타일인지요? 절약으로 행복을 느끼는 성격인지 소비를 좋아했는데 바뀐 건지 궁금합니다!!

A 천성적으로 소비를 즐긴 것은 아니지만 꽂힌 물건은 반드시 사야 하는 성격이어서 아끼는 성격도 아니었습니다. 『이웃집 백만장자』와 같은 다양한 책을 통해 부자의 생활 방식을 모방하려고 노력하고, 돈을 사용하지 않는 생활습관(루틴)을 통해 절약이 습관이 되게 만들었습니다. 경험해보니 돈을 쓰는 이유는 환경적인 영향이 다분하고 노력을 통해서 충분히 절약하는 생활을 할 수 있다는 확신이 들었습니다.

Q 부동산 투자를 할 때 차익형과 수익형 각각의 비중을 어떻게 가져갈 계획이신지요?

A 수익형 부동산은 임대소득 분리과세의 기준점이 되는 2천만 원 미만 (1년에 160만 원 정도)까지만 확보하고 나머지는 차익형으로 가져갈 생각입니다. 만약 차익형 부동산에서 이익이 많이 난다면 절세를 위해 수익형 부동산을 처분할 수도 있겠지요. 앞으로의 경제 상황에 따라 유연하게 대처할 생각입니다. 최근에 오스틀로이드님의 『강남에 집 사고 싶어요』라는 책을 읽어보니 경제 위기가 왔을 때 수익형 부동산이 차익형을 지키는 역할을 하는 것을 보고 리스크 대비를 위해 수익형도 필요하다는 생각을 갖게 되었습니다.

Q 2021년도에 새로운 투자계획이 있는지요?

A 해외 주식투자와 달러 투자를 통해 추가 수입원을 만들려고 계획하고 있습니다. 투자의 기본은 저평가된 자산을 사는 것입니다. 부동산 및 주식가격이 계속 오를 경우, 이 두 종목과 역상관관계를 가지고 있는 종목이 '달러'입니다. 달러는 최고의 안전자산이기 때문에 한 종목으로만

돈을 모으는 것에 대한 위험 또한 분산할 수 있습니다. 앞으로 모을 돈으로 달러가 하락할 때마다 조금씩 매수하여 환차익을 노리고 달러의 일부분은 해외주식에 투자해서 수익을 창출하는 것이 2021년도의 투자 목표입니다.

Q 절약에 도움이 된 멘탈 관리나 마인드 컨트롤법은 무엇인가요?

A 각기 다른 상황에서 유연하게 마인트 컨트롤을 했습니다. 가령 세입자 보증금을 빼주어야 한다는 긴장된 마음. 자본주의 사회에서 조장되는 소비심리에 대한 거부감. 돈을 사용하지 않는 생활 방식을 2달간 유지했을 때 소비를 떠올리게 되지 않은 평온함 등이 도움이 되었습니다. 그리고 와이프와 함께 걷기를 취미로 주말마다 이곳저곳 돌아다닌 게 정신적으로나 신체적으로 큰 도움이 되었습니다.

Q 고정지출비 50만 원에 국민연금이나 건강보험료 등은 포함되지 않은 건가요?

A 고정지출 50만 원에는 국민연금과 건강보험료가 포함되어 있지 않습니다. 맞벌이 월급이 630만 원인데 연금과 보험료를 떼고 들어오는 돈을 630만 원으로 잡았습니다. 항상 나가는 금액이라 없는 돈이라고 생각하고 삽니다.

Q 아내분은 스트레스가 없는지 궁금합니다.

A 스트레스를 많이 받았습니다. 지금은 아내의 삶이 많이 여유로워졌습니다. 미용실도 가고 옷도 사고, 지인을 만날 때도 넉넉하게 대접할

수 있는 재정적 여유가 생겼습니다. 흥미로운 것은 생활이 힘들었을 아내가 돈을 모으기 위해서는 최소 1년은 자신처럼 극한 절약을 경험해볼 필요가 있다고 진심으로 이야기한다는 것입니다.

Q '인생책'을 한 권 소개해주세요.

A 청울림님의 『나는 오늘도 경제적 자유를 꿈꾼다』를 추천합니다. 제 인생에 거대한 나비효과를 불러일으킨 책입니다. 이 책을 읽고 제가 한 행동들의 결과를 추산해보았더니 읽지 않았으면 잃었을 기회비용이 무려 억대가 넘는 것 같습니다.

Q 1억 모으기 모임을 해보시는 건 어떨지요? 저도 단기간에 1억 모으기에 도전해보고 싶네요.

A 사실 종종 생각해보고는 합니다. 1억으로 세팅하면 처한 상황에 따라 불가능한 분들도 있어서 자신이 모으고 싶은 금액을 정하고 서로 격려하며 모은 돈을 인증하는 그런 모임을 운영하면 좋을 것 같습니다. 형태가 어떻게 되었든 고민해보겠습니다.

Q 1억 모으기를 하시면서 아내분과 의견 충돌이 있을 때 극복하신 팁 중 가장 효과가 좋았던 방법은요?

A 기본적으로 돈을 모아야 한다는 생각은 공유했으나 왜 1억이어야 하는지에 관해서 의견충돌이 있었습니다. 이 문제를 해결하기 위해서 1년에 1억을 모아야만 하는 명확한 이유를 이성적으로 설명하고 모아가면서는 함께 고생하는 아내에게 신뢰를 표현한 것이 효과가 좋았습니다.

그리고 올해 고생하면 내년은 더 나아진다는 사실을 구체적인 예를 들어 이야기해주니 다소 큰 금액도 굳은 마음을 먹고 모으려고 노력하는 것 같았습니다.

Q 블로그를 시작하게 된 계기가 궁금합니다.

A 계기는 여러가지가 있는데요, 3가지가 가장 유효했던 것 같습니다. 1) 자기계발 모임 오백성(오늘부터 백만장자 성공습관)에서 실시하는 1주 3 포스팅 미션 2)『매일 아침 써 봤니?』3)『강원국의 글쓰기』입니다. 사실 1주 3포스팅을 하다 보면 이걸 왜 해야 하나 생각이 들기 마련인데 일단 시작하면 몇 달은 해보는 성격이라 계속하고 있던 차에… 김민식 님과 강원국님의 글을 읽고 남을 위한 글을 써야 하는 당위성을 찾았습니다.

특히 강원국 작가님의 말씀이 인상적이었습니다.『강원국의 글쓰기』에 다음과 같은 구절이 나옵니다.

> *사람은 누구나 자신을 드러내고 싶어 한다. 없는 사람처럼, 투명인간으로 살고 싶은 사람은 없다. 말과 글이 없던 때도 동굴에 벽화를 그려 자신을 표현하고자 했다.*

빚으로 생긴 손실을 메우기 위해 짠테크를 시작했습니다. 비록 초라한 삶이지만 여기, 지금 최선을 다해 삶을 살아가고 있는 티티새라는 사람이 있다고 외치고 싶었습니다. 그렇게 글로써 외치다 보니 많은 이웃들이 제 이야기를 들어주었습니다. 당신이 그렇게 살아가는 모습을 보니 참 위안이 된다고 말해주었습니다. 그 순간 살아있다는 느낌이 들었습니다. 글을 읽어주는 분들에게 더욱더 도움이 되는 이야기를 쓰고 싶었습니다. 그러기 위해서는 저 역시 열심히 살아야 했습니다. 아끼고 모으는 삶과 그 인생을 글로 이야기하는 삶이 선순환하기 시작했습니다. 그래서 저는 오늘도 블로그에 글을 씁니다.

Q 사교육비에 관한 질문인데 국영수는 부모가 봐준다고 해도 예체능은 그러기 어렵습니다. 1억 모으기를 위해 이 부분을 양보한 것인지요?

A 저는 아이가 피아노나 미술, 운동을 하고 싶다고 하면 돈을 아끼고 싶지 않습니다. '국영수를 가르친다고 해서 아이의 인생이 과연 행복해질까?'라고 생각한 적은 있지만 예체능이 아이의 삶을 풍요롭게 만든다는 점에 대해서는 의심해본 적이 없습니다. 둘째는 제가 시골에서 데리고 살기 때문에 학교 무료 방과후 수업에 만족하지만 방학을 하면 송도에 있는 미술학원에 보낼 생각입니다. 어머니와 함께 사는 첫째는 이미 피아노학원에 다니고 있습니다. 다만 피아노학원비는 저희 어머님이 내주시고 있습니다. 돈을 계속 모으고 재정이 안정되면 아이들의 예체능 교육에 더 많은 돈을 쓰고 싶은 마음입니다.

Q 월급 외에 파이프라인을 찾고 싶은데 어떤 것이 있을까요?

A 아직 저 역시 그렇게 하지 못해서 말씀을 드릴 수가 없습니다. 개인적으로 '크몽'이라는 사이트를 살펴보면서 어떤 기술을 익혀야 할지 고민합니다. 영상 제작 기술이 대세인데 자기 투자가 필요하겠지요.

Q 올해 생애 첫 아파트를 구입해서 이사 예정입니다. 친정 엄마랑 같이 살게 돼서 네 식구가 월 400만 원 수입에 대출 1억 8천으로 매달 100만 원 가까운 이자원금을 내고 살아야 하는데 돈 모으기가 가능할까요??

A 돈을 모으는 이유가 투자가 아니라면 원금을 갚는 방법을 적극적으로 추천합니다. 이자가 줄어드는 것만 봐도 나아지는 삶에 대한 기쁨을 얻을 수 있습니다. 저 역시 본격적으로 돈을 모으기 이전에는 은행 빚을 갚는 것을 최우선으로 했습니다.

Q 생활비는 송도에서 아내분이 쓰는 생활비까지 다 포함인지 궁금합니다.

A 와이프가 쓰는 생활비 포함입니다. 그래서 와이프에게 고마울 때가 많습니다. 저야 시골이어서 절약하기 쉬운 환경이지만 와이프는 도시에 살면서 아껴야 하니 얼마나 힘들까 하고 생각합니다. 아내 용돈이 따로 있는데 5만 원입니다. 그걸로 직장 친목 행사 비용도 내고 친구들과 커피 한 잔도 합니다. 돈을 좀 모으면 아내의 삶이 좀 더 나아지게 해주고 싶은 마음입니다. 2019년은 1년 차라 버거웠지만 앞으로는 나아지겠지요.

Q 돈을 모으기 위해 시골로 이사 가는 것은 보통 실행력이 아닌데 그런 실행력을 갖게 된 특별한 계기가 있을까요?

A 군 복무 경험이 주효한 것 같습니다. 추진력과 실행력을 높이 사는 조직에서 일해본 경험이 도움이 되었습니다. 실행의지를 북돋아주는 『실행이 답이다』 같은 책들도 물론 큰 도움이 되었고요.

한 달 뒤 죽는다 해도
돈을 모을 건가요?

최근 유튜브에서 죽음을 주제로 한 영상 한 편을 보고 감동을 받았다. 비록 설정 영상이긴 하지만 죽음을 앞둔 생면부지의 사람에게 건네는 사람들의 진심 어린 위로와 격려에 가슴이 뭉클했다(출처 : https://youtu. be/Pypyf1O4Pru).

왜 이런 영상을 보면 눈시울이 붉어지는 걸까? 짠테크 QnA를 진행하며 노후 계획과 관련된 질문을 받은 적이 있다. 노년에 나는 어떤 모습일까? 지금은 1년에 1억을 모은다는 의지로 하루하루를 살아가고 있다. 그렇다면 노년에도 나는 1년 1억 모으기를 하고 있을까? 질문해준 사람들 덕분에 다음과 같은 질문을 던져보게 되었다.

'삶의 마지막 순간 후회하지 않을 자신이 있는가?'

언젠가 우리에게는 삶과 이별해야만 하는 순간이 찾아온다. 10년 뒤일 수도 있고 1년 뒤일 수도 있고 다음달이 될 수도 있다. 그 순간이 당도했을 때 후회하지 않으려면 어떻게 해야 할까?

나는 현재의 인생에 만족한다. 시골 단칸방에서 살고 있지만 대신 '나아짐'에 대한 희열이 있다. 앞으로도 꾸준히 돈을 모으고 불려 경제적인 자유를 이루어나갈 것이다. 그러나 돈을 모으는 것을 넘어 다음과 같은 질문을 해본다.

'네 영혼이 진정 원하는 것이 무엇인가?'

돈을 모으는 삶은 즐겁다. 통장의 잔고가 늘어난다. 늘어난 돈으로 투자도 한다. 성취감 있고 나아지는 인생이다. 하지만 돈을 모으며 살아가던 어느 날 깨닫는다. 더 이상 돈을 모으지 않아도 살아가는 데 문제가 없을 만큼 충분한 돈을 모았다는 것을 말이다.

돈이 쌓이는 것을 보는 기쁨으로 살아왔다. 모으는 것만으로 충만함을 느낄 수 있었던 삶이다. 하지만 더 이상 돈을 모으는 삶을 살 필요가 없어졌다니 무엇인가 이상하다.

'돈을 모으기 위해 열심히 살아온 것은 좋았다. 하지만 지금 나에게 남은 것은 뭐지? 내 인생은 돈을 추구하는 것이 전부였나?'

대체 무엇을 위해 돈을 모으는 것일까? 직장을 다니지 않아도 월세 '1천만 원'이 들어온다고 상상해보자. 원하지 않는 직장에 출근하느라 월요병을 겪을 일도 없고 매일 맛있는 음식을 먹어도 돈이 부족하지 않을 것이다. 여행도 가고 하루 종일 뒹굴뒹굴하며 독서도 할 수 있을 것이다.

그러나 이런 삶을 위해서 그토록 오랜 시간 돈을 모아왔다는 것이 왠지 허탈하다. 여행을 다니고 맛있는 음식을 먹고 독서를 하는 것은 경제적 자유를 이루기 전에도 사실 할 수 있는 것이다. 문득 이런 생각이 들었다.

'돈을 모으는 것은 하고 싶은 일을 찾아가는 과정이어야만 한다.'

돈을 모으고 불리는 삶을 기록하면서 많은 인연이 생겼다. 아침마다 내가 쓴 글을 읽고 하루를 시작한다는 감사한 이야기도 들었다. 그럴 때마다 생각한다.

'내 인생의 남은 시간은 다른 사람에게 도움이 될 수 있는 삶이었으면 좋겠다.'

귀한 시간을 내어 글을 읽어주는 사람들에게 나는 돈을 아끼고 모으고 불리는 인생이 행복할 수 있다는 사실을 알려주고 그를 위한 비전을 제시하고 싶다.

앞으로도 많은 도전과 실패를 하며 경제적 자유를 향한 길을 걸어갈 것이다. 부동산 투자, 주식 투자, 달러 투자, 채권 투자에 이르기까지 돈을 불리는 방법을 끊임없이 공부하며 이웃과 나눌 것이다. 그러기 위해 한 달 뒤에 죽는다 해도 나는 돈을 모을 것이다. 돈을 모으는 과정 자체가 내 삶에 진정 의미가 있기 때문이다.

나아지는 삶을 넘어 누군가에게 도움이 될 수 있는 삶, 생각만 해도 행복하다. 삶의 마지막 순간 후회하지 않을 수 있는 인생이란 그런 것이라고 믿는다.

1년에 1억을 모으는 과정에서
일어난 기적 같은 일들

아내의 빚보증 사고를 해결하기 위해 1년에 1억을 모아야 한다는 절박한 심정으로 돈을 모으게 되었습니다. 무척 암담했고, 앞이 보이지 않았습니다.

사람은 결핍이 생기면 어떻게든 그것을 해결하려고 몸부림치게 됩니다. 큰돈을 모아야 하는데 언제 모으나 하며 조바심이 나고 매일매일 돈만 생각하게 됩니다. 그러다 보면 정신이 피폐해지고 건강도 해치게 됩니다.

2020년 1월, 1억 모으기의 끝이 보이기 시작했습니다. 생각보다 벅차게 기쁘거나 가슴이 떨리지는 않았습니다. 대신 1년 동안 나를 놓아주지 않았던 괴로운 감정들에서 해방되는 느낌이었습니다. 그리고 처음으로 인생을 스스로 살아낸 것만 같은 기분이 들었습니다.

1억이라는 빚을 갚고 생긴 손실을 메우기 위해 억척스럽게 돈을 모은다는 것은 사실 희망적인 이야기는 아닙니다. 살고 있던 집을 처분하고 시골집으로 이사한 일, 사교육비를 아끼기 위해 홈스쿨링으로 아이들을 봐준 일, 한 달 50만 원으로 살고 고정지출을 50만 원으로 줄인 일, 결혼 예물을 팔아 아이들의 추억거리를 만들어준 일 등은 보는 관점에 따라 처절하기도 하고 안타까움을 자아내는 일일 수도 있습니다. 하지만 정말 막연하지만 이 길의 끝에서만 볼 수 있는 그 무엇인가가 있을 것이라고 확신했습니다.

이제야 알겠습니다. 그 무엇인가의 정체를 말입니다. 제가 1년 동안 모은 것은 돈만이 아니었습니다.

1년 동안 저를 지지해주고 격려해주는 소중한 사람들을 얻게 되었습니다. 투자에 눈을 뜨고 빚을 갚는 동시에 새로운 기회를 찾게 되었습니다. 매일 글을 쓰는 삶의 성취감과 보람, 무엇보다 제가 글쓰기를 정말 사랑한다는 것을 알게 되었습니다. 그리고 손실을 메우기 위한 1년 1억 모으기 여정을 기록한 글을 모아 이렇게 책을 출판하게 되었습니다.

물론 이 과정이 쉽지는 않았습니다. 새로 이사 간 시골집의 보일러가 터지고, 세입자의 보증금 반환 독촉을 받으며 마음 졸이고, 아이가 먹고 싶다는 것을 사주지 못해 마음 아파한 적도 있었습니다. 그러나 이 과정을 이겨내면서 저는 다른 사람이 되었습니다. 당당하게 세상에 우뚝 선 기분입니다.

돌이켜보면 돈을 모아야겠다고 결심한 순간에 글을 쓰고 있었던 것이 천운이었던 것 같습니다. '티티새'라는 닉네임을 쓰고 살아가는 한 인간이 있는데, 원치 않은 불행한 일 때문에 악바리같이 열심히 돈을 모으며 살고 있다고 대답 없는 세상을 향해 글로써 외쳤습니다.

공허한 제 목소리를 신이 듣기라도 했던 것일까요? 알지 못하는 수많은 사람들이 다가와 저를 응원해주었습니다. 그리고 돈을 모으며 삶을 바꿔가는 모습을 보며 자신도 희망이 생긴다고 말해주었습니다.

돈을 모으며 겪는 이야기를 나눴을 뿐인데 제 인생이 변했습니다. 돈을 잃기 전보다 더 나은 방향으로 말입니다. 40년 인생 중 1년 동안 이렇게 많은 변화를 겪은 해는 없습니다.

『오래된 비밀』의 저자 이서윤 씨는 말합니다.

행복은 불행 뒤에 숨어서 오고, 불행은 행복 뒤에 숨어서 옵니다. 빛과 그림자처럼. 겉으로 불운처럼 보이지만 대박의 행운을 안겨주는 일은 너무나 많지요. 당신이 지금 힘든 시간을 보내고 있다면 바로 행운을 맞이할 준비를 하고 있다고 믿어야 합니다. 내게 왜 이런 불행이 생겼느냐며 절망하는 동안 불운 속에 숨겨진 행운은 달아나버릴 뿐입니다. – 『오래된 비밀』(2020), 수오서재, 54쪽.

배우자가 억대의 빚을 진 것은 아무것도 아닙니다. 그것을 진정 불행한 일로 만드는 것은 그 사건을 접하고 난 이후의 못난 행동들입니다.

고통 속에서 의미를 찾으며 살아보니 알겠습니다. 불행이 사실 불행이 아니었다는 것을 말입니다. 만약 아내가 사기를 당해 빚을 지지 않았더라면 어땠을까 생각해봅니다. 아마도 인생을 바꿔보겠다는 결단을 내릴 기회도 없이 그저 그런 인생을 살았을 것입니다.

내 인생의 주인이 되어 온 힘을 다해 살아가게 해준 불행에 감사합니다. 신은 사람이 이겨낼 수 있을 만큼의 시련을 준다는 말을 이제 온전히 믿습니다. 덧붙여 신은 시련만 주지는 않습니다. 시련을 이겨내면 뒤에 따라오는 선물을 받을 수 있습니다. 열정을 불태우며 뜨겁게 살아본 사람만이 받을 수 있는 선물을 말입니다.

어떤 이유로든 삶의 돌부리에 걸려 넘어진 많은 사람들이 다시 일어날 수 있기를 소망합니다. 제가 인생의 바닥에 있을 때 아내의 잘못은 아무것도 아니라며 저를 일으켜 세워줬던 다꿈스쿨 대표 청울림님께 감사드립니다. 그리고 이 글은 세상 많은 사람들에게 울림을 줄 수 있는 돈에 관한 진짜 이야기라고 하시며 제 글이 세상에 나올 수 있게 도와주신 스마트북스에 감사의 인사를 드립니다. 또한 언제나 격려와 응원으로 블로그에 진실 어린 댓글을 달아주는 제 블로그 이웃들께도 진심으로 감사의 말씀을 올립니다.

 마지막으로 1년 동안 많이 힘들었지만 고난을 함께 이겨내고 최선을 다한 아내와 아이들, 어머니에게 사랑한다는 말을 하고 싶습니다.

티티새 드림